MİMARLIK 101

MİMARİ ÜSLUPLAR, ÖNEMLİ YAPILAR VE ÜNLÜ MİMARLAR HAKKINDA BİLMENİZ GEREKEN HER ŞEY

Nicole Bridge Philadelphia'da serbest yazar ve editör olarak çalışmaktadır. Evli ve üç çocuk annesidir.

Funda Sezer 1976 yılında İstanbul'da doğdu. İstanbul Üniversitesi Amerikan Kültürü ve Edebiyatı bölümünü dereceyle bitirdikten sonra iki yıl serbest çevirmenlik yaptı. Bir dönem öğretmenlik yaptıktan ve uzun yıllar özel sektörde çalıştıktan sonra çevirmenliğe geri döndü. Yaklaşık on yıldır devam ettirdiği çevirmenlik hayatında Türkçeye kazandırdığı eserlerden en önemlileri arasında Bertrand Russell'ın *Etik, Toplum, Siyaset; Felsefe Yazıları ve Bilimsel Bakış* isimli eserleri ve Prof. Dr. Libby Kumin'in *Down Sendromlu Çocuklarda Erken İletişim Becerileri* isimli referans kitabı sayılabilir. Aynı zamanda müzisyen olan Funda Sezer bu alanda da çalışmalarını sürdürmektedir.

Nicole Bridge

MİMARLIK 101

MİMARİ ÜSLUPLAR, ÖNEMLİ YAPILAR VE ÜNLÜ MİMARLAR HAKKINDA BİLMENİZ GEREKEN HER ŞEY

İngilizceden çeviren:
Funda Sezer

SAY

Say Yayınları
Herkes İçin *Mimarlık 101*

Mimarlık 101: Mimari Üsluplar, Önemli Yapılar ve Ünlü Mimarlar Hakkında Bilmeniz Gereken Her Şey / Nicole Bridge
Özgün adı: *Architecture 101*

ISBN 978-605-02-0551-0
Sertifika no: 10962

İngilizceden çeviren: Funda Sezer
Yayın koordinatörü: Sinan Köseoğlu

Baskı: Lord Matbaacılık ve Kâğıtçılık
Topkapı-İstanbul
Tel.: (0212) 674 93 54
Matbaa sertifika no: 45501

1. baskı: Say Yayınları, 2016
8. baskı: Say Yayınları, 2022

Say Yayınları
Ankara Cad. 22/12 • TR-34110 Sirkeci-İstanbul
Tel.: (0212) 512 21 58 • Faks: (0212) 512 50 80
www.sayyayincilik.com • e-posta: say@sayyayincilik.com
www.facebook.com/sayyayinlari • www.twitter.com/sayyayinlari
www.instagram.com/sayyayincilik

Genel dağıtım: Say Dağıtım Ltd. Şti.
Ankara Cad. 22/4 • TR-34110 Sirkeci-İstanbul
Tel.: (0212) 528 17 54 • Faks: (0212) 512 50 80
internet satış: www.saykitap.com • e-posta: dagitim@saykitap.com

İÇİNDEKİLER

İthaf

Cliff, M, C ve J'e sevgilerimle

Teşekkür

Mimarlık 101'in yazımını destekleyen Adams Media ile ilişkili tüm editörlere, özellikle de düzelti konusundaki engin becerileri ve sonsuz sabrı için Peter Archer'a minnetlerimi sunarım.

GİRİŞ

Mimarlık en temel tarifiyle planlama, tasarım, mühendislik ve inşaatın somut çıktısıdır. Binlerce yıldır etrafımızı şekillendirme biçimimiz, yaşamımızı sürdürdüğümüz mekânları inşa etme sürecidir. İnsanların avcı toplayıcılıktan yerleşik medeniyetlerin üyeleri haline gelmeleriyle birlikte mimarlık da doğmuştur. İnsanoğluna ait en erken dönem kalıcı mekânların bir kısmını, erken dönem Mezopotamya'da inşa edilmiş olan meskenler, avlular, tapınaklar ve idari binalar oluşturmaktadır. Bu mekânlar tarım ve dini ayinler yapılmasını, bir yönetim sistemi ve ticaret ağının oluşmasını mümkün kılmıştır. Kısacası onlar ilk şehirli toplumlardı.

Bugün planlama ve inşaat halen toplumumuzun merkezindedir ancak yapılarımızın estetiğine de değer verir hale geldik. Adeta bir galeride sergilenen sanat eserleri gibi onların sanatsal niteliklerini eleştiriyor, barındırdıkları yenilikleri takdir ediyoruz. Dolayısıyla mimarlık, kamusal çapta devasa bir sanat sunumu haline geldi. Dayanıklı ve güvenli yapılar inşa etmekle, görsel bakımdan bize hoş gelen bir şeyler tasarlamak arasındaki çelişki, bir sanat formu olarak mimarın iradesinin en kritik kararlarından biri haline geldi. Empire State binasını bir düşünün (1931). Manhattan'ın tam ortasında, yaklaşık 7400 metrekarelik bir arazinin üzerine inşa edilmiş olan 102 katlı bina, 150 adet kiracısını ve sayısız çalışanı işlerine yetiştiren yetmiş üç adet asansörüyle verimli bir iş merkezidir. Fakat sokakta önünden geçtiğimizde ya da bir film karesinde veya bir fotoğrafta fonda o kireçtaşı ve granitten ön cephesini, parlak alüminyumlarını, seyir terasının üzerindeki muhteşem huzmelerini gördüğünüzde bina işlevinin çok ötesine geçer. Art Deco tarzı binalar arasında en fazla ikonlaşmış binalardan biri, New York şehrinin dünyaca tanınmış simgesidir. O mimari gücün bir mirasıdır.

Mezopotamya'daki o basit evler bile çok güzel tasarlanmışlardı. Bu evleri inşa eden Sümerler, kili elleriyle kalıba dökerek tekbiçimli tuğlalar haline getirmeye muazzam bir itina göstermiş, bunları güneşte sabırla kurutmuş ve zarif biçimde istiflemişlerdi. O girift, kum rengi şehirlerin fondaki berrak mavi gökyüzünün önünde 5000 yıl evvel nasıl büyüleyici bir görüntü sergilediklerini hayal edin. İyi tasarımda şekil ve işlev daima el eledir.

Günümüzün şehirleri ise farklı stillere ve tasarımlara sahip binalarla dolup taşıyor. Yapılarımız eskiden kim olduğumuzu ve kime dönüşmekte olduğumuzu anlamamızı sağlamaktadır. İnsan, Fransa'daki Beauvais Katedrali (1225) gibi bol süslemeli gotik kuleleri şaşkınlıkla karışık bir hayranlıkla incelerken, aynı anda İspanya'nın Bilbao kentindeki Guggenheim Müzesi'ne (1997) dönüp bakabiliyor. Modern mimarinin bir zaferi olan cam, titanyum ve kireçtaşı sarmalı bu bina, eski Bask şehrinin kalbine hiçbir pişmanlık duyulmaksızın oturtulmuş ve pek beğenilen nehir manzarasıyla bölgede en çok tanınan yapı haline gelmiştir.

Frank Lloyd Wright'ın da dediği gibi, "Sanatın anası mimaridir. Kendimize ait bir mimarimiz olmadıkça medeniyetimizin de bir ruhu yok demektir."

Mimarlık öğrenimi görmek varoluşumuzun kalbini incelemektir. Bu alanda büyük mimarları, etkili olmuş tarzları ve dünyada en çok beğenilen ve üzerinde en fazla bilimsel çalışma yapılan yapıların güçlü bağlamlarını mercek altına alacağız. Gelin buraya yerleşelim. *Mimarlık 101*'e hoş geldiniz.

TAŞ DEVRİ

En Erken Dönem İnsan Yerleşimleri

İnsanoğlu başlangıçta tamamen yiyecek bulma ihtiyacıyla meşguldü. Hayvan avlayarak, meyve ve tahıl toplayarak hayatta kalıyordu. İnsanların yerleşimleri, kabilelerin avlanmak ve yiyecek aramak üzere yola çıktıkları, daha çok bir merkez üsse benzeyen yarı kalıcı evlerden oluşuyordu. Arkeologlar, Orta Rusya platosunda inşa edilmiş kulübeler olduğuna dair birtakım kanıtlara ulaştılar. Bir yerleşim alanı oluşturacak şekilde düzenlenmiş olan bu insan barınaklarının bazıları MÖ 14.000 yılına ait olarak tarihlendirilmiştir. Bu insanların avladığı yaratıklar arasında mamutlar, yani boyları üç metreyi bulan kürklü filler de bulunuyordu. Mamutları yemek için avlıyor fakat iskeletlerini ateş yakmak, çeşitli aletler yapmak ve kulübe inşa etmek gibi şeyler için de kullanıyorlardı. Avcılar kemiklerle bir kubbe oluşturuyor, kemiklerin arasındaki boşlukları yosun ve çalılarla doldurduktan sonra tüm yapının üzerini tezek veya bir mamut postuyla örtüyorlardı. Bu büyük miktarda kaynak gerektiren bir işti, keza kulübenin ebatlarına bağlı olarak tek bir yapının inşası için çok fazla, yaklaşık doksan beş tane mamut gerekebiliyordu. Aslına bakılırsa, bilim insanları mamutların soyunun tükenmesinin iklim değişikliğine mi, yoksa fazla avlanmaya mı bağlı olduğu konusunda henüz emin değiller. En geniş insan barınakları, içinde çok sayıda ocağı ve dumanın çıkabilmesi için de birçok açıklığı barındırmaya yetecek kadar ayrıntılı ve özenli biçimde tasarlanmıştır.

EN ESKİ BARINAKLARIN ÖZELLİKLERİ

1. Mamut kemikleri
2. Çam ağacından dikmeler
3. Hayvan derisinden kaplamalar
4. Tam ortada yer alan ocak

Eriha

Şehir medeniyetleri, ilk yerleşimlerden çok sonraları, yaklaşık MÖ 8000 yılında, mahsul yetiştirmekten yeterince yiyecek elde edilebildiği ve böylece insanların çok fazla göç etmelerine gerek kalmadığı bir dönemde görülmeye başladı. Artık herkes yiyecek toplama ve üretimle meşgul olmuyordu. İnsanlar savaşçı ve din adamı gibi farklı branşlara ayrılmıştı. Kalıcı olarak bir yerlere yerleşmeye başladılar ve bu erken dönem tarım toplumları büyüyerek kendilerinden önceki göçebe avcı yerleşimlerinin beş veya on katı büyüklüğünde köylere dönüştüler. Eriha da bu toplumlardan biriydi.

Eriha, Batı Şeria'da müstahkem bir alana konumlandırılmış bir yerleşimdi. MÖ 8000-7000 yıllarında kurulmuş olan Eriha, yüksekliği yer yer üç buçuk metreyi bulan, kalın bir taş duvarla çevrilmiş ve koruma altına alınmıştı, aynı zamanda bir hendeği de bulunuyordu. Yaklaşık dokuz metre yüksekliğindeki kulesi bölgeye hâkimdi. Bütün şehir yaklaşık dört hektarlık bir alanı kaplıyordu.

Çamurun Gücü

Eriha'da avcı ve çiftçilerin ikamet ettiği en eski meskenler, çamurdan yapılmış kulübelerdi. Çamurdan yapılan kerpiç tuğlalar, bu bölgede binlerce yıl boyunca en çok tercih edilen inşaat malzemesiydi. Zira bu tuğlalar kolayca işlenebiliyor, ucuz ve her yerde bulunabilen malzemelerden imal ediliyordu. İnşaatçılar çamur ile suyu saz veya saman gibi bağlayıcı bir maddeyle karıştırıyor ve bunlara üçgen şekli veriyorlardı. Sonra da bu tuğlaları iyice kuruyana dek güneş altında pişiriyorlardı. Tuğlalar istenilen şekilde istiflendikten sonra kerpiç tuğlalı evlerin duvarlarına sıva yapılıyor ve boyanıyordu.

Ölülere Saygı

Erken dönem uygarlıklar sürekli olarak atalarını düşünürlerdi. Evlerini inşa etme biçimleri bile kültürlerinin bu parçasını vurguluyordu. Ölmüş olan aile mensuplarını genellikle evlerinin altına gömerlerdi. Ölümü takip eden birkaç gün içinde, vefat etmiş olan akrabaları için evlerinde çok canlı duvar resimleri ve oymalarla bezenmiş geçici mabetler hazırlarlardı. Bu resimlerin temasını, tıpkı tarihöncesi mağara resimlerinde olduğu gibi genellikle avlanma sahneleri, vahşi hayvan motifleri ve büyükbaş hayvanlar oluştururdu. Bu resimleri yapabilmek için duvarı beyaz sıvayla kaplayarak adeta boş bir tuval haline getirirlerdi. Sonra renkli boyalar üretebilmek için yağlarla birleştirilmiş boyarmaddeler kullanırlardı. Yas dönemi sona erdiğinde, bu duvarların üstü aile tarafından boyanırdı. Bazı bölgelerde ölen kişinin iskeleti boyanarak süslenirdi. Bazen bedenler kırmızı toprak boyasıyla kaplanır veya boyun ve baş, boyarmaddelerle mavi ve yeşile boyanırdı. Ölüler genellikle mücevherat ve silahlarla gömülürdü.

Eriha Kafatasları

Arkeologların Eriha'daki eski bir yerleşim yerinden çıkarttıkları büyüleyici sanat eserlerinden biri de kafatası "portreleri"ydi. Bunlar ölmüş bir insanın gövdesinden ayrılmış olan kafatasının üzerine, bu kişinin tasvirinin heykelsi bir sıva şeklinde oturtulmasından ibaretti. Bu sıvalı kafatasları Eriha halkı için ölülerinin ne kadar önemli olduğunun altını çizmektedir. Bu kafatasları, ölmüş birinin anısını korumaya adanmış bir sanat formuydu.

Çatalhöyük

Çatalhöyük (yak. MÖ 6500-5700) bugünkü Türkiye'nin bir parçası olan Anadolu'da yer almaktadır. Burası düzlüğün on yedi metre yukarısına kurulmuş ve on iki hektardan daha geniş bir alana yayılan, tarihöncesi döneme ait oldukça sofistike bir şehirdi. Arkeologların bu yerleşimde bir düzineden fazla katmanı gün ışığına çıkartmış olmalarına bakılırsa, buranın binlerce yıllık bir yerleşim alanı olduğu söylenebilir. Arkeologlar ayrıca çok iyi kurulmuş bir ticaret ağının, tarım sisteminin, taş ve seramik üretiminin olduğuna dair ipuçlarına da ulaştılar. Burada kerpiç tuğlalarla ve ahşapla inşa edilmiş binden fazla ev bulunuyordu. Şehirde sokaklar yoktu ve Eriha'nın etrafındaki gibi bir sur da mevcut değildi. Bunun yerine evler birbirlerine çok yakın olarak, bitişik nizamda, aralarında hiç boşluk kalmayacak şekilde inşa edilmişlerdi. Evlerin bu bitişik nizam dizilişi, çevre savunma duvarı oluşturuyordu.

Bu evlerin duvarları kerpiç tuğlalardan yapılmıştı; bitişik nizamda yapıldıklarından ve yan taraftan erişilebilir olmadıklarından tüm evlere çatıdan giriliyordu. Çatılar ağır ahşap kalaslarla desteklenmişti. Bunlar da saman ve çamurla kaplanmış daha ufak kalasları destekliyorlardı. Ayrıca duvarlarda havalandırma amaçlı, yüksekte kalan ufak açıklıklar bulunuyordu. Evin sakinleri çatıya tırmanır ve buradaki bir açıklıktan, dışarı doğru uzanan bir merdiven yardımıyla evlerine girerlerdi. Her evde oturmak, yemek yapmak ve uyumak için yükseltilmiş zeminlerin olduğu birer ana oda bulunuyordu. Birçok evde muhtemelen her odanın ortasında bir tane olmak suretiyle, ekmek pişirmek ve çanak çömlek yapımı için kullanılan bir fırın veya bir ocak olurdu. Tavana açılmış olan bir havalandırma bacası fırın veya ocaklardan çıkan dumanların dışarı çıkmasını sağlardı. Bu evler kolon-kiriş tasarımıyla inşa edilmişlerdi.

Evler eski evlerin kalıntıları üzerine inşa edilirdi. Yeni binalar onlardan önce orada olan binalar tarafından destekleniyordu, böylece hepsi birbirinden farklı yükseltide oluyordu. Ayrıca bu uygulama, evler arasında şehir sakinlerinin çöpleri yakmak için kullanabilecekleri açıklık alanlar oluşmasını sağlıyordu. İç oda duvarları beyaz sıvayla kaplanırken, çatıları ayakta tutmak için kullanılan kirişler kırmızıya boyanırdı.

Bu sık ev dizileri arasında şehir sakinlerinin ilahlarına adanmış mabetler de bulunuyordu. Bunlar ev dizileri arasına düzensiz aralıklarla yerleştirilmiş, genellikle penceresiz ve süslemesiz yapılardı. İçlerinde bazen heykeller ve şehirde tapınılan en önemli tanrılardan birinin sembolleri, yani sade süsleme motifli boğalar bulunurdu.

Kolon-Kiriş Tasarımı

Bu yaygın inşaat teknolojisine antik dünyanın her yerinde rastlanır. Dikey destekler (kolonlar) toprağa oturtulur ve yatay bir yapı (kiriş ya da üst eşik) bunların üzerine dengeli biçimde yerleştirilirdi. Bu kolonlar, kirişi ve onun yüklerini hiç kırılmadan ve çökmeden taşırdı. Daha sonra Antik Yunan mimarisinin esasını oluşturacak olan bu yöntem, duvarların içine yerleştirilmiş kapı boşlukları için de günümüzde halen kullanılmaktadır.

Zaman içinde Çatalhöyük gibi şehirler, muhtemelen kamusal binaların eklenebilmesi için yeterli yer olmaması sebebiyle terk edildiler. İnsanlar yönetimler kurmaya ve sivil inisiyatifler üstlenmeye başladıkları anda, daha fazla alana ve iyice ölçülüp biçilerek oluşturulmuş bir şehir planlamasına ihtiyaç duyacaklardı.

MEGALİTİK YAPILAR

İlk Taş Ustaları

İnsan uygarlığının bu erken dönemlerinde, Batı Avrupa'da şehirli toplumlar Mezopotamya'da olduğu kadar yaygın değilken burada birçok megalitik yapıya rastlanır. Bu büyük taş yapıların amacı halen anlaşılamamakla birlikte, arkeologlar bunların kullanım amaçlarına dair birkaç fikir geliştirdiler. Arkeologlara göre bu yapılar muhtemelen, astronomik gözlemlerde bulunmak veya üst sınıftan kişilere toplu mezar olarak hizmet etmek üzere dikiliyorlardı. Ayrıca bir toprak parçasında hak iddia etmek için de kullanılıyor olabilirler. Sadece İrlanda'da, 500'den fazla bu tip sit alanı belgelenmiştir. Bu devasa taş yapılar üç tipten oluşuyordu: Menhir, dolmen ve kromlek.

Carnac, Bretonya, Fransa (yak. MÖ 4000)

Fransa'nın Bretonya bölgesindeki Carnac, on binden fazla sayıda taş anıtın bulunması dolayısıyla dünyada en fazla menhirin bulunduğu yerdir. *Menhir* kelimesi iki ayrı Kelt kelimesinden türemiştir: *Men* "taş" anlamına gelir, *hir* ise "uzun" demektir. Bu taşlar belli belirsiz şekillendirilmiş ve dik duracak şekilde yere yerleştirilmiştir. Genellikle tek dikilmelerine rağmen Carnac'da dizi halinde görülürler. Bazı insanlar bu şekillerin fallik semboller olduklarına ve konumlarının, erkeğin yeryüzünü bereketlendirmesini temsil ettiğine inanıyor. Bazıları ise menhirlerin harita üzerindeki belirli bir noktayı göstermeye yaradığına inanıyor ve işaretlenmiş olan bu alanın gökcisimlerinin hareketlerini gözlemlemek üzere kullandığını gösterdiğini ileri sürüyor.

Stonehenge (yak. MÖ 3100-1500)

Anıtlar ahşap veya taş dairelerden yapılırlardı. Bu yapıların en ünlüsü olan Stonehenge bir kromlektir. Orijinal yazımıyla *cromlech* kelimesi "kıvrımlı" veya "bükük" anlamına gelen Galce *crom* ve "taş" anlamına gelen *lech* kelimelerinden türetilmiştir. Kromleklerin kutsal mekânları işaretlemek için yapılmış oldukları açıkça belli olsa da, tam olarak hangi amaca hizmet ettikleri halen bilinmemektedir.

Özellikle Stonehenge'den söz etmek gerekirse, onun ilk başta daire şeklindeki bir hendekten oluştuğunu söyleyebiliriz. Dairesel hendeğin içine elli altı adet çukur açılmış ve bunların içi moloz veya yakılmış insan kemikleriyle doldurulmuştu.

Daha sonra, büyük yekpare taşlar (kumtaşı blokları) yaz dönencesi gün doğumu ve kış dönencesi gün batımıyla ve ayın halleriyle hizalı şekilde dikilmişlerdi. Taşlar hafif eğimli bir tepenin üzerinde durmaktadır ve tepeden aşağı, doğudan batıya uzanan birkaç kilometrelik bir yol bulunmaktadır. Stonehenge form bakımından bir dizi eşmerkezli daireden ve U şekillerinden oluşmaktadır. Dış daire, yaklaşık 4 metre yüksekliğinde taş bloklarından meydana gelen bir kolon-kiriş yapısıdır. Taşların dışa bakan yüzeyleri pütürlü, içe bakan kısımları ise biraz daha düzdür ve taşların hepsi yukarı doğru hafifçe sivrilmektedir.

Stonehenge'de dış daireyi emniyete alabilmek için her kolondan bir geçme dil uzanır. Bu geçme dil, kirişe açılmış olan bir deliğe oturur. Yapıların dış duvarını oluşturmak için kirişlere hafif kavis verilmiştir, böylece hepsi uç uca eklendiğinde bir daire oluşturmaktadır. İç daire tekli, dikey konumlandırmış mavi taşlardan oluşur. Bunlara U şeklinde dizilmiş beş büyük üçlü taş anıt dahildir. Kolon-kiriş tasarımına sahip beş yapının şeklini andıran, U şeklinde dizili ve daha küçük boyutta mavi taşlar bulunur. Bu U'nun içinde yerde tek bir taş yatar. Bu taşın asıl kullanım amacı tam belli olmasa da ona Sunak Taşı denmektedir.

Stonehenge'deki orijinal taşların birçoğu düşmüş olmakla birlikte, ayakta duranlar bile bize anıtın ilk halinin ne kadar etkileyici olduğuna dair bir izlenim vermeye yetiyor. Bu taşlar, Britanya'da turistleri en çok çeken sit alanlarından biri haline gelmiştir.

Nihayetinde yeni bir göçmen grubu, çömlekçilikteki becerilerini ve yeni inşaat tekniklerini bölgeye taşımışlardı. Stonehenge'i tamamlayanların Beaker halkı denilen bu yeni yerleşimciler olduğuna inanılıyor. Bu insanlar devasa kumtaşı bloklarını yaklaşık 32 km ötedeki bir köyden bir şekilde getirmeyi başarmışlardı. Bu topluluğun böylesine inanılmaz bir işi nasıl başardığını ise kimse bilmiyor.

Dolmenler

Dolmenler (Kelt dilindeki dol, yani "masa" kelimesinden türemiştir) iki veya daha fazla sayıda dik şekilde oturtulmuş taş tarafından desteklenen büyük, yassı taşlardır; bunu masaya benzer bir yapı olarak düşünebilirsiniz. Dolmenler tek odalı mezarlar oluşturacak şekilde de inşa edilebilirdi. Bir höyük oluşturma amacıyla bunların üzeri genellikle toprakla veya daha küçük taşlarla örtülürdü. Dolmenlere sonradan, onları birer koridor haline getiren eklemeler yapılırdı. Dolmenler ayrıca yerleşim bölgelerinin sınırlarını belirtmek üzere kullanılmış da olabilir. Bir dolmenin içindeki duvarlar bazen oyma veya resimlerle süslenirdi.

Taşların Gizemleri

Arkeologlar Stonehenge'i oluşturan devasa taşların, bulundukları alana nasıl getirildiğini bilmiyorlar. Mavi taşların her biri dört ton ağırlığındayken en büyük boyuta sahip kumtaşları elli ton ağırlığındadır. Ayrıca kimsenin kirişlerin nasıl yerleştirildiğine dair bir fikri yok. Bilim insanları megalitler hakkında sürekli olarak yeni bilgilere ulaşıyorlar ama bu yapıların tam olarak hangi amaçla kullanıldığını halen bilmiyoruz. Bu tip anıtlara Avrupa'nın her yerinde rastlandığından ortak bir amaçları olduğu açık. Bu dönemlerde yaşamış insanlar, mevsimsel değişimlerden son derece etkileniyorlardı. Bazı arkeologlar bu anıtların toplu yapılan dansların, bahar ve yaz kutlamalarının ve mevsim değişikliklerine adanmış tören alaylarının yapıldıkları yerler olduklarını düşünüyor.

Stonehenge'deki megalitlerin yapısından dolayı akla gelen başka bir olasılık daha var. Bu yapılarda çatı bulunmuyordu. Belki de bunlar, zamanın ve güneş de dahil olmak üzere tüm yıldızların hareketlerinin kaydını tutmak için faydalanılan astronomik gözlemevleri olarak kullanılıyordu. Bu anıtlar yılın belirli dönemlerinde güneşin ve ayın konumlarına göre konumlandırılmışlardı. Hatta yol bile yükselen yaz güneşiyle hizalıydı.

MÖ 2000'lerden başlayarak metal kullanımının artmasıyla bu devasa taş anıtların yapımı gitgide azalmıştır.

MEZOPOTAMYA

Bereketli Hilal'i Oluşturmak

En erken dönem okuryazar uygarlıklar, Dicle ve Fırat Nehirlerinin arasında kalan bölgede (günümüzde Irak) yaşamıştır. Tarihçilerin Bereketli Hilal diye adlandırdıkları bu bölge için Yunancada "iki nehrin arasındaki topraklar" anlamına gelen *Mezopotamya* kelimesi kullanıyordu. Bu bölgedeki bereketli ovalar, yazının başladığı ve ilk büyük şehir merkezlerinin kurulduğu yerdi.

Ur Şehri

Ur şehri, bugünkü Irak'ın güney bölümünde bulunuyordu. Güçlü ve varlıklı bir şehirdi. Aslında, eski tarihle ilgili bildiğimiz şeylerin çoğunun başlangıcı genel olarak Ur'a dayanıyor çünkü arkeologlar burada çok sayıda kil tablet buldular. İnsanlar erken Bronz Çağı'nda (yak. MÖ 3300-2000) notlar almaya, tarihi kaydetmeye ve yasaların kaydını tutmaya başladılar. Bu şehirde bulunan zigguratın etrafı başka kamusal binalar ile çevriliydi ve bunların hepsinin etrafını bir çift duvar çevreliyordu. Bu duvarın hemen dışında, Ur'un Kral Mezarları adı verilen büyük bir anıt mezar yer alıyordu. Bu mezarlığın içinde bulunanlar arkeologlara Ur'un nasıl refah içinde bir şehir olduğuna dair bir ipucu sağlamıştır, zira arkeologlar buradan çıkan kalıntılar arasında at arabalarına, arplara ve mücevherlere rastlamışlardı. Arkeologlar ayrıca ölen kişiye eşlik etmeleri için öldürülmüş olabilecek insan bedenleri buldular. Ana meskenler, bu etrafı çevreli alanın ötesinde bir yerde bulunuyordu. Ur'un limanları da Fırat Nehri üzerindeki canlı bir deniz ticaretine tanık oluyordu.

Bölge, sel baskınlarına açık ovalık bir alan olduğundan tüm şehir yüksek bir toprak tümsekle yükseltilmişti. Daha ileride bir yere inşa edilmiş, devasa boyutta, sağlam bir duvar da tüm şehri koruyordu.

Mahalleler yan yana, çok az aralıkla dizilmiş, açık avluları ve odalara hava girebilmesi için bu avlulara bakan pencereleri bulunan evlerden oluşuyordu. Evin sokağa bakan tarafı düz bir tuğla duvardan oluşuyordu. Bu yerleşim düzeni, günümüz Akdeniz ve Ortadoğu toplumlarında sıkça rastlanan bir şehir düzeni olmayı sürdürmektedir.

MEZOPOTAMYA MİMARİSİNİN ÖZELLİKLERİ

1. Kerpiç tuğlalar
2. Üç bölümlü tasarım, planların üç oda etrafında düzenlendiği anlamına gelmektedir.
3. Avlular
4. Kamıştan çatılar

Ur Ziggurat

Zigguratlar onları inşa eden insanlar tarafından, gökyüzüyle yeryüzü arasında bir bağlantı olarak görülüyorlardı. Bu tapınaklar Sümerli çiftçiler tarafından inşa edilmişlerdi; çiftçiler ekim ve hasat mevsimleri arasında bu anıtların yapımında çalışıyorlardı. Bu devasa yapıları meydana getirebilmek için milyonlarca kerpiç tuğla gerekmişti. İnşaatı yapanlar bu tuğlalarla, duvarları içe doğru eğimlenen geniş bir dikdörtgen oluşturuyorlardı. Güneşte kurutulmuş olan kerpiç tuğlalar, çok güçlü olmakla birlikte gözenekli bir yapıya sahip olduklarından yağmura karşı pek dayanıklı değillerdi. Zigguratlara suya karşı dayanıklı olma özelliği ekleyebilmek için mimarlar, kötü havalarda daha fazla dayanıklılık gösterecek, başka bir tuğla grubu yaptılar. Bu ikinci grup, bir tuğla ocağında iyice pişirildikten sonra kerpiç tuğlaların önüne koruyucu bir kabuk olarak yerleştiriliyordu. Bu binalar, bölgede yaşamın ayrılmaz bir parçası olan sel sularından koruma sağlanması amacıyla yükseltilmiş bir zemine inşa ediliyordu.

Zigguratların şekli zamanla gelişim gösterdi. Tapınak ilk başlarda, piramidin üstündeki bir platforma yerleştiriliyordu. Daha sonra bu ilk platformların üstüne başka platformlar eklendi. Bu katlar merdivenli kuleler meydana getiriyordu. Bu tasarımın amacı tanrıların kulesini yükseltmekti; böylece tanrılar göklerden inerek halka refah getirebileceklerdi. Zigguratın şekli Sümerlerin göç ettiği dağları anımsatıyordu; inşa ettikleri bu yapının, tanrıların bu yeni yörede kendilerini evlerinde hissetmelerini sağlayacağını düşünüyorlardı.

Yaklaşık MÖ 2100 ile tarihlenen Ur Ziggurratı Ay Tanrısı Nanna'ya adanmıştır. Bu o kadar büyük bir zigguratttı ki ovalık alanda kilometrelerce öteden bile görülebiliyordu. En üste, yalnızca şehrin en önemli insanlarının girebildiği bir sunak inşa edilmişti. Bu sunak şu anda kayıp olduğundan hakkında pek az bilgiye sahibiz. Bunun yanında Ur Ziggurratı eski Mezopotamya'dan kalma en iyi korunmuş yapılardan biridir. Ur'da başka tapınaklar da bulunuyordu ama bu ziggurat Ur'un koruyucu tanrısına adanmış olması dolayısıyla, içlerinde en önemlisi olarak görülmektedir.

Antik Mimariyi Korumak

Zaman mimariye karşı hoyrattır. İnsan trafiği ve hava koşulları eski yerleşimleri zamanla yıpratır. Şehirleri kuranlar yeni oluşumların planlarını yaparken duygusuzca davranabilir ve var olan yapıları yıkıp yerle bir edebilirler. Günümüzde Ortadoğu'da bulunan birçok sit alanı için savaşın getirdiği yıkımlar endişe konusudur. Arkeologlar ve doğal ve tarihi alanların korunması taraftarı olan kişiler kendilerini, insanoğlunun yaşam ve ölüm koşullarının çarpıcı boyutta kötü olması sebebiyle, yerel toplumların bu konu dışında bir şeyler üzerinde düşünmelerini istemenin çok zor olduğu bölgelerde, eski sit alanlarının korunmasını tartışırken buluyorlar. Dünya Anıtlar Fonu, bu tip sit alanlarını yıkımdan kurtarabilmek için bağış toplayan, bu konuda farkındalığı yükseltmeye çalışan ve yöre halkıyla ortaklıklar kuran bir aktif destek grubudur. Ur Zigguratı ve Babil şehri de bu bölge kapsamında, Dünya Anıtlar Fonu'nun izlemeye aldığı birçok sit alanının arasında yer almaktadır.

BABİL

Mimar Gibi Düşünen Bir Kral

Son Sümer kralının yabancı istilacılar tarafından tahttan indirilmesinin ardından Mezopotamya iki bağımsız şehir devletine ayrıldı. Aralarında başkent olarak Babil şehrini kurmuş olan Arabistan'dan gelme bir grup insan da bulunuyordu. Babil birçok kişi tarafından Mezopotamya'daki en büyük ve en muhteşem şehir olarak görülmektedir, bu da kısmen bu şehrin dikkatli, iyice ölçüp biçilerek yapılmış bir şehir planlamasının ilk ürünü olmasındandır. 2600 yıldan daha uzun süre önce inşa edilmiş ve şu anda Irak sınırları içinde yer alan bu muhteşem şehir, Fırat Nehri'nin her iki kıyısı boyunca uzanıyordu ve çevresini tamamen saran bir surla korunuyordu.

BABİL'İN ÖNEMLİ HÜKÜMDARLARI

1. Kral Hammurabi (MÖ 1750'de öldü)
2. Büyük Kiros (yak. MÖ 576-530)
3. II. Nebukadnezar (yak. MÖ 634-562)
4. Büyük İskender (MÖ 356-323)

II. Nebukadnezar

Babil iki buçuk yüzyıl süreyle, yeni bir güneyli hanedan iktidarı ele geçirmeyi başarana dek, Asurlular tarafından yönetildi. Gelmiş geçmiş en güçlü Neo-Babil'li kral olan Nebukadnezar, Babil'i eski görkemine kavuşturmak için yoğun bir çaba sarf etti. Şehirde yer alan en güzel mimari eserler onun çabalarının meyveleridir. Bu döneme ait en çok tanınan yapılardan ikisi olan sarayı ve Babil Kulesi kerpiç tuğlalardan yapılmıştı. Babil Kulesi Tanrı Marduk'a adanmış olan ziggurata verilen isimdir.

İştar Kapısı

Nebukadnezar'ın girişimlerinin verdiği meyvelerden bir diğeri de İştar Kapısı'dır. 12 metre yüksekliğindeki kapı, şehrin ana girişine konulmuş ve bereket, sevgi, savaş ve seks tanrıçası İştar'a adanmıştır. Mavi sırlı tuğlalarının bazılarında, iklim tanrısı Adad ve Babil'in baş tanrısı Marduk da dahil olmak üzere, tüm diğer tanrılara saygı göstermek amacıyla işlenmiş aslan, boğa, ejderha ve yaban öküzü (nesli tükenmiş bir tür vahşi büyükbaş hayvan) gibi hayvanların sarı ve beyaz motifleri bulunmaktadır.

Sırlama

Sırlama kilden yapılmış nesneleri su geçirmez hale getirmek için kullanılan bir tekniktir. Sır genellikle toprak mineral pigmentlerinin su ile karıştırılması ile elde ediliyordu ve tam bu esnada renk de katılabiliyordu. Neticede ortaya, birlikte yakıldıklarında kil tuğlalara sıkıca yapışan, cama benzer bir cila çıkıyordu.

Kapının üst kısmı mazgallıdır ve iyice dikkatli bakarsanız bu mazgalların her birinin birer küçük ziggurat olduğunu görebilirsiniz. Kapının hemen ardından Tören Yolu adı verilen, iki yanında yüksek duvarların bulunduğu, 800 metre uzunluğunda tuğla döşeli bir yol başlar.

İştar Kapısı gibi bir kemer, basit bir kolon-kiriş yapısından daha dayanıklıdır ve inşa tekniğinde dikkate değer ölçüde bir ilerlemeyi temsil etmektedir. Bunun sebebi yuvarlak kemerin ağırlığının iki dikey desteğe yüklenmesidir. Kirişin üzerinde tüm baskı yatay düzlemde yayılır. Kemer, her iki taraftaki iki sütunla bağlantılı kıvrımlı bir kiriş olarak etkili bir işlev gösterir.

Orijinal İştar Kapısı

Uzun yıllar önce Avrupalı arkeologlar, kerpiç tuğlaların ve insan elinden çıkma yapıtların birçoğunu paketleyip kendi ülkelerine götürdüler. Alıp götürdükleri eski eserler arasında orijinal İştar Kapısı da vardı ve bu eski eser Almanya'ya götürüldü. Günümüzde Berlin'deki Bergama Müzesi'nde sergilenmektedir.

Babil'in Asma Bahçeleri

Uzun süre boyunca Dünyanın Yedi Harikası arasında sayılan Babil'in Asma Bahçeleri de II. Nebukadnezar'ın Babil'i tüm diğer şehirlerden daha güzel kılmaya yönelik planlarının bir parçasıydı. Bu, yapay sulama sistemi bulunan bir dizi çatı terasından oluşan bir yapıydı. Bahçelere sarayın içinden erişilebiliyordu. Mezopotamya son derece kuraktı, bu yüzden bahçeleri düzenli sulayarak sağlıklı tutma işi büyük bir girişimdi. Bunun için sürekli olarak Fırat Nehri'nden su getirilmesi gerekmiş olmalı. Bazı tarihçiler sulama sisteminin köleler tarafından çalıştırılan, bahçelerden nehre ulaşıp suya kovaları daldırıp bahçe teraslarındaki bir rezervuara kadar taşıyan bir makinenin olduğuna inanıyorlar. Bu kil rengi şehirde yemyeşil bahçelerin ne kadar güzel ve egzotik bir görüntü sergilediğini bir hayal edin.

Babil'in Asma Bahçeleri Acaba Babil'de Olmayabilir mi?

Yakın zamanda Oxford Üniversitesi'nde yapılan bir araştırma, Babil'in Asma Bahçeleri'nin tarihçesine ve bulunduğu mevkie dair karşı iddialarda bulunuyor. Bir akademisyen, bahçelerin gizemli tarihi hakkında daha fazla bilgi edinebilmek için yirmi yıldan uzun süreyi çivi yazılı tabletlerde sulama sistemlerine dair kanıt arayarak geçirdi. Bu zahmetli araştırma ve yapılan kazılar bugün Kuzey Irak olan bölgede inanılmaz kanalların, kemerli suyollarının bulunduğuna dair birtakım kanıtları gün yüzüne çıkardı. Bu da bahçeleri aslında Asur Kralı Sanherib'in, Ninova'da yaptırdığı anlamına gelebilir!

Harabelerin Korunması

Son yıllarda, Babil kenti harabeleri hakkında birçok çekişme yaşandı. Saddam Hüseyin 1980'lerde burayı yeniden inşa etmeye çalıştı ama temel için ucuz materyaller kullanıldığından dolayı, bazı bilim insanları bunun harabelere daha fazla zarar verdiğine inanıyor. Ayrıca yeniden hayat verilmiş olan anıtların etrafına kendi motiflerini de ekletti. Irak'taki savaş, özellikle de Amerikalıların o bölgede bir askeri üs kurmasıyla daha da fazla hasara sebep olmuş olabilir. Irak'ta bazı kimseler şehrin kazılarla ortaya çıkartılması için lobi yaptılar, öte yandan birçok kişi böylesine muhteşem bir arkeolojik alanı, büyük bir siyasi istikrarsızlığın ve sosyal huzursuzluğun sürdüğü bir ülke ortamında ortaya çıkartmanın çok daha zararlı olabileceğinden korkuyor.

Büyük Kyros ve Perslerin fethiyle birlikte şehir de yaklaşık MÖ 538 yılında çöküş dönemine girdi. Genel olarak Mezopotamya'daki harabelerin, örneğin Yunanistan'dakiler kadar uzun süre dayanmadığını söyleyebiliriz çünkü kerpiç tuğlalar uzun süre dayanabilecek türde bir inşaat malzemesi değildir.

ANTİK MISIR

Bir Geometri Zaferi

Mısır uygarlığı, yaşamı ile ilgili her şey üzerinde etkiye sahip olan Nil Nehri üzerinde büyüyüp güç kazandı. Bu nehir, Afrika'nın ortalarında doğup kuzeyine doğru akar ve Akdeniz'e dökülür. Her yıl, genellikle Ağustos ayında, Orta Afrika'nın yağmur suları ve Etiyopya'nın dağlık bölgelerinde eriyen karlar, nehrin taşmasına ve yaklaşık 7 metre yükselmesine sebep olur. Bu sel baskınları tüm Nil Vadisi'ni sular altında bırakmaya yetecek miktardaydı. En sonunda sular çekildiğinde, geriye mahsul yetiştirmeye son derece uygun, kıvamlı, zengin alüvyonlu topraklar kalıyordu. Her yıl tekrarlanan bu sel baskınları yıkıcı etkiye sahip gibi gözükse de, toprağa yeniden verim kazandırıyor ve yeni bir tarım sezonunu başlatıyordu. Mısır'a "Nil'in Hediyesi" adı veriliyordu. Köyler bu selden etkilenmeyecek şekilde düzlükten uzaktaydı ve sular daima çölün sınırında duruyordu. Sular çekildiğinde, çiftçiler yeni bir ekim seferberliğine başlıyorlardı.

Bu düzenin verdiği güçle, Nil boyunca uzanan bu uygarlık devasa bir boyut ve güç kazandı. Devlet bir firavun tarafından yönetiliyor, hanedan onun soyundan oluşuyordu. Antik Mısır'ın erken dönem hanedanlık dönemi MÖ 3100 civarında başladı.

Asil soydan olsun ya da olmasın Mısırlıların hepsi Nil'den gelecek sel baskınının ritmine göre yaşıyorlardı. Suların zamanlamasını öngörebilmek için ayın ve güneşin evrelerini izliyorlardı. Dinlerini şekillendiren de doğadaki bu örüntüleri sürekli olarak izlemeleriydi. Çoktanrılı bir dinleri vardı ve doğadaki her şeyi bu tanrılara atfediyorlardı. Diğer inançların tanrılarını da hoş karşılıyor ve onları kendi inançlarıyla bütünleştiriyorlardı.

Mısırlılar ölümden sonra yaşamı çok önemsiyorlardı. Yaşamdan ölüme geçişte çok önemli olduğuna inandıkları şeylere muazzam bir zaman ve kaynak vakfediyorlardı. Onlara göre ölüm yaşamın sonu değildi, ölüm terk etmekte oldukları bu hayatta yaşadıklarına benzer başka bir düzlükteki farklı bir hayata geçişti. Mısırlılar insanlara yeni hayatlarına kadar eşlik edebilmek için ölüleri genellikle son derece itinalı bir şekilde koruma altına alıyor ve onları zarif bir ritüelle uğurluyorlardı. Ölen kişinin bedenini mumyalıyor ve onu dünyada en sevdiği varlıklarıyla birlikte gömüyorlardı. Bu daha en baştan büyük çapta bir işti, sonra da devasa boyutta bir işe dönüştü.

Piramitler

Piramitlerin öncüleri olan mastabalar tek katlı, ikizkenar yamuk şeklinde yapılardı. Mastabanın içinde, ölen kişinin bedeni bir lahde yerleştirilir ve sonra da tek bir odacığın içine konularak yeraltına gömülürdü. Zemin katta bulunan başka bir odacığa ise ölen kişinin heykeli konurdu. Burada ayrıca ölen kişiye hediyeler ve adaklar sunmak üzere gelecek olan yaslıları kabul etmek üzere üçüncü bir oda daha bulunurdu. Aileler ölen başka aile mensuplarını mastabalara gömmek üzere yeni odalar ekletirlerdi.

Mısırlılar MÖ 2700 civarlarında piramitler inşa etmeye başladılar ve bunu izleyen bin yıl boyunca da buna devam ettiler. İlk aşama basamaklı piramitlerin yapımıydı. Bu piramitler mastabaların üst üste yerleştirilmesiyle oluşturuluyordu. Her mastabanın üzerine, kendinden daha küçük bir tanesi konuluyor, böylece yapı beş kata kadar ulaşabiliyordu.

Mısırlılar geometrik piramitleri, yani Giza'da MÖ 2500 civarında inşa edilen ünlü yapıları inşa ettiklerinde kendilerini aşmış oldular. Giza'daki piramitler devasa boyuttaydı ve bugün bile dünyanın herhangi bir yerinde taştan inşa edilmiş yapılar içinde en büyük olma unvanını korumaktadırlar. Bu piramitlerin her biri Nil'in batı yakasına, yani ölümü sembolize eden günbatımına doğru bakacak şekilde konumlandırılmıştır. Bu piramitlere üç firavunun ismi verilmişti: Keops, Kefren ve Mikerinos. Piramitlerin her biri, seremonilerin gerçekleştirildiği ve cenaze adaklarının sunulduğu, kendine ait bir tapınağa, yükseltilmiş bir yolla bağlanmıştı. Piramitlerin nasıl inşa edildiklerine dair çok az bilgiye sahibiz;

her bir proje için 100.000 işçinin üç ay süreyle çalışması gerektiği tahmin ediliyor.

Keops

Büyük Piramit ya da Khufu Piramidi olarak anılan yapı, üç piramit arasında en büyüğü olup 53.056 metrekarelik bir alanı kaplamaktadır. Tabanı tam karedir. Bu kadar geniş bir alana yayılmasına rağmen zemin öylesine kusursuz biçimde düzlenmiştir ki yapının temeline bütünüyle bakıldığında yalnızca 2,5 cm'lik bir fark bulunmaktadır. Dört kenarı da ölçü bakımından eşittir. Daha da inanılmaz olan, her bir kenarın uzunluğunun yüksekliğine olan oranının, dairenin çevresinin yarıçap oranına (daha çok pi sayısı olarak bilinir) eşit olmasıdır. Büyük Piramidin inşası sırasında pi sayısı henüz keşfedilmemiş olduğundan bu orantının sadece bir tesadüf olması ihtimali yüksektir. Her halükârda, piramitler halen herkesi hayran bırakan birer mimari ve geometri zaferidir.

Büyük piramidin iç kısmında firavunun bedeninin ve yaşarken kıymet verdiği eşyaların konulması için birkaç oda bulunur. Piramitleri inşa edenler, binanın çekirdeği için kireçtaşı, içte bulunan odalar için ise kırmızı granit kullanmışlardı. Mezar odası genellikle ya piramidin altına ya da ortasına yapılırdı. Khufu'un mezarı ise zeminle piramidin tepesi arasında, hafifçe ortaya doğru bir yerde konumlandırılmış, 10 metreye 5 metrelik bir odanın içine gömülmüştü. Lahdi öylesine büyüktü ki mezarın onun etrafına inşa edilmesi gerekmişti, zira herhangi bir kapıdan geçmesi asla mümkün değildi. Mezar odasına, meyilli bir yürüme yolundan ulaşılabilmektedir. Bu odanın üzerinde bindirme çatılı, devasa bir galeri yer alır.

Eskime ve Aşınma

Piramitler bugün halen ayakta olmalarına rağmen dört bin yıllık ömürleri süresince yoğun bir eskime ve aşınmaya maruz kaldılar. Mezar odaları ve mezarlar mühürlenmiş olsa da, mezar soyguncuları yine de bir şekilde içeri girerek, eserlerin birçoğunu çalmayı başardılar. 1222 yılında meydana gelen korkunç depremin Kahire'deki binaların birçoğunda hasara yol açması sebebiyle halk, binalarındaki delikleri yamamak için piramitlerden taş almıştı. Bu yağmalamanın sonucunda, Büyük Piramidin yüksekliği yaklaşık olarak 7 metre kadar azalmıştır.

Sfenks

Bir aslan gövdesi üzerine yerleştirilmiş devasa bir insan başından oluşan bu heykel, Giza piramitlerinin yakınında, uzanmış vaziyette durmaktadır. Bu heykel muhtemelen Firavun Kefren'i temsil etmektedir (Khaf-ra olarak da yazılır). Sfenksin başı, firavunların giydiği geleneksel giysilere benzer bir başörtüsüyle çevrilidir ve güneşe dönük durumdadır, bu da Güneş Tanrısı Ra ile özdeşleşmeyi işaret etmekle birlikte, Mısır hanedanının karakteristik bir özelliğidir.

Piramitlere Gezi Turları

Piramitlerin resimlerine baktığınızda, bu yapılar insana sanki uçsuz bucaksız bir çöl manzarasında çeşitli yerlere serpiştirilmiş gibi gelir. Piramitler aslen Kahire şehir merkezinden yalnızca yaklaşık otuz dakika uzaklıkta, otobüs veya metroyla erişilebilir bir bölgede yer almaktadır. Haftanın her günü tur bulmak mümkündür. Alanı gezebilmeniz için geçiş kartı görevi gören ve birkaç mezara ve piramitlere ziyareti kapsayan bir giriş bileti almanız gerekir. Bu geziler, anıtların üzerinde meydana gelen ışık oyunları sebebiyle özellikle gündoğumu ve günbatımında çok etkileyici olur.

Tapınaklar

Mısırlılar uygarlıklarının daha sonraki asırlarında, halkın gelip tanrılara ibadet edebileceği, incelikle işlenmiş çok sayıda tapınak inşa ettiler. Halkın aslında tapınaklara girmesine izin verilmiyordu, bunun yerine onların yakınında durup dış duvarlardan rahiplerin ve hanedan mensuplarının geçişlerini izlerlerdi. Tapınakların içine yalnızca rahipler ve firavunlar girdiğinden, bu yapıların iç kısımları ve burada neler olup bittiği bir muammadır.

Yapılar genellikle kolon-kiriş sistemiyle inşa ediliyordu. Kolonlara, papirüs bitkisi demetleri gibi organik formlara benzeyecek şekilde oymalar yapılıyordu. Girişi oluşturan iki eğimli sütun (pilonlar) sebebiyle bu tapınaklara pilonlar deniyordu. Girişler genellikle iki tarafa yerleştirilen büyük heykeller veya obelisklerle daha da vurgulanıyordu. Obeliskler ya da dikilitaşlar yüksek, dört kenarlı, tepesinde bir piramit bulunan yüksek anıtlara benzeyen ucu sivriltilmiş sütunlardır. Antik dönemde bunlar genellikle yekpare bir taştan yontulurlardı. Tapınağın giriş kapısından girdikten sonra geniş bir avlu bulunur, avluyu geçince içeri az miktarda ışık girmesini sağlayan, göz seviyesinin üzerinde pencerelerle gölgelenen devasa kolonları bulunan bir salona ulaşılırdı.

Modern Bir Obelisk

Şekli sebebiyle bazen Büyük Kurşunkalem diye de anılan Washington D.C.'deki Washington Anıtı mermer, granit ve taştan yapılmış bir obelisktir. 169,35 metre yüksekliğindeki anıt, dünyanın en uzun obeliskidir. Bu anıt George Washington'ın ölümünden kısa süre sonra onun şerefine inşa edilmiştir. Eskiden girişte bulunan ve Mısır mimarisine bir selam niteliğindeki kanatlı güneş kabartması sonradan anıttan silinmiştir.

MİKEN UYGARLIĞI

Kiklopik Yapılar

Klasik Yunan uygarlığının öncülü olan Miken uygarlığı, Bronz Çağı'nda MÖ 1600 ila 1100 arasında büyüyüp gelişti. Miken halkı, Yunanistan anakarasında Argos düzlüğünün üzerindeki kayalık bir tepeye yerleşmiş ve buradan Korint ile Argos arasından geçen anayolu kontrol altına almış savaşçı bir halktı. Şehir, savunma önlemi olarak dağların arasındaki yüksek bir alana kurulmuştu. Mikenler şehir devletine ek bir koruma sağlamak üzere en sonunda şehrin etrafına surlar eklemişlerdi.

Kalınlıkları 7 metreyi bulan ve boyları yer yer 12 metreye kadar ulaşan Miken surları devasa boyuttaydı. Bu surlar öylesine büyüktü ki surları sonradan gören Yunanlar bunların devler veya Kikloplar (tepegözler) tarafından inşa edildiğine inandılar. Onların yaşadığı bu şaşkınlık, büyük taşlarla inşa edilmiş yapıları tanımlamak için *kiklopik* kelimesinin kullanılmasına ilham olmuştur. Bu surları inşa etmek için kullanılmış olan taşların bazıları neredeyse on ton ağırlığındaydı.

Taşlar farklı şekillerdeydi ama herhangi bir harç kullanılmadan birbirlerine çok yakın şekilde diziliyorlardı. Mikenler bu duvarların dış katmanlarında, özellikle de duvarların daha kalın olduğu bölgelerde, arada kalan boşlukları doldurmak için toprak ve çakıltaşları kullanıyorlardı. Mykenai şehrine, duvarların birine paralel uzanan dar bir geçitten geçerek girilebiliyordu. Bu giriş şekli, herhangi bir işgalci grup ön kapıya ulaşıncaya kadar Miken halkına saldırı için zaman kazandırıyordu, bu da kendi içinde bir savunma yapısıydı.

Aslanlı Kapı

Miken uygarlığının yerleşim alanına erişimi sağlayan birçok giriş kapısı ve giriş yeri bulunmakla birlikte Aslanlı Kapı adı verilen, ön giriş kapısı bunların içinde en gösterişlisiydi. Kolon-kiriş yapı sisteminin bir ürünü olan bu kapı, dik şekilde duran, son derece düz yüzeye sahip taşlar ve bunların üzerine yatay şekilde yerleştirilmiş 14 tonluk bir kirişten oluşuyordu. Kapının üst kısmı bir bindirme kemerdi; bunun için taşlar en tepe noktada tam karşı karşıya gelecek şekilde, her seferinde biraz daha ileri yerleştirilmek suretiyle ters basamak şeklinde konumlandırılıyordu. Bu kemerin en üst noktasında, üzerine ön ayaklarıyla bir sunağın üzerine çıkmış iki aslan rölyefi işlenmiş, bir sütuna doğru bakan üçgen bir taş bulunuyordu. Kirişin ağırlığını azaltması nedeniyle bu üçgen taşa hafifletme üçgeni deniyordu. Aslanlı Kapı'daki sütun ise aslanların muhafızlık ettiği doğa tanrıçasının bir sembolüdür. Aslanların başları ayrı olarak oyularak kapıya pim denen taş çivilerle tutturulmuştur. Böylece, aslanlar sanki başlarını kapıdan dışarı doğru çıkarmışlar gibi bir etki yaratılıyordu. Aslanların başları çok uzun süre önce düşmüş olsa da pim delikleri halen görülmektedir.

Bindirme

Bindirme tekniği Miken mimarisinde çok rağbet gören bir teknikti. Bu inşa tekniği sadece kemerler oluşturmak için değil (bunlara bindirme kemerler denir), aynı zamanda dairesel mezarlara çatı yapmak için de kullanılıyordu (bindirmeli tonoz denir). Bindirmeli yapılarda genellikle üçgen biçiminde bir hafifletme taşından faydalanılırdı.

Megaron

Miken şehirlerinin birçoğu megaron adı verilen ve "büyük oda" anlamına gelen geniş bir saray kompleksinin etrafına kurulmuştur. Dikdörtgen şeklindeki Megaron planı, birbirini izleyen üç kısımdan oluşuyordu: veranda, hol ve bir antre. Bu plan, dünya tarihinde gelmiş geçmiş en ilham verici mimari yapılardan bazıları haline gelecek olan Antik Yunan tapınaklarının da öncülüydü.

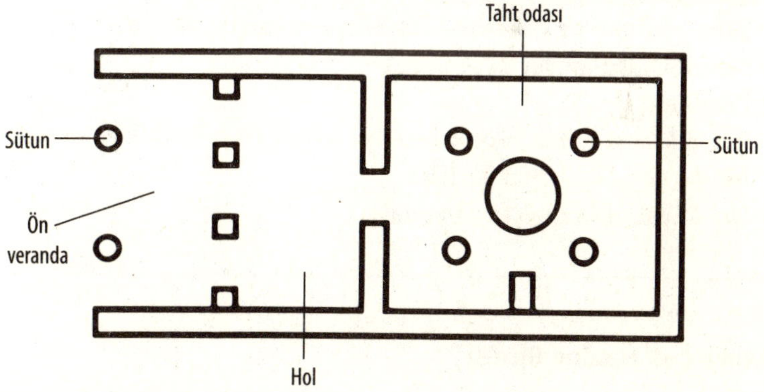

Megarona iki sütun tarafından desteklenen açık bir verandadan girilebiliyordu. Bu girişlerin derinliği genişliğinden daha uzundu ki bu da megaronun ayırt edici bir özelliği haline gelecek estetik bir unsurdur. Megarona gelen bir ziyaretçi, taht odasına girmeden önce bir antreden geçerdi. Taht odasının ortasında etrafı dört sütunla çevrili, dairesel bir ocak bulunur ve kralın tahtı da ocağa doğru bakacak şekilde konumlandırılırdı. Ocağın üzerindeki tavanda, *oculus* adı verilen havalandırma deliği olurdu. Renkli süslemelerle donatılan odanın üzeri bir çatıyla örtülü olurdu. Sarayların içine kıymetli nesnelerin ve boyalı çömleklerin sergilendiği bol süslemeli mihraplar inşa edilirdi.

Sarayın çatıları ve üst katları ahşaptan yapılırdı. Çatılar, zamanın etkilerine karşı dayanıklılık sergileyemediklerinden tam olarak nasıl göründüklerini bilmek zor olsa da, muhtemelen düz yapılıyorlardı. (Bugün bu yapıların yalnızca temellerini görebilmemizin tek sebebi temellerin taştan yapılmış olmasıdır.) Yapının iç zemini kilden yapılıyor, dış avlu zeminine ise taş döşeniyordu.

Megaronun Diğer Özellikleri

- Tavanı destekleyen dört ahşap kolon
- Kraliçenin Megaronu diye adlandırılan daha küçük, ikinci bir hol
- Şahsi daireler ve yönetim, depolama ve imalat alanları
- Resimli, alçıdan yer döşemeleri
- Freskler
- Resimli ama bazen bronz detaylar da içeren kolonlar ve tavanlar
- Moloz dolgulu çapraz kirişler
- Dış duvarlarda kireçtaşı blokları

Atreus'un Hazine Binası

Mykenai'deki en büyük yapı Atreus'un Hazine Binası'ydı (bazen Atreus'un oğlunun adıyla, Agamemnon'un Mezarı olarak da anılır). Bu devasa yapı bir *tholos*, yani bir "yuvarlak yapıdır". Mezara gelen ziyaretçiler bu yuvarlak yapının içine, *dromos* adı verilen ve giriş yolu işlevi gören bir platformdan girerlerdi. Dikdörtgen taş bloklardan yapılmış olan bu platform 35 metre uzunluğundaydı.

Tholos'un girişi dikdörtgen bir kapı boşluğundan oluşuyordu. Kapı boşluğunun hemen üzerinde, yaklaşık 100 tonluk bir kiriş bulunuyordu. Kirişin üzerine Aslanlı Kapı'dakine benzer bir hafifletme üçgeni yerleştirilmişti. Bu üçgen, tavanının ağırlığının kirişe yüklenmesine engel olarak, bu ağırlığı duvarlara doğru yönlendiriyor, böylece yapıyı çökme riskine karşı koruyordu.

Tholos aynı zamanda mezar işlevi de görüyordu. Bazıları şekli sebebiyle tholosu "arı kovanı mezarı" diye adlandırır. Ölmüş bir kişinin bedeni içeri konduktan sonra kapı taşlarla örülerek emniyete alınıyordu. Başka bir naaşın gömülmesi gerektiğinde ise taşlar sökülerek mezar yeniden açılabiliyordu. Bu mezarlar toprağın içine gömülerek yapılıyordu ve mezarlara muhtemelen bronz plakalarla ayrıntılı şekilde süslenmiş bir girişten erişilebiliyordu. Ancak bildiğimiz tholosların hepsi uzun yıllar önce yağmalanmış olduğundan bunu ispatlamak mümkün değil. Tholos kapatıldığında, artık sadece mezarın üzerini örten toprak yığını ve dromos görülür hale geliyordu. Tholos üzerindeki toprak yığını esasen yapıyı daha stabil kılmaktadır.

Miken uygarlığı MÖ 1200-1100 yıllarında gerilemeye başladı. Bazı tarihçiler bu gerilemenin daha ileri düzey silahlar kullanan bir göçebe istilacı akınına bağlı olduğuna inanıyor. Miken halkı, demirden yapılma silahlarla baş edemeyecek bronz silahlar kullanıyordu. İşgalci kabilelerin bölgeyi hâkimiyetleri altına almasıyla karanlık bir çağa girildi. En sonunda, bu zorlu zamanların yıkıntılarının üzerinde Klasik Yunan uygarlığı doğdu.

KLASİK YUNAN

Karanlık Çağı Aydınlatan Güneş

Miken uygarlığının Yunanistan'ın güneyi üzerindeki egemenliğinin zayıflamasının ardından, karanlıkların içinden altın Klasik Yunan Çağı doğdu. Yunan yarımadasının nüfusunun artmasıyla, insanlar kolonileştirilebilecekleri tarıma uygun araziler aramaya başladılar. Bu da Yunan yarımadasının her yerinde ardı ardına yeni şehirler kurulması sonucunu doğurdu.

Yeni yerleşimler genellikle uzun dikdörtgen bloklar halinde intizamlı bir şekilde oluşturuluyordu. Her bloğun ortasında, dinlence ve eğlenceye yönelik kamusal alanlarla birlikte pazaryeri bulunuyordu. Tüm koloninin etrafını tahkimat duvarları çevreliyordu.

Bu şehirlerin merkezinde ayrıca diğer önemli binalarla birlikte tanrılara adanmış tapınaklar yer alıyordu. Yunanlılar ilk tapınakları için insanların günlük yaşamlarını sürdürdükleri basit evleri model almışlardı. Bu tapınaklar, Arkaik dönemde (MÖ 800-480) yaşamış Yunan mimarların ortaya koyduğu en önemli mimari yaratımlardı.

Olimpia'daki Hera Tapınağı

İlk tapınaklar, içinde bir tanrının heykelinin bulunduğu, sade, tek odalı yapılardı. Önde bir portiko, yani üstü kapalı, sütunlu bir giriş bulunur, duvarlar kerpiç tuğlalarla örülür, çatı ise samanla kaplanırdı.

Bu binaların büyük bir kısmı zamana yenik düşmüş olsa da Olimpia'daki Hera Tapınağı (yak. MÖ 600-590) Arkaik çağa ait halen görebildiğimiz en eski tapınaklardan biridir. Tapınağın *sella* adı verilen ve sütunların ardından başlayan en iç odası kireçtaşından inşa edilmişti. Tapınağın üst kısmı güneşte kurutulmuş tuğlalardan yapılırken geri kalan kısımlar ahşaptı. Muhtemelen kiremitli çatıyı taşıyacak kadar sağlam bir yapı elde edilebilmesi için orijinal ahşap sütunların yerini sonradan taş sütunlar almıştır.

Kiremit daha sağlam ve yanmaya karşı daha dayanıklı olduğundan saman veya sazdan yapılmış çatılara göre oldukça büyük bir gelişmeyi temsil eder.

Düzenler

Yunan mimarisinde görülen sütunlar büyük oranda Mısır'daki örneklerin etkisi altındadır. Yunanlılar klasik dönem boyunca binaların tasarımlarında kullanılan bir dizi kural geliştirmek için bu sade yapıları detaylı olarak incelemişlerdi. Sütunlara ve onların tüm kısımlarına uygulanan bu ilkeler, sütun stillerini üç düzene ayırıyordu. Bu düzenlere sadık kalmak, her şeyi orantılı ve düzenli şekilde tutmanın bir yoluydu. Hera Tapınağı Dor düzeninde inşa edilmiştir.

Yunan mimarisinde 3 çeşit sütun düzeni bulunmaktadır:

- İyon sütunları: Bu sütunlar diğerlerine göre daha ince, zarif bir görünüme sahip olup üst üste konulmuş disklerden oluşan bir kaide üzerine oturur, genellikle üst kısımda kıvrımlı süslemeler görülür. Gövde yivli veya düz olabilir. Tipik olarak üst katlar için kullanılırdı.
- Korint sütunları: Sütunun üst kısmı (sütun başlığı) çiçek ve yaprak motifleriyle süslüdür ve dışarıya doğru genişlemesi dolayısıyla bir yükseklik hissi doğurur. Gövde yivlidir. Nispeten daha ince olduğundan genellikle üst katlar için kullanılırdı.
- Dor düzeni: Daha kalın olmaları dolayısıyla genellikle çok katlı yapıların alt katları için kullanılırlardı. Düz, yuvarlatılmış sütun başlıkları süslemesizdir; gövde yivlidir ve alta doğru genişler.

Yunan mimarlar, duvarlar ve sütunlar için taş kullanmaya başladıktan sonra bile, çatılarda daha uzun bir süre ahşap çerçeveler kullanmayı sürdürdüler.

Sütun Sisteminin Kısımları

Saçaklık, sütunlar tarafından desteklenen kesintisiz kiriştir. Saçaklık arşitrav, friz ve kornişi taşır. Saçaklığın en alt kısmı arşitravdır, hemen onun üstünde friz bulunur ve genellikle kabartma ve heykellerle süslüdür. Korniş hemen tavanın altında kalan pervaz kısmıdır. Abaküs, sütunu arşitrava bağlayan düz, kare bloktur.

Yapı Malzemeleri

Yunan tapınakları mermer ve kireçtaşı gibi yörede bulunabilen malzemelerden inşa ediliyordu. Mimarlar bazen mermeri öğüterek, kireçtaşının üzerine koruyucu bir kaplama olarak sürülebilecek bir alçı elde ediyorlardı. Mermer doğa şartlarına karşı daha sağlam ve dayanıklı olduğundan onun için bir koruma gerekmiyordu. Bu binaların şekil ve ebatları üzerinde en etkili unsur malzemelerin ağırlığıydı. Kiriş çok uzak bir mesafeye doğru yayılamazdı yoksa ortadan çatlardı. Sütunların da kiremit çatıyı destekleyebilmeleri için belirli bir çapta olmaları gerekiyordu. Hera Tapınağı'ndaki sütunlar kaide kısmına doğru şişkinken sütun başlığına doğru çapları küçülür.

Entasis

Sütun çapındaki değişime *entasis* adı verilir ve bu göz yanılsamasıyla baş etmenin bir yoludur. Sütunlar sıra halinde dizildiklerinde, sanki eğikmiş gibi bir izlenim yaratırlar. Entasis, düz görünmeleri için sütunlara eklenmiş belli belirsiz bir dışbükeyliktir.

Oluklar sütun gövdesi boyunca uzanan yivlerdir. Her bir oluk, yivin her iki tarafındaki yükseltilmiş sırtlarla belirginleşir. Bu sırta *arris* adı verilir.

Parthenon Tapınağı

Atina'da yer alan Parthenon, Yunan mimarisinin klasik dönemi boyunca inşa edilmiş en büyük yapıdır (MÖ 510-323). Bugün gördüğümüz Parthenon aslında Perslerin MÖ 480'de Atina'yı yağmaladıkları sırada tamamen yanıp kül olan orijinal yapının yerine inşa edilmiş bir yapıdır. Orijinal yapı Pentelicus Dağı'ndan getirilen, üstün kalitede mermerlerle inşa edilmişti. Günümüze kalmış olan yapı, sekiz sütun genişliğinde ve 5 metre derinliğinde bir Dor tapınağıdır. Bu yapıda sütunlar, sella duvarının dış kısmını dönen, kesintisiz bir frizi destekliyordu. Attik Delos Birliği'nin hazinesi, tapınağın arka odasında saklanıyordu. Attik Delos Birliği, Yunan şehir devletleri liderlerinin kurduğu bir ittifaktır. Birliğin hazine odası, çatıyı destekleyen İyon düzenindeki dört adet sütun da dahil olmak üzere, İyon simgeleriyle tasarlanmıştır.

Parthenon'daki Dor sütunları neredeyse İyon düzeninde denilebilecek kadar incelene dek uzatılmıştır. Son sütunlar ortadakilere göre birbirlerine hafifçe daha yakındır. Sütunların yerleştiriliş şekillerindeki ufak tefek varyasyonlar binanın kompozisyonuna canlılık katar. Sütunlardaki hafif şişkinlikler çok düz görünmelerini sağlar. Dıştaki sütunlar da sanki dışa doğru düşmek üzerelermiş gibi görünmelerine neden olan göz yanılgısının kırılabilmesi için altı santimetre içe yatık şekilde inşa edilmiştir. Bu sütunların yerleştirilme aralıkları ve boyutlamaları inanılmaz bir estetik yenilikti.

Bizler bu tapınağı eski zamanlardan çıkagelmiş bir canavarın beyazlaşmış kemikleri gibi bembeyaz görmeye alışmış olsak da, orijinal tapınak altın, kırmızı ve maviye boyalıydı. Açık Akdeniz semasında çok etkileyici görünüyor olmalı. Parthenon'nun iç ve dış kısımları da yine boyanmış ve Athena'nın doğumunu, Atina üzerinde kontrolü ele alabilmek için Athena ve Poseidon'un arasında geçen yarışmayı tasvir eden heykellerle doluydu.

Triglifler Dor stilindeki friz üzerinde görülen, diklemesine dizili, yivli tabletlerdir. Metoplar ise triglifler arasında görülen kare boşluklardır. Parthenon'daki metoplarda Yunanlılar ve Amazonlar, Troyalılar, tanrılar ve devler arasında geçen mücadeleleri anlatan rölyefler bulunur. Sella duvarının etrafını dönen kesintisiz friz sıra sütunların içindedir ve Athena'ya, onuruna düzenlenen bir şenlik olan Panathenaia'da hediyeler taşıyan Atina'lıların geçidini tasvir eder. 1687 yılında, binanın içine saklanmış olan Türk cephaneliği bir Venedik topuyla vurulduğunda bu güçlü frizin büyük bir kısmı yok olmuştur.

Korint Sütunlarının Yaygınlaşması

Korint sütunları dördüncü yüzyılda popülerlik kazandı. Bu sütunlar genellikle Dor veya İyon düzeninde sayılacak binalara fazladan bir özellik olarak ekleniyordu.

Akropolis

Akropolis terimi bir tepeye veya yükseltilmiş herhangi bir alana inşa edilmiş şehir yerleşimlerini ifade eden bir terimdir. Atina'daki Parthenon, daha birçok muhteşem klasik anıta ev sahipliği yapan, kireçtaşı bir plato üzerinde durmaktadır. Başlangıçta bir kale olarak inşa edilmiş olsa da, sonradan tamamen dinsel amaçlara hizmet etmiştir. Güçlü bir Yunan devlet adamı olan Perikles (yak. MÖ 495-429) sanat ve edebiyatı büyük oranda destekleyerek şehrin altın çağını yaşamasına önayak olmuştur. Akropolis'teki birçok yapının inşa edilmesini sağlayan esasen onun imara yönelik girişimleridir. Bu girişimler, insanlara çalışma olanakları sağlamış, şehrin güzelleştirilmesine yönelik bir hareket başlatmıştır.

HELENİSTİK ÇAĞ

Yunan Kültürünün Yayılması

Atina İmparatorluğu ve Sparta'nın başı çektiği Peloponez Birliği arasında yirmi beş yıl süren Peloponez Savaşı, Atina'nın altın çağının sonunu yavaş yavaş getirdi. Savaşı Spartalılar kazanmış ve Atina'dan geriye bir enkaz kalmıştı. Atina bir daha asla kendini toparlayamayacaktı. MÖ 338 yılında Makedonya kralı II. Filip'in Yunanistan'ı topraklarına katmasıyla kuzeyden yeni bir güç yükseldi. Filip'in oğlu İskender, babasının suikasta kurban gitmesinin ardından 336 yılında tahta çıktı ve büyüyen imparatorluğunu daha da genişletmenin yollarını aramaya koyuldu. Fetihler yaparak ve başta Atinalıların kadim düşmanı Persler olmak üzere birçok toprağı imparatorluğuna katarak uygar dünyanın birçok yöresini hızla dolaştı. Daha da uzaklara yolculuk ederek, Akdeniz'i geçip Kuzey Afrika'ya ve oradan da Güneybatı Asya'ya yöneldi. Hindistan sınırlarına vardığında generalleri onu en sonunda dönmeye ikna ettiler. Bu, dünya tarihindeki en büyük fetih seferlerinden biridir.

İskender gittiği her yerde Yunan kültürünün yayılması ve bu kültürün yerel gelenekler ve sanatlarla bütünleşmesi için uğraşıyordu. Bu sebeple MÖ 323'teki ölümüyle Roma İmparatorluğu'nun başlangıcına dek olan dönem (yak. MÖ 31) Helenistik Çağ olarak adlandırılmaktadır. Bu dönem Yunan toplumunun özerk şehir devletlerinden, böylesine geniş bir alana egemen olan bir imparatorluk haline dönüşümüne işaret eder. Bu dönemin sanat ve mimarisi, yeni imparatorluğun her yerinde geçerli olan Yunan kültürünün doğrudan etkisi altındaydı.

Helenistik Mimari ve Sanat

Bu dönemden önce gelen Klasik Yunan sanatının aksine Helenistik mimari ve sanat, "ideali" değil "gerçek olanı" vurguluyordu. Popüler temalar insanların, tanrıların ve kahramanların dünyasında günlük yaşamı irdeliyordu. Altta yatan fikir, herhangi bir sanat eserine bakan bir kişiye teatral bir deneyim yaşatmaktı. Mimari daha özgür, kullanılan gösterişli süslemelerle daha abartılıydı. Binalar daha büyük ve ihtişamlıydı. Korint düzeni klasik dönemin sonlarında gelişmiş olsa da tüm ihtişamına bu dönemde kavuşmuştur. Kanaatkârlık ve disiplinle karakterize edilen Dor düzeni, Helenistik tapınaklarda tercih edilen bir düzen değildi. Dor düzeninde karakteristik bir özellik olarak öne çıkan sütun aralıklarına gösterilen aşırı özen, İyon ve Korint düzenleri için gerekli değildi.

Bu dönemde Yunan anakarası büyük inşaat girişimlerine atılmak için gerekli olan kaynaklara sahip olmadığından, Helenistik tapınakların bugün de görülen örneklerinin birçoğu Anadolu'dadır.

Pergamon'daki Büyük Zeus Sunağı

Pergamon Krallığı'nın başkenti olan Pergamon, akropolisinde yer alan anıtsal mimari eserleriyle ünlüydü. Baş tanrı olan Zeus'un sunağı, tasarımı itibarıyla İyon düzeninde inşa edilmiş at nalı şeklinde bir yapıydı. Bir platform üzerine konumlandırılarak yükseltilmiş ve giriş kısmına yerleştirilmiş geniş bir merdivenle donatılmıştır. Geniş frizi, Helenistik eserlerin duygusal doğasını sergileyen rölyeflerle süslenmiştir. Frizlerden ikisinde Kelt kavimleri arasındaki savaşları dramatik bir anlatımla tasvir edilmiştir. Figürlerden birinde, Galli bir ileri gelenin kendini ve karısını öldürüşü tasvir edilmiştir. Diğer bir figürde ise Athena'nın dev Alkyoneus ile savaşı, Athena'nın devin saçını tutup başını arkaya doğru çekmiş halde tasvir edilmesiyle sahnelenmiştir. Bu heykelleri oluşturmak için derin oymalar yapıldığından rölyefler çok yüksek görünmektedir, yani gölge ve ışık zıtlıkları güçlüdür. Bu, heykellere canlılık katmakta ve tasvir edilen figürlere bir insaniyet unsuru ve natüralizm getirmektedir. Aynı zamanda figürler bu sayede sanki frizden aşağı sarkıyormuş gibi bir his yaratır.

Bassae'deki Apollo Epicurius Tapınağı

Bassae'deki Apollo Epicurius Tapınağı (MÖ 450-425) bir şifacı olarak, veba salgınına tutulan Philagia halkının yardımına gelmiş olan Apollo Epicurius onuruna inşa edilmişti. Bu tapınak şehirden oldukça uzaktaki kırsal bir alana inşa edilmiş olduğundan bir Fransız mimar 1765'te ona tesadüfen rastlayana dek keşfedilmemiştir. Mora (Peloponnesos) yarımadasının kalbindeki Arkadya bölgesinde yer alan dağlarda 335 metre yüksekliğe, yöreden çıkartılan gri kireçtaşlarıyla inşa edilmiştir.

İskenderiye

Bizzat İskender tarafından kurulmuş olan İskenderiye (seyahatleri sırasında kurduğu pek çok şehirden biridir) İskender'den sonra hayatta kalmayı başaran ve Roma İmparatorluğu zamanına dek Akdeniz'de bir güç olarak varlığını sürdüren Ptolemaios hanedanı tarafından yönetilmiştir. Bir ticaret ve kültür merkezi olan şehir, imparatorluğun en etkili şehriydi. Büyük İskender'in mezarı da orada olduğu gibi, ne yazık ki ardı ardına gelen yağmacı kuşaklar ve dindar çeteler tarafından yok edilmiş olan antik dünyanın en büyük kütüphaneleri de bu şehirde yer alıyordu.

Bu yapı üç düzeni de bünyesinde barındırmasıyla öne çıkar. Yapının uzun kenarında on beş sütun bulunur. Dikdörtgenin her iki kısa kenarında ise sessiz ve sakin bir kemeraltı oluşturacak şekilde İyon ve Korint düzenlerini birleştiren altı sütun bulunur. Düzenlerin bu şekilde iç içe geçirilmesi o zaman için sanatsal bakımdan oldukça cesur bir adımdır.

Sellanın içinde duvarlara gömülü bir dizi İyon sütunu bulunur; sellalarının içinde İyon düzeninin kullanılmış olması geleneksel bir yöntem olmadığından, bu da dikkat çekici bir noktadır. Sella sade, penceresiz, portiko cephesinin arkasına yerleştirilmiş bir girişi bulunan, dikdörtgen bir odadır. Sellanın içinde, halkın girmesinin yasak olduğu *adyton* kısmına yakın bir yere, tek bir

Korint sütunu yerleştirilmiştir. Adyton sadece tapınak liderlerinin girebildiği bir alandı. Bu sütunda Korint sütun başlığının en erken dönem örneklerinden biri görülür.

İyon düzenindeki frizde yirmi iki adet yontulmuş levha bulunur. Süsleme amacıyla duvarlar ve sütun kaideleri kireçtaşından, İyon ve Korint sütun başlıkları mermerden yapılmıştır. Sellanın dıştaki frizinin metopları da mermerden yapılmıştır.

Şehir Planlaması

Helenistik Çağ'da yaygınlaşan Yunan geleneklerinden biri de ızgara planlı şehir uygulamalarıdır. Bu plan dahilinde, merkezi kamusal alanların etrafına dikdörtgen olarak uzayan ızgara biçiminde bir yerleşim tasarlanıyordu. Değişkenlik gösteren bölgelere göre, ufak tefek düzeltmelere gidiliyordu. Bu, New York gibi günümüzün modern şehirlerinde de halen tercih edilen bir plandır.

HİNDU TAPINAKLARI

Tanrılara Saygı

Antik Hint uygarlığı zaman zaman İndus Nehri Vadisi'ndeki şehirlerden biri olan Harappa'nın adıyla anılan Harappa Uygarlığı olarak da bilinir. Antik Hindistan'ın tüm erken dönem uygarlıkları arasında en büyüğü olduğuna inanılsa da, varlığına dair kanıtlara 1920'lerin başına kadar rastlanamamıştır, yani bu uygarlık hakkında halen birçok şey öğrenmeye devam ediyoruz. Harappa halkı, Mezopotamya ile ticaret bağları kurmuştu ve yolları, kanalizasyon sistemleri olan planlı şehirlerde yaşıyordu. Genel olarak, baskıcı bir sınıf yapısı bulunmayan tarımsal bir toplumdu. Başlıca dini inanışları, bölgenin her yerindeki kültür ve gelenekleri içinde barındıran Hinduizm'di.

Angkor Wat

Angkor Wat (MÖ 12. yüzyıl başları) büyük Angkor şehrinde inşa edilmiş anıtsal bir Hindu tapınak kompleksidir. Birbirine bağlanmış su ve yürüme yolları, manastırları ve mabetleriyle yaklaşık iki buçuk kilometrekarelik bir alanı kaplayan devasa bir kompleksti. Angkor şehri ise Kamboçya düzlüğüne kurulmuş seksen kilometrekarelik bir şehirdi.

Tapınak kompleksinin Meru Dağı'nın bir temsili olması düşünülmüştü. Hindu inançlarına göre Meru Dağı tanrıların evidir ve beş zirvesi ise evrenin merkezini temsil eder. Dağ Hint kozmosunun ekseninde yer alır. Kompleksin dış duvarları, Hindu geleneğindeki kozmosun sınırlarını çizen dağlar olarak düşünülmüştür. Kompleksin etrafını yapay hendekler, kanallar ve yapay göller çevirir.

Bu suyolları tarımsal başarıyı, şehirde ve tapınakta yaşayanların refahını güvence altına alan pirinç tarlaları için sulama imkânı sağlıyordu. Tapınak Tanrı Vişnu'ya adanmış olmakla birlikte, onu inşa ettiren II. Suryavarman'ın mezarı olarak da kullanılmıştır. Tapınak, ölülerin bu dünyayı terk ettikleri yer olduğuna inanılan batı yönüne doğru bakmaktadır.

Tapınağın Batı Yönüne Bakması

Tapınak kompleksinin doğuya değil de batıya dönük şekilde inşa edilmiş olması, bazı mimarlık tarihçilerinin görüşüne göre tapınağın, batıyla ilişkilendirilen Vişnu'ya adandığını göstermektedir. Ancak Hindu inancına göre, öte dünyadaki ruhlar doğuya değil batıya geçiş yaptıkları için Suryavarman'ın daha en baştan burayı kendi mezarı olarak planladığını düşünenler de bulunmaktadır.

Hendekten büyük girişe uzanan ve oradan da tapınak alanın etrafını çevreleyen duvarların içine doğru yükseltilmiş bir taş yol bulunmaktadır. Anayol, kozmik bereket sembolleri olan, dev suyılanları şeklinde tırabzanlarla yandan desteklenmiştir. Ana tapınak binası üç katlı olup her bir katın köşesinden kuleler yükselir. Bu kulelerin sütunlu girişlerinin olması, dikey bir düzlem üzerinde kat kat bir görünüm yaratmaktadır. Daha sonra bu katları tekrar eden yatay bantlar izler. Tasarım tamamen kozmosun iki ve üç boyutlu bir mandalasıdır. Köşklere doğru çıkan dik merdivenlerin yanında ana kuleye giden bir dizi basamak bulunur.

Tapınak kireçtaşı ve volkanik kayalardan inşa edilmiştir. Kompleksin her yerinde kullanılmış malzemeler üzerine oyma motifler yapılmıştır. Tapınakta bulunan birçok avlu ve terasta heykeller yer alır. Bu heykellerin en etkileyici kesiti, en aşağıdaki açık galerinin 1,5 km'den daha uzun bir alanı kaplayan, muhteşem bir işçilikle oluşturulmuş bas rölyeflerle süslü iç duvarlarında görülür. Bu hayranlık verici kabartmalarda II. Suryavarman ve tanrıların kahramanlıkları tasvir edilmiştir.

Terk Edilmiş Bir Anıt

Angkor şehri yaklaşık 300 yıl sonra terk edildi ve orman yapının büyük bir kısmını gitgide kapladı. Budist rahiplerin yaşadığı tapınak, hem Hindular hem de Budistler için uzun süre bir hac yeri oldu, ancak birçok Avrupalı gezgin, sık ağaçların arasından geçip yapının ihtişamını göremiyordu. Tapınak kompleksi kayıp bir dünyaya ait bir şeyler barındırıyordu. 1860'larda sömürgeci Fransızlar bu sit alanını keşfederek buranın yeniden yapılması ve korunması yönünde bir program başlattılar.

HİNDU TAPINAKLARININ ÖZELLİKLERİ

- *Garbha griha* ya da "rahim odası" tapınağın ana tanrısının veya idolünün heykelinin bulunduğu bir iç mabettir. Burası küçük, penceresiz, kare şeklinde bir selladır.
- İç mekân, yağ lambalarıyla aydınlatılan ve tütsü kokularıyla dolu karanlık bir alandır.
- Tavan ve sella duvarları çok kalındır.

Önemli Yerler

Hindistan alt kıtasında yer alan erken döneme ait kutsal yapıların, ağaçlar ve taşlarla işaretlenmiş, manevi bakımdan önemli yerlerin etrafını çeviren *vedikalar*, yani taş tırabzanlar olduğuna dair birtakım kanıtlar mevcut. Brahma rahipleri çok katı bir geometrik format ve sistemden faydalanarak inşa edilmiş ve tasarlanmış açık hava ateş sunakları geliştirmişlerdi. Hindu tapınakları çok sofistike matematiksel sistemlerle inşa ediliyordu. Bunların inşasında kullanılan sistem, Shilpa Shastras metinlerinde açıklanmaktadır. Tapınakların kutsal bir alanı yeryüzüne sabitlemenin ve onun kutsal enerjisini almanın bir yolu olduğuna inanılıyordu.

Tapınak İnşası

Mimarlar tapınak inşa ederken önce inşaatın yapılacağı kutsal alanı seçerler. Toprağı arındırmak ve kötü ruhlardan kurtarmak için birkaç yıl harcarlar. Toprağa bereket gelmesi için burada kutsal inekler otlatılır. Daha sonra tapınağın planı ve tasarımı oluşturulur. Boyutlar, kozmik uyuma göre kalibre edilmiş bir ölçü birimiyle hesaplanır. Son olarak, temel taşları yerleştirilir.

Tapınakların çoğu taştan, kiriş-kolon sistemi uygulanarak inşa ediliyordu. Kapı boşluğundan ileriye doğru bakan üst kirişler, demirden yapılmış dayanıklı kıskaçlarla yerine oturtuluyordu. Kapılar ahşaptan yapılıyordu.

ANTİK ROMA

Şehir Planlamacılığı

Roma şehri, MÖ 8. yüzyıldaki mütevazı başlangıcından itibaren sürekli gelişme göstererek, İngiltere'nin kuzeyindeki Hadrianus Duvarı'nın rüzgârlı tepelerinden Hindistan sınırlarına ve güneyde Sahra Çölü'ne dek uzanan bir büyük güce dönüştü. Roma mimarisi, imparatorluğun MS 5. yüzyılda çöküşünden yüzyıllar sonra bile hem Batı hem de Doğu Avrupa'da etkisini korumuştur.

Antik Roma'da şehir planlamasını önemli bir unsur haline getiren şey, nüfus yoğunluğu ve tarihi boyunca şehrin yaşadığı ekonomik büyümedir. Antik Roma'da birçok insan kırsal alanlarda veya yüksek ve çok kiracılı apartmanlara benzer yapılarda yoksulluk içinde yaşıyordu. Bu binalar sağlığa elverişli olmadıkları gibi büyük bir yangın tehlikesi barındırıyorlardı. Binalar özensiz bir planla, ahşap ve kerpiç tuğlalarla inşa ediliyordu. Bu sebeple de şehrin herhangi bir bölgesi yandığında vatandaşlar ve liderler, bu yanan bölgeye daha mantıklı bir planla yeniden bir şeyler inşa edilmesi için çaba sarf ediyorlardı.

Cloaca Maxima

Cloaca Maxima, Romalılar tarafından geliştirilmiş en etkileyici yapılardan biri olan bir kemerli suyolu ve genel kanalizasyon sistemidir. Her yıl düzenli aralıklarla taşan Tiber Nehri Romalılar açısından birtakım sorunlara yol açıyordu. Su baskını sona erdiğinde sular altında kalan alan, durgun ve pis suyla dolmuş oluyordu. Romalılardan önce şehrin üzerine kurulduğu yedi tepeyi mesken tutmuş olan Etrüskler, bataklıkları kurutmaya yönelik öncül bir çabayla bir suyolu inşa etmişlerdi. Sonradan Cloaca Maxima olarak anılacak olan bu suyolu Roma'da ana kanalizasyon olarak işlev gösteriyordu. MÖ 1. yüzyılın ortalarına doğru Romalılar kendilerinin yeni geliştirdikleri inşaat tekniklerinden faydalanarak şehirdeki atıkların tahliyesi için Cloaca Maxima'nın üzerini taştan tonozlarla örtüp devasa bir kanalizasyon sistemine dönüştürebilmişlerdir. Cloaca Maxima şehir planlamacılarının muazzam öngörüsünün bir kanıtıdır. Aslında Cloaca Maxima bugün bile Roma'da ana kanalizasyon sistemi olarak kullanılmaktadır.

Sinekleri Kovalayın!

Bazı bilim insanları Cloaca Maxima'nın bölgeyi sineklerden arındırmak ve sinek istilasının beraberinde getirdiği hastalıklarla savaşmak gibi hepimizin özdeşleşebileceği daha pratik bir amaca hizmet ettiğine inanıyorlar.

Pont du Gard

Çoğu Romalı suyunu sokaklardaki çeşmelerden kovalarla taşımak suretiyle temin ederken, daha büyük evlerde yağmur sularını çatıda biriktirme imkânı sağlayan bir sistem oluyordu. Çeşmeler yerçekimi kuvvetiyle çalışıyordu, yani su kendi ağırlığıyla dışarı fışkırıyordu. Ancak şehrin atıklarının Tiber'e yönlendirilmiş olması, suyu içmeye uygunsuz hale getirmişti. Bu yüzden Romalılar da, şehrin dışındaki temiz pınarlardan borularla su çektiler. Bu da yerçekimi kuvvetini kullanarak suyu şehre gönderecek ve çeşmelerden püskürmesini sağlayacak karmaşık bir su kemeri sistemini ve su depolarını gerekli hale getiriyordu.

Su kemerlerinin zaman zaman vadileri aşması gerekiyordu, Romalılar bu tip durumlarda su kemerlerini yükseğe kaldırabilmek için kemer destek yapılarından faydalanıyorlardı. Bu taş kemerlerin bazılarının yüksekliği 30 metreyi buluyordu.

Özellikle de Roma eyaleti olan Galya'da (günümüzde Fransa) inşa edilmiş olan bir su kemeri olan Pont du Gard bunlar arasında en muhteşemidir ve büyük bir kısmı da halen ayaktadır. Harçsız duvar işçiliğiyle oluşturulmuş olan bu su kemeri Gard Nehri vadisinin üzerinde 49 metre yüksekliğe ulaşır. Üç kat kemer sistemi üzerine kuruludur; alttaki kemerler, çapları yaklaşık 2 metre olan yarım daire şeklinde kavislerdir. Nehri geçen ayakların açıklığı 2,5 metredir ve en üst katın 6 metrelik destek kemerleri bulunur.

Beton Yapımı

Romalıların mimarlığa katkılarından en önemlilerden biri de betonun icadıdır. Romalılar taşa göre daha rahat kullanımlı bir alternatif olarak doğal çimentoyu geliştirmişlerdi. Bu çimentoyu yapabilmek için volkanik maden yataklarından puzzolan, yani silisyumlu volkanik kül çıkartıyorlardı. Daha sonra tıpkı taş gibi işlev gösteren çok sert bir madde elde etmek üzere puzzolanı kireç, moloz ve suyla karıştırıyorlardı, gerçi elde ettikleri bu madde taş kadar şık görünümlü olmuyordu. Romalılar da betonun üzerini örtmek için stükko, mozaik ve mermer gibi malzemelerden yapılmış başka kaplamalar kullandılar. 2. yüzyılda Roma'da inşa edilen Pantheon'da çok ince ve zarif bir görünüm sağlayan, çikolata renginde volkanik toprak kullanmışlardı.

Pompeii

Modern Napoli şehrinin yakınlarındaki Pompeii, Roma şehir planlamacılığının günümüze kadar ayakta kalabilmiş en güzel örneklerindendir. MS 79 yılında şehir, yakınlarında bulunan Vezüv Yanardağı'nın patlamasıyla lavlar altında kaldı. Şehrin kül, lav ve çamurla kaplanmasıyla şehirde yaşayan binlerce kişi öldü. 18. yüzyıla kadar gömülü halde kalan şehirde ilk kazı 1748 yılında yapıldı.

Pompeii'ye ilk yerleşim yaklaşık olarak MÖ 6'da gerçekleşmişti; şehrin ilk yerlileri Yunanlar, Etrüksler ve Samnitlerdir. Yanardağ patlamasıyla yerle bir olduğu tarihe kadar şehir, varlıklı patrici ailelerinden, orta sınıfa mensup tüccar ve kölelere kadar çok çeşitlilik gösteren, 20.000 Romalının yaşadığı bir sayfiye yeri haline gelmişti. Patlamanın aniden meydana gelmesi sebebiyle (kül yağmuru yaklaşık altı saat sürmüştü) ölümler de hızlı olmuş ve halkın çoğu, hayvanlar ve şehrin çehresi tüflerin altında, ölümün onları bulduğu andaki halleriyle korunmuşlardır.

Oval şehir surlarıyla düzensiz bir ızgara planına göre kurulmuş olan şehir, yaklaşık 64 hektarlık bir alanı kaplıyordu. Kent merkezi ya da başka bir deyişle forum, Pompeii'deki yaşamın merkezini oluşturuyordu. Forum hem abidevi niteliği bulunan hem de tekerlekli araçların alana girmemesi için bir bariyer işlevi gören bir zafer takıyla belirgin hale getirilmişti. Forumun içinde şehrin baş tanrılarının tapınağı, et, balık ve sebze pazarları, meslek loncalarının ofisleri, dükkânlar ve halka açık tuvaletler vardı, yani Pompeii'de yaşamın merkezi olan her ne varsa burada bulunuyordu. Hâkimlerin büroları, meclis salonları ve çeşitli kamu hizmet ofisleri de yine buradaydı. Yasal, ticari ve sosyal meselelerle ilgili halk meclisleri de yine forumda toplanıyordu.

Roma Forumu

Büyüklüğü her ne olursa olsun, neredeyse tüm Roma şehirlerinde kamusal bir odak noktası olarak birer forum bulunuyordu. Roma forumu zaman içinde Romalıların yaşamının merkezindeki dikdörtgen şekilli bir plaza haline geldi; geçitler, önemli söylevler ve gladyatör dövüşleri burada yapılıyordu.

Hamamlar

Roma hamamları egzersiz yapma ve dinlenme yerleri olmanın yanında hijyenin korunması ve sosyalleşme bakımından da önemli yerlerdi. Pompeii forumunun yakınında üç adet hamam bulunuyordu. Bu hamamlar, özellikle de içlerinde birçok şey yapabileceğiniz çok çeşitli olanakların sunulduğu tesisler olmaları dolayısıyla çok etkileyici yapılardı. İçeride buhar odaları ve soğuk suya atlamak için odalar bulunuyordu. Genellikle iç alanda bahçeler de bulunduğundan su tedarikinin devamlı ve bol olması çok önemliydi. Hatta Romalılar suyu ısıtmanın yollarını bile bulmuşlardı.

DİOCLETİANUS HAMAMLARININ TEMEL ÖZELLİKLERİ (MS 298-306)

- *Caldarium:* Sıcak buhar ve su banyolarının bulunduğu alan, çapraz tonoz özelliğine sahiptir
- *Tepidarium:* Sıcak banyoların bulunduğu kubbeli oda
- *Frigidarium:* Soğuk su banyolarını içine alacak şekilde haç şeklinde tonozlanmış merkezi alan
- Açık hava yüzme havuzu
- Açık hava egzersiz avluları

ROMA İMPARATORLUĞU

İnşaat Düzenleri

Romalılar altyapı kurma konusunda birer dâhiydi. Şehre temiz su getirmenin ve kirli suları şehirden tahliye etmenin yollarını bulmuşlardı. Merkezi ısıtma sistemleri kurmuşlar ve hamamları ısıtabilecek teknolojiyi geliştirmişlerdi. Herkesin gösterileri izleyebileceği mükemmel akustiğe sahip amfitiyatrolar ve stadyumlar inşa etmişlerdi. Romalılar mimarlığı kiriş-kolon sisteminin ötesine; kemerler, tonozlar ve kubbeler inşa etmelerini sağlayan basınçlama mimarisine taşımışlardı. Bu yöntemleri kullanan Romalılar çok geniş alanları her tarafından çevrelemenin yollarını bulmuşlardı. Sadece ortalama boyutlarda taşlara ihtiyaçları vardı.

Tonoz İnşası

Tonoz, boylamsal bir eksende uzatılan bir kemerdir. Kolon-kiriş sistemi kısıtlayıcıdır çünkü destekler birbirlerinden çok uzakta olamazlar. Eğer uzak olurlarsa, kiriş baskı altında kalarak çatlar. Bu sebeple tonoz mimarisi her şeyi değiştirmişti. Artık ağırlık basınç vasıtasıyla taşınabiliyordu. Gerçi bu da kolon-kiriş mimarisinde gerektiğinden daha güçlü kolonlara ihtiyaç olduğu anlamına geliyordu. En üstteki taş, altındaki duvarları ve sütunları aşağı ve dışa doğru zorlayabilirdi. Bu ağırlığı kaldırabilmeleri için duvarların çok kalın olması gerekiyordu.

Kemer İnşası

Asıl kemer formu, kama biçimli taşların (kemer taşları) kavisli olarak veya yarım daire şeklinde yerleştirilmesiyle oluşturulur. Mimarlar öncelikle keresteden kemer kalıbı adı verilen geçici bir karkas inşa ederlerdi. Kemer taşları doğrudan bu kemer kalıbına yerleştirilirdi. Bu sistemde aynı zamanda merkezi bir kilit taşından da faydalanılırdı. Daha önce kemer inşasında en fazla tercih edilen yöntem bindirme yöntemiydi. Bu yöntemde taşlar üst üste konularak tonozlu veya kemerli bir şekil elde edilirdi. Üst üste gelen her bir taş, altında yer alan taştan hafifçe öne doğru çıkıntılı olarak durur. Taşlar iki taraftan da döşenir; ortada buluşana dek içe doğru açı yaparak ilerler. Taşların düzgünce üst üste bindirilmesiyle bu yöntemde kemer kalıbı kullanmak gerekmez.

Kubbe İnşası

Kubbe, orta noktası etrafında döndürülerek daire şekline getirilmiş bir kemerdir. Kubbeler farklı şekillerde olabilir ama hepsi meridyen adı verilen dikey, paralel adı verilen yatay hatlarla oluşturulur. İçe doğru çekme yapan meridyenler kemerin orta noktasında buluşur. Bu meridyenler daha sonra paralelleri en tepe noktada sıkışık bir hal almaya zorlar. Kubbenin dibinde meridyenler dışa doğru bir itki uyguladığından paralelleri basınç noktasına dek esnetmiş olurlar.

Vitruvius ve *Mimarlık Üzerine On Kitap*

Erken dönem Roma mimarisine dair bildiklerimizin birçoğunu Vitruvius'a (yak. MÖ 80-15) ve *Mimarlık Üzerine On Kitap** isimli bilimsel eserine borçluyuz. Klasik mimari hakkında günümüze dek ulaşabilmiş tek kitap olan bu çalışma, sonradan gelecek birçok modern çağ mimarına ilham olmuştur.

Pantheon

Pantheon (MS 118-125) Roma'daki en iyi korunmuş antik anıtlar arasındadır. Roma İmparatorluğu'nun 14. imparatoru Hadrianus, gelecekte adının anılmasını sağlayacak bir şeyler tasarlama işine girişmiş amatör bir mimardı. Bir Pantheon, yani "tanrılara adanmış bir tapınak" yaratmak isteyen Hadrianus, bu iş için bir mimar ekibiyle çalışmıştı. Bu yapının, Marcus Agrippa'nın siparişi üzerine MÖ 27'de inşa edilmiş olan yıkık dökük, miadını doldurmuş yapının yerini alması amaçlanmıştı.

Yeni Pantheon'un tasarımı iki ana kısımdan oluşuyordu. İlk olarak yükseltilmiş bir portikosu, sütunları ve üçgen bir alınlığı bulunan geleneksel bir tapınak girişi vardı. Sonra ise geniş bir kubbeyle örtülü, yenilikçi nitelikte dairesel bir salon bulunuyordu. Dış tarafta yalnızca sekiz sütun genişliğinde ve üç sütun derinliğinde bir portiko bulunduğundan dıştan bakıldığında içerideki dairesel salonun aslında ne kadar büyük olduğu asla tahmin edilemiyordu. İşçiler duvarları inşa ederken üzerinde durabilecekleri bir iskele kullanmışlardı. Daha sonra beton kubbe, duvarların üzerine yerleştirdikleri bir çatı iskelesinin üzerinden dökülerek oluşturulmuştu.

Tüm yapıya silindir şekli verilmiş; çapı 43 metre olan kubbenin ağırlığını çember şeklinde dizili devasa payandalar ve geniş gömme kemerler taşır. Bu gömme kemerler, aynı zamanda, ağırlığı pencerelerin etrafından tekrar temele ve payandalara doğru

* Şevki Vanlı Mimarlık Vakfı, 2005, İstanbul.

dağıtır. Hadrianus temel için çok ağır bir taş olan bazalt taşı kullanmıştı. Üst tarafta ise süngertaşı adı verilen hafif, volkanik taşlar kullanılmıştı.

Tavan süslemelerindeki gömme paneller şık bir geometrik tasarım oluşturuyordu. Bunlar beş adet yatay çember olarak görülen, ikizkenar yamuk şeklinde girintilerdi. Bu girintiler kubbenin ağırlığını azaltıyordu. Bir yarımküre şeklindeki kubbenin ortasında 8,2 metre çapında bir *oculus*, yani göklerle bağlantıyı sembolize eden bir tavan açıklığı bulunur. Gün içinde güneş ışığı bu tavan açıklığından içeriye girerek mükemmel bir ışık gösterisi sergiler. Bu açıklık, geceleri ise yıldızları görebildiğiniz büyüleyici bir manzara sunar. Oculus, sıkıştırma kuvvetinin en fazla olduğu yere yerleştirilmiştir. Mimarlar 11 cm kalınlığında bir tuğla çemberinden yapılmış bir basınç çemberi kullanmışlardı. Kubbenin çapı oculustan aşağıdaki orta döşemeye olan mesafeyle kusursuz biçimde eştir.

Kolezyum

Spor ve tiyatro oyunları Yunan ve Roma kültürlerinin en önemli öğeleriydi. Romalılar, bütün izleyicilerin sahneyi görebilmesi için tonozlu yapılar geliştirmişlerdi. Pompeii'deki amfitiyatro ovaldi. Roma'daki Marcellus Tiyatrosu tonozlu yarım daireydi. Yunanlar önceden amfitiyatroları yamaçlara inşa ediyorlardı ama Romalılar bağımsız şekilde ayakta durabilen yapılar yarattılar. Roma'nın ortasında yer alan Kolezyum ya da diğer adıyla Flavianus Amfitiyatro bunlar arasında en ünlüsüdür.

MS 64 yılında çıkan korkunç bir yangın dokuz gün sürmüş ve Roma'nın kalbini yakıp yıkmıştı. İmparator Neron, şehri yeninden inşa ettirirken aynı zamanda kendisi için devasa bir saray da inşa ettirdi; bu sarayda kendisinin devasa boyutta bir heykeli, özel bir park ve halka kapalı bir göl bulunuyordu. Neron bu saraya Altın Ev adını verdi ama halk buradan nefret ediyordu. Kısa süre sonra ayaklanmalar çıktı ve Neron'un ordusu başına buyruk hareket etmeye başladı. İşler o kadar kötüye gitti ki Neron intihar etti.

Onun yönetiminin ardından başa geçen dört imparator da erken öldüler. MS 69'da tahta geçen Vespasianus halk tarafından sevilmek ve seleflerinin kaderine mahkûm olmamak arzusundaydı. Altın Evi yıkarak onun yerine halka açık bir park alanı ve bir amfitiyatro inşa ettirdi. Neron'un heykeline yeni bir isim verdiler ve amfitiyatroya "devasa heykel" anlamına gelen "colossus" kelimesinden türetilmiş olan Kolezyum adını verdiler. Kolezyum tüm izleyicilerin sahneyi en iyi şekilde görebilmelerini sağlayan muhteşem bir dikey mimari eseri olarak inşa edilmiştir. Muazzam bir yükseklik söz konusu olduğundan yapının çökmeden durabilmesi için çok güçlü duvarlar inşa edilmesi gerekmiştir.

Mimarlar, amfitiyatronun temelini inşa edebilmek için Neron'un gölünü kurutmuşlardı. Gölden geriye kalan çukura betondan, 50 metre genişliğinde ve 12 metre derinliğinde, devasa boyutta oval bir çember döktüler. Üst katları ise ahşap, tuğla ve daha hafif betonla inşa ettiler. Kolezyum'un en üst katından aşağı geniş, dekoratif, bronz siperler sarkıyordu.

Kolezyum'un açılışını MS 80 yılında Vespasianus'un oğlu ve halefi olan Titus yaptı. Açılış kutlamaları için yüz gün aralıksız müsabakalar düzenlendi. Titus'un ardından tahta çıkan kardeşinin de yapıya bir kat daha eklemesiyle, MS 82 yılında 56 metre yüksekliğe ulaşan yapı, tüm şehrin üstünde yükselen bir yapı haline geldi.

Kolezyum ovaldi ve 50.000 kişilik oturma yeri bulunuyordu. Arenanın planında, etrafını en tepeye ulaşana dek yükselerek dönen uzun bir rampa vardı. En üstteki oturma yerleri ahşap payandalar üzerinde duruyordu ve binanın geri kalanı, kesme taş ve betonun bir birleşimi olan bir taş işçiliğiyle yapılmıştı. Oturma yerlerinin altında, izleyicilerin oturacakları yere ulaşmalarını sağlayan merdivenlerden, koridor ve rampalardan oluşan bir labirent vardı. Herkesin birkaç dakika içinde dışarı çıkabilmesi için çok akıllıca tasarlanmış çıkış ve yürüyüş yolları mevcuttu.

Romalılar binanın içine Dor, İyon ve Korint düzenlerinde yarım sütunlar dikmişlerdi. Üç katlı ön cepheyi kemerler ve destekleyici beşik tonozlar oluşturuyordu ve kemerler oturma yerlerinin ağırlığını taşıyordu. Zemin kotunda bulunan seksen adet giriş yeri, tonozlarla oluşturulmuştu. İnsanların oturma yerlerini kolayca bulabilmeleri için bu girişler numaralandırılmıştı. Güneşten koruma sağlamak üzere, tüm yapının üzerini kaplayan geniş bir kanvas bulunuyordu ve hatta gece düzenlenen müsabakalar için devasa bir aydınlatma elemanı bile vardı.

Oturma yerleri hiyerarşik olarak düzenlenmişti. İmparator, ailesi ve diğer üst düzey izleyicilerle birlikte zeminde yer alan mermer bir locada oturuyordu. Bir sonraki sıra, soylular ve varlıklı yurttaşlar içindi. İkinci katta erkek yurttaşlar otururken üçüncü kat kadınlara ayrılmıştı. En üst katta ise Roma vatandaşı olmayanların ve kölelerin ayakta durarak sahneyi izleyebilecekleri bir alan bulunuyordu. Arenanın zemini hareket ettirilebilen ahşap panellerden yapılmıştı. Bunların altında, müsabakalar için yukarı kaldırılabilen hayvan kafesleri bulunuyordu.

Kolezyum'da Yaşanan Dehşet Verici Olaylar

Kolezyum'da düzenlenen müsabakalar, hokkabazlar, filler ve sahte dövüşme müsabakaları gibi eğlencelik gösterilerle başlardı. İmparator seyircilere renkli toplar atar ve bu topları yakalayanlar birer ödül kazanırlardı. Romalılar imparatorluğun her köşesinden çeşitli hayvanlar getirip avlıyor, onları doğal yaşam alanlarından koparıyorlardı (örneğin, Mezopotamya'daki aslanlar).

Asıl en korkuncu gladyatör dövüşleriydi. Bu müsabakalar dövüşenlerden biri ölene veya merhamet dileyene dek devam ederdi. Eğer imparator dövüşçünün talebini reddederse, dövüşçü zorla dizlerinin üzerine çökertilir ve boğazı kesilirdi. Tanrılar gibi giyinmiş insanlar, yere düşen gladyatörleri kızgın bir demirle dürterlerdi. Bilincini neredeyse kaybetmiş olan dövüşçü ayağa kalkmazsa bir çekiçle işi bitirilir, cesedi arenadan sürüklenerek çıkartılırdı. Kum zemin, bir tırmık yardımıyla kandan arındırıldıktan sonra yeni bir dövüş başlardı. Gladyatör dövüşleri en nihayetinde kısmen Roma İmparatorluğu'nun artık parçalanmakta olması, kısmen de o zaman devlet yönetimine hâkim olan Hıristiyan Kilisesi'nin bu zalimliği kınaması sebebiyle 404 yılında yasaklandı.

BİZANS KİLİSELERİ

Hıristiyanlığın İlk Evleri

Hıristiyanlık, İsa'nın müritleri tarafından başlatılmış olsa da örgütlü bir din olarak gelişiminin asıl başlangıcı onun ölümünün üzerinden birkaç yüzyıl sonraya rastlar. Roma İmparatorluğu, Hıristiyanlara pek kucak açmamış olsa da, 1. Konstantin 313 yılında Milano Fermanı'nı çıkartarak Hıristiyanlığı yasallaştırdı. Hıristiyanlar saklı gizli olmayan ilk kiliselerini bu tarihten itibaren inşa etmeye başladılar.

Bizans devri, İmparator Jüstinyen'in zaferiyle başladı (yak. 482-565). Bizans mimarisinin ayırt edici özelliği gökyüzünü sembolize eden kubbelerin kullanımıdır. Erken dönem kilise stilleri eklektik olmakla birlikte genel olarak Roma tapınaklarını model alıyordu (aslında birçok durumda, Hıristiyanlar basitçe Roma tapınaklarını devralmıştır). Ortaya çıkan sonuç ise Yunan haçı planıdır. Bu kilise mimari planında, merkezde yer alan kare bir alandan eşit uzunlukta dört kol çıkıyordu ve bu kare alanın üzerinde kubbe çatı yer alıyordu. Karenin her bir kenarına kubbeyi tutmak üzere bir tonoz bingi veya bir kemer yerleştiriliyordu. Kiliselerin içi çok geniş bir alana yayılıyordu; mermerden çarpıcı sütunlarla, mozaiklerle süslemeler yapılıyor ve hatta bazen kullanılan altın işlemeli detaylar ibadet edenlerin gözlerini kamaştırıyordu.

Hıristiyanlık öğretilerine göre kiliselerde belirli birtakım özelliklerin mutlaka bulunması gerekiyordu:

- Bir komünyon masası
- Bir adak masası
- Cemaat için oturma yerleri
- Bir mezarlık (çünkü kremasyon yasaktı)
- İbadet merasimlerinde yapılan geçit törenleri için birçok insanın sığabileceği geniş alanlar.

Sant'Apollinare Nuovo Bazilikası

Ravenna'da bulunan Sant'Apollinare Nuovo Bazilikası 6. yüzyılın başlarında inşa edilmiştir. Tuğlalı dış cephesi sadedir. İç düzeninde yarı dairesel bir kubbe, merkez olarak alınmıştır. Tavan ve duvarlarda Hıristiyanlığa ait öykülerin tasvirleri yer alır. Hıristiyanlar ayrıca iç kısımlara azizlere veya şehitlere ithaf edilmiş anıtlar, vaftiz havuzları (önemli bir dini ritüel olan vaftiz törenlerinde kullanmak amacıyla inşa edilmiş havuzlar) ve mozoleler inşa etmişlerdir.

Ayasofya

İstanbul'da bulunan ve Jüstinyen'in yaptırdığı Ayasofya Kilisesi (532-537) ya da diğer adıyla Kutsal Bilgelik Kilisesi, tüm zamanların en abartılı yapılarından biridir. Yaklaşık 1000 yıl süreyle dünyadaki en büyük bina olma özelliğini koruyan yapı, Bizans imparatorlarının taç giydikleri ve Konstantinopolis'in dinsel yaşamının ana odağı olan bir mekândı.

Aslında Ayasofya bu alana inşa edilen üçüncü kilisedir. Binanın mimarları Tralles'li Anthemius ve Milet'li İsidoros'tu. Alanı, hem rahiplerin ritüellerini gerçekleştirebilecekleri hem de cemaatin bu ayini izleyebileceği yeterli alana sahip olacak şekilde bölmüşlerdi. Mimarlar binanın merkezine kireçtaşından dört adet devasa payanda inşa etmişlerdir. Bu payandalar ya da iskeleler, bir kare oluşturacak şekilde yerleştirilmiş ve üstlerine dört tane kemer inşa edilmiştir. Bu kemerlerin içinde pandantif denilen üçgen şekiller bulunur. Bir pandantife, dairesel biçimli bir tavanın kare şeklinde bir yapının üzerine oturtulması sonucunda oluşan boşlukları dolduracak şekilde kavis verilmiştir. Başka bir deyişle kubbe, kemerlerin üzerine yerleştirilmiş ve pandantifler de kemerlerin arasında kalan boşlukları kapatmıştır. Kubbe, ahşap yapı iskelesinin üzerine, araya kalın harç oyularak dizilmiş düz tuğlalardan yapılmıştır.

Kubbenin alt kısmındaki pencerelerden iç kısma bolca güneş ışığı girer. Kemerli, tonozlu ve kubbeli tavanlar ağır olur ve ağırlıkları da dışa doğru çeken bir baskı yaratır. Bu baskıya *yanal itki* denir. Kubbenin yanal itkinin etkisiyle oynamaması için ek destek gerekir. Ayasofya'nın mimarları yapıyı takviye etmek için kubbe pencerelerinin aralarına payandalar yerleştirmişlerdir. Ek kuvvetlendirme için de kubbenin içine yerleştirilen bir kiriş ağından faydalanmışlardır.

İç mekân binanın doğusuna ve batısına doğru uzarken, iki yarı-kubbe ek destek olarak ana kubbeye baskı uygular ya da başka bir deyişle payanda olurlar. Bu yarı-kubbeler de diğer yarı-kubbelerle takviye edilmiştir. Tüm bu parçalar ağırlığı ve basıncı temele doğru bir şekilde yönlendirmek üzere bir araya gelirler. Mimarlar basıncın ve ağırlığın doğru yönde dağılmasına yardımcı olması için ana payandalara yaslanarak yukarı doğru ittiren geniş dikdörtgen bloklar eklemişlerdir. Ana kemerlerin altında kalan iç duvarlarda çok sayıda pencere ve revak adı verilen sütun sıraları bulunur.

Ayasofya'nın Yeniden İnşası

Ayasofya Bizans mimarisinin en önemli eseridir. Bu şaheser yapı, yapıldıktan yirmi yıl sonra meydana gelen bir depremde büyük hasar almıştır. Ana kubbenin bir kısmı ve yarım kubbelerin biri çökmüştür. Kubbeye binen muazzam basınçların etkisini yok etmek amacıyla, onarım çalışmaları daha çok yarı-küresel şekil üzerine odaklanmıştır. Sonradan orijinal kubbenin bu gerilimi taşıyamayacak kadar sığ olduğu anlaşılmıştır. Bunun yerine oluşturulan şekil kusursuz olmuş ve günümüze kadar ayakta kalmıştır. Binanın yeni mimarı ve ilk mimarlardan birinin yeğeni Genç İsidoros, yapıya daha ağır payandalar ve daha dik bir kubbe eklemiştir.

ROMANESK

Şehirlerin Yeniden Doğuşu

Romanesk stili, Frank İmparatoru Şarlman'ın (yak. 742-814) mimari, tasarım ve stilde Roma İmparatorluğu'nun sanat alanındaki yükseliş dönemini yeniden canlandırmasıyla oluşmuştur. Romanesk 10. yüzyıldan 13. yüzyılın başlarına kadar popüler olan yerel stillerden oluşan yelpazeyi içine alır.

Ortaçağın başlarında iktisadi yapı ve sosyal hiyerarşide feodal sistem hâkimdi. Hayatın merkezini taşınmaz mülkler oluşturuyordu. Ancak ortaçağın zirvesinde şehirlerde ticaret gelişim gösterdi. Üretim yapılan şehirlerde ve bankacılık merkezlerinde limanlar gelişmeye ve aynı zamanda sanat ve el sanatlarıyla meşgul olan toplumlar oluşmaya başladı. Roma İmparatorluğu'nun çöküş döneminde geri plana çekilmiş olan şehir ve kasabalar yeniden ön plana çıktı. Romanesk, ilk defa Batı Avrupa'nın her yerinde popülerlik kazanmış olan bir tarzdır.

ROMANESK'İN TEMEL ÖZELLİKLERİ

- Beşik kemerler
- Taştan yapılmış tonozlar
- Rölyef heykel
- Kalın duvarlar

Bölgeye Göre İsim

Şarlman ölünce bugünkü Fransa, Almanya ve İtalya'yı içine alan Frank İmparatorluğu da dağıldı. Birçok yörede çeşitli topluluklar oluştu fakat merkezi bir yönetim yoktu. Örneğin Fransa, bölgede yaşayanların bir tür Fransızca konuşması dolayısıyla birbirine çok sıkı bağlı olmayan küçük krallıklar şeklinde gruplaşmıştı. Bu sebeple, bu dönemde hâkim olan sanatsal ve mimari stiller isimlerini genellikle belirli bölgelerin isimlerinden almıştır.

Hac Yolculukları

Ortaçağda kilise epey servet edinmiş ve bu da onun istikrarlı bir örgüt haline gelmesini sağlamıştı. Kilise bu serveti ve istikrarı katedral veya manastır inşası gibi inşaat projelerine kaynak sağlamak için kullanabiliyordu. Özellikle Romanesk katedralleri ele alırsak, bunlar Roma tarzı tonoz ve kemerler gibi ihtişamlı özelliklere sahip devasa yapılardı. Bu katedral ve kiliseler Avrupa'yı baştan sona gezerek hac yolculuğuna çıkan kişiler için uğrak yerleri haline geldi.

Hac yolculukları büyük bir popülerlik kazanmıştı (İngiliz şair Geoffrey Chaucer, ünlü eseri *Canterbury Hikâyeleri*'nde İngiltere topraklarındaki Canterbury'de bulunan kutsal bir mabede yolculuk eden bir grup ziyaretçiyi anlatır). Dindar Hıristiyanlar, bir azizin kemikleri veya giysisinden bir parça gibi kutsal yadigârları barındıran kiliselere gidebilmek için yürüyerek çok uzun mesafeler kat ediyorlardı. Etrafta dolaşan o kadar çok ziyaretçi vardı ki mimarlar kilise inşa ederken onları da hesaba katıyor, kilisenin içinde gezinip ayinlere engel olmadan kutsal hatıraları görebilecekleri yeterli alanı sağlamaya çalışıyorlardı.

Sainte-Foy Manastırı-Kilisesi

Conques, Fransa'da bulunan Sainte-Foy Manastırı-Kilisesi, (yak. 1050-1130) Azize Faith adıyla bilinen ve pagan tanrılarına tapınmayı reddettiği için 305 yılında öldürülen bakire bir şehide adanmıştır. Kilisede, azizenin kutsal emanetlerinin içinde, çok sayıda ziyaretçi çeken ince işçilikli altın bir heykel yer almaktadır. Mimarlar, bu ziyaretçi yoğunluğunu kaldıracak yeterli alan sağlayabilmek için, geleneksel Latin-haçı planındaki bazilikada değişiklikler yapmışlardı. Yan koridorlar, ziyaretçilerin yürüyüp kutsal emanetleri görebilecekleri kemerli bir yol oluşturacak şekilde genişletilmişti. Böylece keşişlerin, herhangi bir engelle karşılaşmadan ana sunaktaki koroya erişmeleri mümkün hale gelmişti. Sainte-Foy ilk bilinen hac kiliseleri arasındadır.

Kilisenin üzeri, her bir çeyrek dairenin alt kısmında boydan boya uzanan enine kirişlerin oluşturduğu tonozlarla örtülmüştür. İçeride daha fazla insana yer açabilmek için yan koridorların üzerine bir ikinci kat balkonu inşa edilmiştir. Bu balkon basınç ve ağırlığı, yan duvarlardaki tonozlardan aşağı, neflerin payandalarına doğru yönlendiriyordu.

Kilise belirgin şekilde Romanesk stil özellikleri taşır: Alınlık, yani ana girişin üzerindeki kemer, arşivolt (başkemer) ve hatta *trumeau*, yani ön kapıların arasına dikey şekilde oturtulmuş orta sütun gibi birçok yüzeyde ağır rölyef heykeller görülür.

Romanesk Oymacılığı

Romanesk kiliseler çok sayıda heykelle süsleniyordu. Nüfusun geneli okur-yazar olmadığından, dini meselleri anlayabilmeleri için birçok görsel tasvire ihtiyaçları vardı. Sanatçılar bu meselleri aktarmak için dokuma kilimler de kullanılıyordu ve kilimler, kiliselerin, kalelerin ve sarayların genellikle soğuk olan odalarında bir miktar yalıtım sağlamış oluyordu.

Sainte-Foy'un çatısı taştan yapılmış, nefin üzerine oturtulmuş ve kemerlerle kaplı bir beşik tonozdu. Taş, yangın riskini bir miktar ortadan kaldırmanın yanında mükemmel bir akustik de sağlıyordu. Gerçi taştan yapılmış tonozlar ağır olduklarından, payanda denilen ayaklarla fazladan desteklenmeleri gerekiyordu. Bu yapım şekli tonozun yanal baskılarını etkisiz hale getiriyordu.

Tonoz Sistemleri

Tonoz bir iç mekânın üzerinde bir tavan örtüsü yaratacak şekilde boşlukta uzanan bir kemerdir. Roma, erken Hıristiyanlık dönemi ve Bizans yapılarında çok popüler olan tonozlar, Romanesk dönemde bir yeniden diriliş yaşadılar; özellikle kiliselerin yapımında tercih ediliyorlardı. Tonozlar hem yangından koruma sağlıyorlardı hem de dayanıklılardı, aynı zamanda insanoğlunun ve yeryüzünün üzerini kaplayan gökyüzünü sembolize ediyorlardı.

TONOZ ŞEKİLLERİ

- Beşik tonoz: Bu en basit tonoz biçimidir; bir kemerin yarı dairesel bir boşluk oluşturacak şekilde aralıksız devam ettirilmesinden oluşur.
- Çapraz tonoz: Dik açıyla kesişen iki beşik tonozun oluşturduğu yapı şeklidir. Bu şekilde oluşan tonoz, beşik tonoza göre daha güçlü ve sağlam olmaktadır. Bir dizi çapraz tonoz, iki kemerin birleştiği kenarlarda doğal bir bölme oluşturmaktadır; bu bölmelere niş adı verilir.
- Yelpaze tonoz: Bazı örneklerde kaburgalar ince işçilik ve ayrıntılarla donatılıyor ve tüm tavana yayılıyordu. Bu tip yelpaze tonozlar 12 ve 13. yüzyıllara ait birçok İngiliz katedralinin önemli bir özelliğidir.
- Kaburgalı tonoz: Birleşim yerlerine taştan örülmüş kaburgalar eklenerek kuvvetlendirilmiş bir çapraz tonozdur.

Taç Kapı

Birçok hac kilisesinin girişinde oyma rölyefler bulunur. Kapı boşluğunun etrafındaki alana taç kapı adı verilir. Burada ziyaretçileri içeri girip ibadet etmeye çağıran bol işlemeli rölyefler görülür. Taç kapıların mimari yapısı tüm kiliselerde benzer olsa da onları birbirinden ayıran ve birçok ziyaretçiyi onlara çeken şey burada görülen imgelerin anlamları ve ardında yatan hikâyelerdir.

Romanesk tarzda yapılmış bir taç kapıda genellikle şunlar bulunur:

- Kemer taşı
- Başkemer
- Alınlık tablası
- Lento
- Pervaz
- Orta sütun

Pisa Kulesi

İtalyan Romanesk yapılar, klasik Roma geleneğini harfi harfine takip etmeleri dolayısıyla Fransa'da görülenlerden farklıydı. Avrupa'nın diğer yerlerinde inşa edilmiş Romanesk kiliselerdeki batıya bakan, çok katlı, devasa giriş kapıları gibi stilistik yeniliklere sahip değillerdi. Pisa halkı katedrallerini Sicilya'yı işgal eden Müslüman birliklerine karşı, vaftizhanelerini ise Hıristiyan Amalfi Cumhuriyeti'ne karşı elde edilen bir zaferi kutlamak için inşa ettiler.

Müstakil olarak yükselen bu katedral, nefin yanından devam eden çifte koridorları ve galerileriyle ince işçilikle bezenmiş bir yapıdır. Oval kubbe, payanda kemerleri üzerinde yükselir, çok derin olmayan pandantifler ise daha küçük kubbeleri destekler. Kilisenin geri kalanının üzeri ahşap kirişlerle örtülmüştür. Dış cephe mermerle kaplanmıştır ve üst üste bindirilmiş sütunlu sıra-kemerler binanın etrafını döner. İçeride yatay şeritler halinde dizilmiş koyu ve açık renkli mermerler bulunur. Yapının içinde önceden dairesel bir vaftiz bölümünün apsisi mozaiklerle süslenmiştir. (Mozaiklerin Batı Hıristiyanlığı mimarisinden çok Doğu Hıristiyanlığı mimarisine has bir karakteristik özellik olduğunu belirtelim.) Katedralde birçok etkiye rastlamak mümkündür: Beyaz mermerler antik Roma, kat planı erken dönem Hıristiyan bazilikaları, kubbeler ise İslam etkisini yansıtmaktadır.

Ünlü Pisa Kulesi ise katedral kompleksinin bir parçasıdır. Katedralin çan kulesi olan bu yapı, kaygan bir zemin üzerine inşa edilmiş olması sebebiyle inşası sırasında yana doğru eğilmeye başlamıştır. Şu anda dikey ekseninden 3 metre eğim göstermektedir. Bu eğilmeyi durdurmak için modern çağlarda daha sağlam bir temel eklenmiştir.

Kulenin üzerinde 6 katlı, aralıksız süren sıra-kemerli galeriler bulunur. Mimaride büyük etki yaratan bu yapının tasarım stili birkaç yüzyıl boyunca bölge mimarisinin karakteristik bir özelliği olmayı sürdürmüştür.

İSLAM

Bir Cami İnşa Etmek

İslam 610 yılında, Arabistan'da Peygamber Muhammed'in Mekke şehrinin dışındaki bir mağarada Cebrail tarafından ziyaret edilmesiyle doğdu. Muhammed'in 632 yılında ölümüne dek tüm Arap Yarımadası'na yayılan bu yeni din, bundan sonraki birkaç yüzyıl içinde çok zengin ve karmaşık bir uygarlık yarattı.

İslam orduları 1453 yılında Konstantinopolis'i fethederek Bizans İmparatorluğu'nun da sonunu getirmiş oldu. İslam dini, Müslümanların güçlü ticaret bağları kurdukları Çin'de ve Hindistan'da da kök saldı. Müslümanlar birçok Antik Yunan metnini, özellikle de Aristo'nun çalışmalarını yeniden keşfetmek suretiyle tıpta, müzikte ve sanatta önemli ilerlemeler kaydettiler. Haçlı Seferleri sırasında Hıristiyanlar ve Müslümanlar arasında büyük düşmanlıklar yaşanmış olsa da, bu iki uygarlık arasında güçlü ticari ilişkiler gelişmiş ve İslam da bu yolla Avrupa üzerinde derin bir etki yaratmıştır.

İslam imparatorluğu yükseliş dönemini yaşarken toprakları İspanya'dan Kuzey Afrika'ya ve oradan İran ve Hindistan'a dek uzanıyordu. 16. yüzyılın ortalarına gelindiğinde Osmanlı Türkleri tarafından yaratılmış olan imparatorluk, güçlü ordusu, Avrupa'yla kurduğu ticari ve kültürel bağlarla devasa bir imparatorluktu.

İslam beş dini şarta dayanır: şahadet etmek, namaz kılmak, zekât vermek, oruç tutmak ve hacca gitmek. Bu dini şartlar, kendine özgü özelliklere sahip İslam mimarisiyle çok yakından bağlantılıdır.

Caminin Yapısal Gelişimi

En erken döneme ait camiler esasen Hıristiyan kiliselerinden ve Pers krallarının halka hitap etmek için kullandıkları salonlardan dönüştürülmüş yapılardır. İslam imparatorluğu çok varlıklıydı; zekât verme şartı, zengin vatandaşların servetlerini sonraki nesillere aktarmalarını engelliyordu. Müslümanlar kişisel servetlerini dini, eğitimsel, sosyal ve yurttaşlara ilişkin amaçlar doğrultusunda kullanılmak üzere vakfediyorlardı. Esasen hepsi birer yardım kuruluşu olan vakıfların kurulması için bir tür bina kompleksine ihtiyaç oluyordu. İçinde cami de bulunan bu komplekslere *külliye* deniyordu. 16. yüzyılın ikinci yarısı da tamamlanmak üzereyken, Osmanlı İmparatorluğu'ndaki tüm büyük binalar ya camiydi ya da külliyelerle bağlantılı yapılardı. Sadece İstanbul'da bulunan yaklaşık 300 yapının baş mimarı Mimar Sinan idi.

OSMANLI CAMİLERİNİN TEMEL ÖZELLİKLERİ

- Geniş ibadet alanı
- Kare biçiminde, üzeri kubbeli ibadet salonu
- Portiko
- Sıra kemerlerle çevrili avlu
- En az bir veya daha fazla minare

Kubbe

Zamanla külliyenin kapsadığı tüm binalarda kubbeli küp tasarımı hâkim oldu. Kubbe içteki kare alanı çevreleyen sağlam sütunların üzerine inşa edilmiş bir dizi kemerin üzerine oturtuluyordu. Kubbenin üzerinde aşağı ve dışa doğru çeken kuvvetler bulunuyordu. Kemerler kubbeyi taşıyacak güçte olmasına rağmen bu kuvvetlerin etkisini yok edemiyordu. Herhangi bir düzeltme yapılmaması halinde bu durum, kubbenin kendi üzerine çökmesine sebep olabilirdi. Mimarlar bu yüklerle baş edebilmek için, kubbenin alt kısmına ağırlık kulesi denilen sütunlar eklemek suretiyle kubbenin yanlarını (en zayıf olan alanları) güçlendirdiler. Yekpare duvarlar yerine kemerlerin kullanılması, kubbenin altında kalan alanın açık ve havadar olmasını sağlıyordu. Mimarlar kemerleri desteklemek için bir yarım kubbe serisinden faydalandılar. Bu iki önlemin alınması, kubbenin gizli kuvvetlerinin geri kalanını, payandalardan duvarlara ve oradan da temele doğru yönlendirmeye yarıyordu.

Kıble

Kıble çizgisi, İslam'ın kutsal şehri Mekke'yi gösterir ve ibadet edilirken onun gösterdiği yöne doğru dönülür. Kıble duvarı bu çizgiye dik durur ve duvarda süs amaçlı olarak açılmış, mihrap adı verilen girintiyle belirtilir. Mihrap, cennetin kapısını sembolize eder. Böylece cemaat üyeleri kutsal şehre ve onun kutsal mabedi Kâbe'ye dönük olarak sıra sıra dizilmiş olurlar. İmam mihrabın önüne yerleşerek ibadet sırasında cemaati yönlendirir. İbadet yerinin giriş kapısı mihrabın tam karşısında olur. Binanın merkezinde bir *mahfil*, yani sultana veya caminin müezzinlerine ayrılmış, etrafı kafesle örülü ibadet alanı bulunur. Caminin cemaat üyelerinin ibadet için toplandığı orta bölümünün üzeri ahşap bir kubbe ile örtülür.

Sahın

Yüksek bir portiko bu girişin üzerinde koruma ve cemaat üyeleri için geçiş bir alan sağlar. Bu üzeri örtülü ibadet salonuna *harim* denir ve iki adet paralel sıra sütunla üç bölüme ayrılır. Bu portikonun ötesinde, sütunlar üzerine oturtulmuş kemerlerle çevrili, sahın adı verilen bir avlu bulunur. Bu sütunların oluşturduğu koridora kemeraltı denir. İç mekânın yarısı sırakemerlerle çevrili avlu için kullanılır ve bu alanda, şadırvan adı verilen üzeri kubbeyle örtülü bir çeşme ve kıymetli eşyaların konulduğu sekizgen bir yapı bulunur. Cemaat üyeleri ibadethaneye girmeden önce ayaklarını ve ellerini şadırvanda yıkarlar. Mihrap, giriş kapısı ve şadırvan kıble çizgisine oturtulur, böylece hepsi Mekke'ye doğru bakmış olur.

Minare

Minare "işaret kulesi" anlamına gelir. Minarelerin yapılma amacı, tıpkı çan kuleleri gibi camileri uzaktan seçilebilir, ayırt edilebilir hale getirmektir. Minareler aynı zamanda inananların günde beş kez ibadete çağrılması için bir platform işlevi de görür. İlk camilerde minare, ibadet salonunun kuzeybatı köşesindeki portikonun hemen arkasındaki kubbenin bitişiğinde olurdu. Cami tasarımının gelişmesiyle camilere birden fazla minare eklenmeye başlandı. Camiye ekli olarak inşa edilen minarede genellikle bir veya birden fazla balkon (şerefe) bulunur. Ancak minarelerin şekli ciddi ölçüde değişkenlik göstermektedir; minareler spiral şekilli, kısa veya uzun, dar veya kare olabilir. Minarenin tepesi genellikle oymalı olur.

ÇİN

Dikkatli Planlama

Çin'deki büyük inşaat projeleri ruhban sınıfı veya halk arasında çıkan hamilerin yönlendirmesiyle değil yönetimin inisiyatifiyle gerçekleştiriliyordu. İnsanoğlunun giriştiği en muazzam inşaat projelerinden biri olan Çin Seddi buna tipik bir örnektir.

Moğolların Çin topraklarına girmesini engelleme amacı taşıyan bu duvarın yapımına MÖ 7. yüzyılda, ülkenin kuzey sınırından başlandı. Yüzyıl boyunca eklemeler yapılarak inşasına devam edildi. Esasen dört adet Çin Seddi vardır ve bunların hepsi Çin'i kuzeyden girebilecek Moğollardan ve göçebe kabilelerden korumak amacıyla yapılmıştı.

Çin Seddi'nin Evreleri

- 1. Duvar: Çin'in ilk imparatoru Qin Shi Huang (MÖ 259-210) tarafından yaptırılmıştır. Yüz binlerce mahkûm ve köylü tarafından inşa edilen ve mevcut olan birkaç duvarı birbirine bağlayan bu surdan günümüze çok küçük bir bölüm kalabilmiştir.
- 2. Duvar: İmparator Han Wudi (MÖ 156-87) tarafından inşa ettirilen bu duvar 482 km uzunluğundaydı.
- 3. Duvar (1138-1198): 2. Duvar'ın bir uzantısı olup onunla hemen hemen aynı uzunlukta olmakla birlikte, onun ters yönüne doğru ilerleyerek Shanhaiguan'daki duvarın batı ucundan kıvrıla kıvrıla kuzeye doğru devam ederek Yalu Nehri üzerindeki Dandong'a ulaşır.
- 4. Duvar (1368-1644): Bu duvarlar arasında en ünlüsü ve en iyi korunmuş olanıdır. Yapımına Ming Hanedanı imparatoru Zhu Yuanzhang (1328-1398) zamanında başlanmıştır. İnşası son Ming imparatoru 1644'te tahttan inene dek sürmüştür. Sona doğru duvarın ulaştığı uzunluk yaklaşık 6500 km'dir.

Duvarın inşaatında karar mercii olan kişiler, daima yöresel malzemelerden faydalanmanın, yerel gelenekleri izlemenin önemini vurgulamışlardır. Duvarın doğu kısmı işlenmiş taşlar ve fırınlanmış tuğlalarla yapılmıştır. Batı kısmında ise pise (sıkıştırılmış toprak) kullanılmıştır. Bu kısım yer yer güneşte kurutulmuş tuğlalarla kaplanmıştır. Sur içinde, asker birliklerinin konuşlandırılabilmesi için bir dizi gözetleme kulesi, geçit ve hisar da bulunuyordu.

1449 yılında Moğollar, 1664 yılında ise Mançular en sonunda duvarı aştılar. Mançular baş hanedan olarak Beijing'i (Pekin) kendilerine merkez olarak seçtiler. Bundan sonra Çin Seddi ana savunma olarak kullanılmamış ama ulusal bir simge ve onu inşa eden erkek ve kadınlar için bir anıt olarak varlığını sürdürmüştür. İnşası sırasında birçok insan ölmüştür hatta ölenlerin kemiklerinin duvarın içinde gömülü olduğu söylenir.

Taoizm ve Konfüçyüsçülük

Laozi ve Konfüçyüs Çin'in en güçlü dini figürleridir. Laozi (yak. MÖ 6. yüzyıl) insanoğlu ve dünya arasında bir uyum kurmanın yollarını arayan Taoizm öğretisini kuran kişidir. Taocu ilkeler özellikle peyzaj tasarımında bariz şekilde görülür. İktidar sahibi kişilerin tebaalarına karşı yardımseverlik sergilemeleri beklenir. Onun öğretileri atalara tapınmayı ve kişinin ailesine saygı göstermesini vurgular. Çin'de şehir planlaması ve ev tasarımları Konfüçyüs ilkelerine dayandırılmaktadır.

Ana Yönlere Göre Planlama

Çin mimarisinde binaların yerleştiriliş şekilleri Konfüçyüsçü ve Taocu öğretilere dayanır. Ana yönler konumlandırmada başrol oynar. Bu açıdan bir tür hiyerarşik yapı mevcuttur:

- En önemli yapılar ve evler, azami oranda güneş alabilmeleri için güneye bakacak şekilde konumlandırılır. Ayrıca bu, rüzgârdan da bir miktar koruma sağlar.
- İkincil derecede önem taşıyan binalar, doğuya ya da batıya dönük inşa edilir. Bu yapılar genellikle üzerlerine yapılan çıkıntılarla ve hatta ağaçlar ve çalılıklarla korunur.
- Mimari planlarda doğayla uyum içinde yaşamak üzerine Taocu görüşlere itibar edilir.

Feng Shui

Feng shui ya da çevreyle uyum yaratma sanatı, Taocu ilkelerin bir uzantısıdır. "Rüzgâr ve su" anlamına gelen *feng shui*, bunları sürekli etkileşim halinde iki öğe olarak görür. Birçok kültürel geleneği, kadim bilgilerle birleştiren mistik bir uygulamadır. Feng shui'de, iç ve dış mekân tasarım ve planlarına dair bir dizi prensip bulunur. Doğayla uyumlu bir ilişki kurmaya yönelik bir uygulamadır ve dolayısıyla bu uyumu bir evi paylaşan insanlar ve aileler arasında bir uyuma dönüştürmeyi amaçlar. Tüm bunlar sağlık ve refaha katkıda bulunur. Feng shui felsefesini uygulayanlar, bu yasaları görmezden gelmeniz halinde mutsuzluk yaşayacağınıza, sağlığınızın bozulacağına ve hatta para kaybedeceğinize kati şekilde inanırlar.

Feng shui ile ilgili birkaç ana prensibi şöyle sayabiliriz:

- Dik açılı ve sivri kenarlı yüksek binalar kötü enerji yaratır. Bunun yerine yuvarlatılmış köşeleri tercih edin.
- Kapınızın ebatlarını binanıza oranla çok büyük veya çok küçük olmayacak şekilde belirlemelisiniz. Hiçbir sivri obje kapıya doğru bakmamalı. Sivri objenin kapıya bakmasından başka herhangi bir alternatif üretemiyorsanız, o zaman bu sivriliği başka tarafa yansıtması için ayna kullanın.

Bir binanın yapımı süresince, bir feng shui üstadı, mimar ve mühendisle birlikte çalışır. Feng shui'de başarılı olmak için, topografya konusunda uzmanlaşmanız, yani yer yüzeyinin biçiminden anlayarak mekânları iyi Chi enerjisini artıracak, kötü enerjiyi en aza indirgeyecek düzgün bir planlama yapmanız gerekir. Chi evrensel enerjidir. İyi, güzel dengelenmiş Chi kozmik nefestir. Kötü, kusurlu Chi ise öldürücü nefestir. Aslında buna gerçekten inanan kişiler, Buckingham Sarayı'nın kötü bir şekilde konumlandırıldığını çünkü binanın uzun, dümdüz bir yola doğru baktığını ve ön bahçede hiçbir bitki olmadığını söylüyorlar.

Jian

Çin'de inşa edilen herhangi bir binanın temel modüler birimine bir *jian* denir. Bir jian yaklaşık olarak 3 metreye 4 buçuk metrelik bir alanı ifade etmektedir. En sade evler sadece bir jian ölçüsünde olabilir. Daha büyük binalar, tek sayılık bir ölçüde olmasına dikkat edilmek suretiyle birkaç jianı kaplayabilir. Tek sayı kullanılması, bir jianın evin tam ortası ya da merkezi olarak işlev göstermesini sağlar. Daha geniş binalarda ise, birbirlerine sadece koridorlarla bağlanan neredeyse tamamen ayrı yapılar gibi inşa edilmiş birden fazla oda bulunabilir. Bu, farklı işlevlere yönelik alanları kapsayan ayrı birimler oluşturulmasına olanak tanır.

Tapınaklar

Budizm Çin'de en yaygın dindi ve Budist ibadetleri için en çok tercih edilen yapı şekli tapınak kompleksiydi. Bu kompleks, Buda'nın heykellerinin sergilendiği (inananların tapınılabildiği) bir salon ve ayrı bir pagodadan oluşuyordu. Pagoda, Hindistan'ın kuzeyindeki stupaların üstünde yer alan tepe süslerinden ve aynı zamanda Çin ordusunun tercih ettiği çok katlı gözetleme kulelerinden esinlenerek yaratılmıştır. Çok sayıda çatısı bulunan çok katlı (her kat için bir çatı olmak üzere) bir yapıdır. Pagodalar kutsal eser ve yazıtları saklamak için inşa edilmiş yapılar olmakla birlikte dikey olarak yükseklikleri uzaktan görülebilen, tapınağın yerini belli eden birer anıt olmalarını da sağlamıştır. Çatılar, ana yapıya bağlı geniş, ahşap bağlantı ayaklarıyla destekleniyordu. *Dougong* denilen bu bağlantı ayakları bina çatısının kolonları ve çapraz kirişleriyle kenetleniyordu. Ayrıca, bu bağlantı ayaklarının duvarları güçlendirmesi daha yüksek yapıların inşa edilmesini mümkün kılıyordu.

Hindistan'ın kuzeyindeki mağara tapınaklarda da aynı yapılardan esinlenilmiştir. Bu mağaralar 5. ve 6. yüzyıllarda dik falezler oyularak yapılıyordu. Süslemelerde Hindistan'da kullanılan filler, nilüfer çiçekleri ve dönen sarmaşıklar gibi birçok figüre rastlanır.

Dini Amaçlı Olmayan Binalar

Gözetleme kulesi ve pagoda dışında Çinlilerin yaptıkları binaların çoğu enlemesine yayılacak ve tek kattan daha fazla olmayacak şekilde tasarlanıyordu. Diğer yapılardan biraz daha yüksekte olmaları için önemli binalar platformların üzerine inşa ediliyordu. Bu yapılar aynı zamanda daha genişti ve bağlantı ayakları tarafından destelenen kırma çatılar gibi dekoratif unsurlarla abartılı hale getiriliyordu. Asya yapıları genel olarak Batılı emsallerine göre çok daha parlak renklerle süslenirdi. Daha az öneme sahip binalar, daha ufak tefek boyutlarda ve üçgen çatılı oluyor ve genellikle kahverengi ve siyah gibi daha sade renklere boyanıyordu. Bina düzeni çoğunlukla bir avlunun etrafında şekillendiriliyor ve yine çoğunlukla ahşaptan yapılıyordu. Han hanedanına ait mezarlıkta bulunan seramik ev maketleri o dönemde inşa edilen evlere dair bize bilgi vermektedir; neyse ki bu seramik maketler günümüze dek ulaşabilmiştir, zira ahşap modeller ne yazık ki zamanın yıkımına karşı koyamamıştır.

JAPON MİMARİSİ

Esnek Bir Tarz

Erken dönem Japon mimarisi komşusu Çin'in etkisindeydi. Tıpkı Çin'de olduğu gibi, Japonya'daki binalarda da Budizm'den etkilenilmiştir. Günümüze kadar ayakta kalabilmiş Japon yapıları kolon-kiriş sistemiyle ve özenle tasarlanmış braketlerle inşa edilmiştir.

Japonya'da öncelikli olarak tercih edilen inşaat malzemesi kolaylıkla bulunabilmesi bakımından ahşaptı. En çok tercih edilen ağaç olan bambu ise dayanıklı, esnek ve yapım sırasında işlemesi son derece kolay bir malzemedir. Bu, sürekli olarak korkunç depremlerle yıkım gören bir ülkede önem taşıyan bir unsurdur. Batı Avrupa'da geliştirilmiş olan ağır payandalama ve duvarcılık teknikleri Japonya'daki bir binanın yapımında kullanılsaydı, bu bina şiddetli bir depremde ayakta kalamazdı. Öte yandan, bambunun bu tür bir şoku emebilme özelliği bulunmaktadır.

Ancak ahşap binaların sıklıkla çürümeye ve yangına maruz kalması riski çok yoğun olduğundan eski Japon mimarisinin günümüze kadar ulaşabilmiş çok az örneği bulunmaktadır.

Şintoizm

Tanrıların yolu adı verilen bu din Japonya'nın yerel inanışıdır. Bu çoktanrılı din yıl boyunca gerçekleştirilen bir dizi ritüele sahiptir. Tarımla ilintili doğa güçlerini yüceltir. Zaman içinde değişim göstererek, Budizm'le örtüşen bir din haline gelmiştir.

Şinto Tapınakları

Şinto tapınakları geçici yapılar olarak inşa edilirlerdi. Bu dinin inananları tanrıların yeryüzünü her seferinde kısa bir süreliğine ziyaret ettiklerine, bu sebeple de kalıcı yapılara gerek olmadığına inanıyorlardı. Bugün bile Şinto tapınakları yirmi yıllık aralıklarla baştan inşa edilmektedir. Yeni bir imparator başa geçtiğinde, hüküm süreceği yapının saflığının güvence altına alınabilmesi için yeni bir şato inşa ediliyordu. Şinto yapılarının birçoğunun yerine yenisi yapılmış olsa da, bu yapıların her biri kendinden önce orada bulunan yapının birebir replikasıdır.

Ev Mimarisi

Antik Japonya'da sokakların iki tarafına dizi halinde tek katlı evler yapılır ve bu evlerin aralarına arı kovanı gibi işleyen vitrinli dükkânlar serpiştirilirdi. Bu binalar taşların üzerine oturtularak temel işlev görevi gören kalasların üzerine inşa edilirdi. Çatılar beşik çatıydı ve kalaslarla inşa edilirdi. Zemin genel olarak toprak olmakla birlikte, bir oda genellikle yükseltilmiş ahşap zemin üzerine kurulurdu. Duvarları sıvamak için dal örgü adı verilen hafif bir malzeme kullanılırdı. Dal örgü, ahşap şeritlerle yapılan bir sepet örgüsüdür; bu örgü daha sonra ıslak toprak, kil, kum, çimen veya saz ve hatta hayvani gübre ile kaplanırdı. Sokağa bakan pencereler, dışarıdan geçenlerin içeriyi görmemesi için yüksekte bir yere açılırdı. Japonya'da yazlar genellikle nemli geçtiğinden, hava dolaşımını azamiye çıkartmak için çok zaman ve çaba harcanmıştır. Evler platformların üzerine inşa ediliyor ve iç mekânlara içeride esinti olması için açılıp kapanan kayar kapılar yerleştiriliyordu. Saçak ve çatılar yazları gölge sağlamakla birlikte günışığının içeri girmesine de olanak tanıyordu. Bu saçaklar ayrıca yağmur sularının atılması işlevini de görüyordu. Sonradan daha geniş binalar için incelikli, kiremit çatılar popülerlik kazandı.

Minka adı verilen erken döneme ait ahşap evlerin içinde, ailelerin yaşadıkları odalardan ayrı olmayan ve hayvanlara ahır görevi gören alanlar bulunuyordu (aynı şey Batı Avrupa'da ailelerin kullandıkları meskenler için de geçerlidir). Evin içinde ayrıca toprak üzerine kurulu bir ocak alanı ve yükseltilmiş ahşap zemin üzerine kurulu bir uyku alanı olurdu. Havalandırmalı beşik çatılar sayesinde ocaktan çıkan dumanlar evden dışarı çıkabiliyordu. Yağmur ve kardan korunmak amacıyla beşik çatı dıştan saman, hatta ahşap kiremitlerle kaplanıyordu. Evlerde minimal mobilyalar kullanılırdı ve esneklik sağlayan bir sadelik hâkimdi. Odalar eşyaların bir yerden bir yere çekilmesi ya da bir yatağın katlanmasıyla çoklu işlev gösterecek şekilde kolaylıkla adapte edilebilirdi.

Zen Budizmi

Zen Budizmi, Çin'de doğmuş olup 12. yüzyılda iki kültürün temaslarının artmasıyla Japonya'da da yayılmıştır. Japonya'da büyük bir popülerlik kazanan Zen Budizmi ülkenin mimari gelişiminde de etkili olmuştur. Zen, meditasyon vasıtasıyla aydınlanmayı vurgular.

Zen Budist Tapınakları

Zen Budist tapınakları kompleks halinde olup Şinto mabetlerinden çok daha detaylı ve özenli şekilde inşa edilmiş yapılardır. Yapının merkez noktası Buda'nın bir heykelinin bulunduğu ana ibadet salonudur. Çatıyı destekleyen sütunlar ahşaptır. Bu yapıların saçakları meskenlerde olduğu kadar ön plana çıkmaz, böylece yapının yatay hatları vurgulanır. Çatı destekleri, abartılı, harici bindirmelikler yerine tavan kirişlerinin altına, yani büyük oranda göz önünde olmayan bir yere konumlandırılır.

Zen meditasyonu büyük bir konsantrasyon gerektirir, bu bakımdan bu alanlar da keşişleri teşvik etmek üzere yaratılmıştır. Binalar bilateral (çift yönlü) bir simetriye sahip olup hiçbir şeyin ibadet eden kişinin dikkatini dağıtmaması için içerdeki bileşenler sade ve öngörülebilir bir formatta düzenlenmiştir. Çatının yukarı kısmı dik bir açıyla yükselir ve süslenmiş saçaklarla bezenir. Çatı aşağıya doğru daha yumuşak bir açıyla son bulur. Tapınakların tasarımı doğal manzaraya rahatlıkla uyum sağlar.

Bir Budist tapınağı kompleksi olan ve Japonya'da bulunan Hōryū-ji in Nara (7. yüzyıl) dünyadaki en eski ahşap yapılardan biri olup içinde bir pagoda, ahşap bir tapınak ve kemerli bir yol, keşişlerin yaşadıkları odalar ve bir giriş kapısı barındırır. Kompleksin tamamı doğu-batı ekseninde düzenlenmiş ve çevrenin doğal bir koruma çiti veya duvarı sağlaması için bir vadinin içine konumlandırılmıştır. Kompleksin içinde aynı zamanda bir *kondō,* yani Altın Salon adı verilen bir ibadet salonu bulunur. Birbirine bakan kondō ve pagodanın yakın oluşu, asimetrik olmaları dolayısıyla bir denge yaratır.

Çayevleri

Japon kültürünün diğer önemli bir geleneği de çay seremonisidir. Çayın kökeni Çin'e dayanmakla birlikte Japonya'da popülerlik kazanmasıyla Zen geleneğinin bir ritüeli haline gelmiştir. Çayevleri genellikle diğer binalardan uzakta, tenha yerlere inşa edilmiştir. Bir yürüme yolunun sonunda aniden belirivermeleri bir keşif hissi yaşatır. Çayevleri doğanın bir uzantısı gibi görünecek şekilde inşa edilir; birçok ahşap öğe ve düzensiz bir çerçeveye sahip rustik yapılardır. Kapı girişleri son derece alçaktır. Pencereler, bir kişi oturma konumuna geçtiğinde göz hizasına gelecek şekilde alçağa konumlandırılır.

Çayevleri misafirlerin rahatça düşünüp, içsel sadeliğe ve sükûnete erebilmeleri için ahenkli, sakin mekânlar olarak tasarlanır. Kasten bir odak noktası yaratılmaz. Bir çay salonu, yaklaşık 4 metreye 8 metre ebadında nispeten küçük bir alan olmakla birlikte, *tatami* adı verilen ve pirinç hasırından örülen geleneksel kilimden birkaç adet almaya yetecek büyüklüktedir. Salon düzenli, ufak ve sadedir. Ziyaretçiler içeri girerken ayakkabılarını çıkartırlar. Çayevleri erken dönem Şinto mabetlerinin estetik prensipleriyle Zen Budizmi prensiplerinin Japon kültüründe nasıl birleştiğini en iyi şekilde örneklendirirler.

Tatami

Tatamiler, Japonya'nın hangi yöresinde yapıldıklarına bağlı olarak farklı ölçülere sahip olabilirler ama asla değişmeyen bir kural varsa o da uzunluğunun, genişliğinin hep iki katı olacak şekilde yapılmasıdır. Farklı dönemlerde bir mekâna konulmasına izin verilen tatami sayısına ve bunların yerleştirilişlerine dair kurallar konulmuştur. Uğursuz bir tatami düzenlemesinin eve kötü talih getirdiği söylenir.

Katsura İmparatorluk Villası

Katsura İmparatorluk Villası (1620-1663) münferit villalardan oluşan bir saray kompleksi olup Kyoto, Japonya'da 7. yüzyıl boyunca Hachija-no-Miya sülalesinin üç nesli tarafından inşa ettirilmiştir. Burası, soyluların ve savaşçıların dinlenmeleri, kısa tatiller geçirebilmeleri için inşa edilmiş bir kır eviydi. Geniş iç kısımları tatami kilimleriyle ilgili çok kesin kurallara bağlı kalınarak inşa edilmişti. Komplekste kalanların doğayı izleyip derin düşüncelere dalabilecekleri birçok veranda bulunuyordu.

Binaların yapısal çerçevesi, *hinoki* adı verilen Japon sedir ağacından yapılmıştı. Odalar ahşap kapılarla veya kâğıt kaplı bölmelerle ayrılmıştı. Bölmeler, mekâna ferahlık kazandırmak ve iç odaların boyutlarını değiştirmek amacıyla, tıpkı kayar kapılar gibi hareket ettirilerek kullanılabiliyordu. Toprak alanlarda geniş bahçeler ve bir göl bulunuyordu. Bunlar villanın ana süslemesi olarak hizmet ediyordu, zira yapının kendisi son derece sade ve süssüzdü. Geçit ve verandalar iç alanın bir uzantısı olarak inşa ediliyordu.

Japon Kayar Kapıları (Shoji Kapıları)

Shoji kapıları, yarı saydam bir kâğıdın ahşap bir çerçeveye tutturulmasıyla yapılır. Çerçeve, ahşap veya bambudan örülmüş bir kafesi bir arada tutar. Bu kapılarda geleneksel olarak kullanılan kâğıda *washi* denir. Alanın birinci öncelik taşıdığı evlerde ve diğer binalarda shoji, açılır kapılara kıyasla daha az alan kaplamaktadır.

RUS MİMARİSİ

Yeni Hıristiyanlık

988 yılında Kiev büyük prensi Vladimir'in paganizmden Hıristiyanlığa geçmesiyle, Bizans bazilikası Rusya'da büyük ilgi topladı. Vladimir din değiştirmeden önce araştırmasını yapmış ve Yahudilik, İslam, Latin Hıristiyanlığı ve Yunan Ortodoks inancının temsilcilerini inançlarını anlatmak üzere davet etmiş, tüm büyük Batı dinlerinin ritüel ve inançlarını incelemişti. Daha sonra kendi adamlarını dünyanın dört bir yanındaki kilise ayinlerine göndererek neye benzediklerini araştırmalarını istemişti. Sonuçta gönderdiği adamlar Ayasofya'dan öyle etkilenmişlerdi ki günlüklerine, "Dünyada mıyız, yoksa cennette mi bilmiyoruz," diye yazmışlardı.

Vladimir, Doğu Hıristiyanlığını dini inançları için olduğu kadar mimarisi için de benimsemişti. Vladimir'e Rusya'da bir Hıristiyan kültürü yaratması için yardım etmek üzere Konstantinopolis'ten misyonerler geliyordu; buna İncil'in tercüme edilmesi, okul ve kiliseler inşa edilmesi de dahildi.

Saint Sophia Katedrali

Hıristiyanlık Rusya'da yayılmaya ilk başladığında, Kiev idare ve kültürün merkeziydi. Vladimir'in oğlu Bilge Yaroslav, Kiev'in ilk kilisesi olan Saint Sophia'nın inşasına öncülük etti. Bu kilise Konstantinopolis'teki Ayasofya'dan ilham alınarak ortaya çıkmış olsa da, Rus mimarların böylesine devasa bir bina inşa edecek teknolojisi ve bilgisi yoktu. Onlar da doğaçlama yaparak devasa bir kubbe yerine, yan yana konumlandırılmış küçük iç mekânların üzerine çok sayıda kubbe inşa ettiler. Kilisenin ana planı beşli diziliştir ve ana alanın şeklini bir Yunan haçı oluşturur. İç mekân tonozludur ve plan bu merkezi alanın etrafında düzenlenmiştir. Ortada bir ana kubbe olmakla birlikte, değişken yüksekliklerde on iki adet kubbe eklenmiştir. Çok sonraları, iki taraftaki merdivenleri tutan iki büyük dairesel kuleyle birlikte ek kemerler de yapılmıştır.

1240 yılında hasar gören kilise yüzlerce yıl harabe olarak kaldı. 17. ve 18. yüzyıllarda yeniden inşası ve restorasyonu için bir girişimde bulunulsa da, bu yenilemeler Barok stilinde yapıldı. Bugün gördüğümüz yapı, orijinal versiyonundan tamamen farklıdır.

Bakire Meryem'in Doğumu Kilisesi (The Church of the Nativity of the Virgin)

12. yüzyıla kadar Rus yapılarında egemen olan inşaat malzemesi ahşaptı. Ahşap onlar için kolay ulaşılabilen, işlemesi kolay bir malzemeydi. Ülkedeki inşa stili genel anlamda yatay olarak yerleştirilmiş kütükler ve bir sonraki kütük sırasının oturtulması için çentikler açılmış Amerikan ahşap kulübesine çok benzerdi. Amerikalılar çok daha çekici ve etkileyici şeyler geliştirebilir hale gelene dek, ahşap yapıları geçici barınaklar olarak inşa ettiler. Ancak Ruslar ahşap yapılarını uzun süreyle kullanmışlardır. Genellikle bir şehrin tamamı ahşapla inşa ediliyordu. Tabii bu durumda yangın vakalarının çok sık yaşandığına şaşırmamak gerekir.

Büyük Moskova Yangını

1812 yılında Fransa imparatoru Napolyon Rusya'yı istila etti. Zayıf bir direnişle karşılaşan Napolyon, Rus birliklerini sürekli geri çekilmeye zorlayarak, Eylül ayında Moskova'ya girdi. Ruslar başkentlerini terk ederken, söylenene göre, şehrin bir kısmını ateşe verdiler. Alevler altı gün boyunca her yeri yakıp yıktı, Moskova'nın dörtte üçünü yok etti. Napolyon'un birçok değerli ikmal malzemesini yangından kurtaramaması, ordusunun Moskova'dan çekilip Fransa'ya kadar uzanan geri dönüş yolunda maruz kaldığı sıkıntılara neden olmuştur.

Manzara içinde kolayca görülebilir olmaları için kiliselere genellikle yüksek beşik çatılar yapılıyordu. Kışın yağan karın içeri girmemesi için zemin katlar en azından bir kat yukarı kaldırılıyordu. Dondurucu soğuklarıyla bilinen topraklar söz konusu olduğundan hava Rus inşaat stilleri üzerinde etkili olmuştur.

Peredki'de bulunan Nativity of the Virgin Kilisesi'nin (1117-1119), binanın etrafını dıştan dönen ve *galeri* adı verilen, üstü örtülü bir geçidi bulunuyordu. *Pomochi* adı verilen istiflenmiş dirsekler ana duvarlardan dışa doğru uzanarak galeriyi alttan destekliyordu. Bu bölüm, ziyaretçileri kardan koruyordu. Çatının duvarlarla kesiştiği yerlerin üzeri huş ağacından yapılmış bir kabukla örtülüydü. Soğuk hava koşullarında hoş bir şekilde eskiyecek, kavak ağacından yapılmış tahta kiremitlerle ilginç bir desen oluşturulmuştu. Su birikintilerin çatıdan atılabilmesi için çatı kaplama tahtalarının uçları sivriltilmişti.

Özellikle Rusya'daki Karelya Cumhuriyeti'nde bulunan The Church of the Transfiguration (Hz. İsa'nın Başkalaşımı Kilisesi) bu kilisenin genişletilmiş versiyonudur. Yirmi iki kubbeli ve Yunan haçı planı uygulanarak ahşaptan inşa edilmiş bir kilisedir. *Bochki* adıyla bilinen ters bir kıvrımla yerleştirilmiş olan beşik çatıların üzeri kavak ağacından kiremitlerle örtülmüştür. Kubbeler pek geniş olmayan silindirler üzerinde durur ve nihai kompozisyon piramit şeklindedir. En üste geniş bir kubbe, ortada dört, en alt katta ise sekiz kubbe bulunur. Yunan haçı planının kolları üzerinde dört kubbeden oluşan iki set daha bulunmaktadır. Bochki dekoratif kenarlar oluşturacak ve aynı zamanda suyun tahliyesine yardımcı olacak şekilde kiremitlerle süslenmiştir. Kavak ağacından yapılmış olan bu kiremitler eskime sürecinden geçerek neredeyse metalik gibi görünen bir gümüş tonuna ulaşmıştır ve parlamaktadır.

Binanın iç kısmında dış görünümünün haşmetinden eser yoktur. Tavanlar dışarıdan bakıldığında tahmin edildiği kadar yüksek değildir ve ana odak noktası ikonalardır.

Soğan Kubbe

Rus mimari geleneğinde soğan kubbelerin yanan mumları sembolize ettiğine inanılır. Grup halinde bulunduklarında Kutsal Üçlü'yü, beşli grup olduklarında ise İsa ve dört havarisini temsil ederler. Tek bir soğan kubbe olduğunda bunun İsa'yı temsil ettiği söylenir.

Aziz Vasil Katedrali

Ahşap yapımın yerini zamanla renkli seramikler ve tuğlalarla bezenmiş duvar işçiliği aldı. Moskova'nın Kızıl Meydan'ında bulunan Aziz Vasil Katedrali (1555-1561) ya da resmi adıyla Hendek Üzerindeki Bakire Meryem'in Şefaati Katedrali (Cathedral of the Intercession on the Moat), bugün Rus Ortodoks Kilisesi'nin gururu ve şehrin en turistik mekânıdır. Bu katedral, IV. İvan'ın 1552 yılındaki Kazan kuşatmasında elde ettiği zaferi kutlamak amacıyla, Kremlin'in duvarlarının hemen dışına inşa edilmişti. Dokuz ayrı şapeli ve Kazan Hanlığı üzerine gerçekleştirilen sekiz saldırıyı temsil eden sekiz kubbesiyle katedral, merkezi bir plan üzerine oturtulmuştur. Sekiz kubbenin dördü geniş ve sekizgen olup diğer dördü daha ufak ve kare şekilli şapellerin üzerini örter. 1588'de Vasil'in mozolesi için dokuzuncu bir kubbe eklenmiştir. Yeşil ve altın rengindeki bu kubbe altından küçük piramitlerle süslenmiştir. Mabedin üzeri yüksek bir çatıyla kaplanmıştır.

Diğer şapellerin üzerinde kubbeli kuleler vardır ve bunların her biri diğerine göre nispeten farklı şekilde işlenmiştir. Dışarıda bulunan ekleme yapılar olan galeriler ve merdivenlerin üstü tamamen kapalıdır. Yapıda bazıları yarı dairesel şekilli, bazıları ise üçgen şekilli olmak üzere çok sayıda beşik çatı bulunmaktadır. Çatıların üzeri zikzak, spiral ve çizgi gibi çeşitli desenler oluşturan sırlı seramiklerle kaplıdır. Dış cephe kırmızı tuğla ve beyaz taşla süslenmiştir. İç kısımda ise şapelleri sarmal galeriler bağlar ve merdivenler sayesinde her kata erişilebilir.

Napolyon Kıskançlıktan Çatlamış

Efsaneye göre, Napolyon bu kiliseyi tam bir takıntı haline getirmişti. 1812 yılında Rusya'yı zapt etmeyi başarıp Moskova'ya ulaştıktan sonra bu kiliseyi beraberinde Paris'e götürmek istemiş ama bunu nasıl yapacağını bilemediğinden yapının yıkılmasını emretmiş. Emri altındaki Fransızlar barut fıçılarını tam ateşlemişler ki aniden bir yağmur başlamış ve fitilleri söndürmüş, böylece katedral de yıkılmaktan kurtulmuş.

Yüzyıllar boyunca dini yapılar Rus kamu mimarisinin temel tipini oluşturdular. Ayrıca yine uzun yıllar, taş işçiliği sadece dini yapılarda kullanıldığından, zamanın yıkıcı etkilerine karşı ayakta kalabilen yapılar sadece onlar oldu.

MANASTIRLAR

Eğitim Merkezleri

Manastırların bir kısmı ortaçağın en etkileyici mimari yapılarına örnek oluşturmaktadır. Keşişler Tanrı'ya yaklaşmanın bir yolu olarak, yoksulluk içinde izole bir yaşam sürmeye yemin ediyorlardı. İlk Hıristiyan manastırı, 4. yüzyılın başlarında, Mısır'da kurulmuş olmakla birlikte, bizim en aşina olduğumuz manastır yapı stili, 6. yüzyılda Aziz Benedikt tarafından İtalya, Monte Cassino'da kurulmuş olan manastır ile başlar. 12. yüzyılın ortalarına gelindiğinde, sadece İngiltere'de 500 adet manastır bulunuyordu.

Aziz Benedikt

Benedikt, özellikle de asırlar içinde gelişim göstermiş manastır yaşam prensiplerini bir sistem haline getiren "Aziz Benedikt'in Kuralları"na göre, manastır kültürünün kurucularından biridir. Benedikt keşişleri çok katı bir yoksulluk, bekâret ve itaat yemini ederek, günlerini dini ayinlere, fiziksel çalışmaya ve dini elyazmalarının kopyalanmasına zaman ayıracak şekilde sınıflandırırdı. Frank imparatoru Şarlman, topraklarında bulunan tüm manastırlarda Aziz Benedikt'in Kurallarının uygulanmasını emretmişti. Manastırlar, Şarlman'ın fethettiği toprakları kontrol altında tutabilmek için izlediği stratejinin bir parçasıydı.

Benedikt'in Kuralları tüm Avrupa'daki manastırlar ve rahibe manastırları için temel usulleri belirleyen bir kılavuz haline geldi. Keşiş olma yolunda ilerleyen bir kimseden, yemin etmeden önce bunun kendisi için en doğru seçim olduğundan kesinlikle emin olabilmesi için manastırda bir yıl süreyle yaşaması talep ediliyordu. Yemin ettiğinde ise, İsa'nın dikenli tacının temsili olarak, başının tepesini kazıtırdı (*tonsure* adı verilir).

Keşişler genel olarak çok iyi eğitimli kimselerdi. Şarlman, rahip olmayı amaçlamayanlara bile eğitim verilmesini buyurmuştu. Manastırlar eğitime çok büyük önem veren yerler olarak bilindiklerinden, manastırın en önemli bölümü kütüphanesiydi ki burada ayrıca kutsal kitapların yazıldığı ve kopyalandığı bir yazı odası bölümü de bulunurdu. Modern tarihçilerin ortaçağ hakkında daha fazla bilgi edinmek üzere başvurdukları kitapların bazıları bu manastırlardan gelmektedir; İngiltere'nin kuzeyinde yer alan Wearmouth ve Jarrow Manastırlarından gelme bir keşiş olan Aziz Bede, İngiltere'nin erken dönem tarihini anlamamız açısından ufuk açıcı bir çalışma olan *Ecclesiastical History of the English People* (İngiliz Halkının Kilisevi Tarihi) isimli eseri kaleme almıştır. Manastırlar başkeşişler, rahibe manastırları ise başrahibeler tarafından yönetiliyordu.

Bu kurumlardan birinde yemin ederek keşiş olmak, yaşam boyu bağlı kalmak demekti. Keşiş ve rahibeler günlerini ibadet ederek, okuyarak, öğreterek ve fakirlerle ilgilenerek geçiriyorlardı. Ayrıca manastırın kurulu olduğu araziyle ilgilenmek onların işiydi ki arazide bir çiftlik, bahçe ya da göletler de olabiliyordu. Bu yönde gerçekleştirilen tüm faaliyetler, manastırların kendini idame ettiren kurumlar haline gelmesini sağladı ve zamanla bazı manastırlar büyük arazilere sahip olarak aşırı derecede zenginleşti.

Keşiş ve rahibelerin gezginleri içeriye kabul etmeleri ve hastaların bakımını üstlenmeleri bekleniyordu, bu yüzden de içinde yaşadıkları yapının kendileriyle beraber başkalarına da kalacak yer sağlayacak büyüklükte olması gerekiyordu. Duvarların içine birçok şey sığdırılıyordu: tuvaletler, bir revir, bir revaklı avlu (açık avlunun etrafını dönen, üzeri örtülü yürüme yolu), bir su kulesi, kurutulmuş bitkilerin saklandığı bir barınak, bir kilise, bir yemekhane (keşişlerin yemeklerini yemeleri için), bir yatakhane ve bir mezarlık. Manastır adeta küçük bir kasabaydı. Birçok keşiş belirli sanat ve el sanatları dallarında uzmanlaştı.

Şarlman ortaçağ boyunca taşrada manastır inşasını teşvik etmek için epey çaba sarf etti ve 10. yüzyıla gelindiğinde artık manastırlar genel bir mimari yapıya sahip oldular. Manastır yapısı içinde yer alan en büyük yapı olan kilise, duvarları genellikle taştan, ahşap çatı makaslı, iki uçtan erişimli bir bazilika olarak inşa ediliyordu. İçeride, farklı azizleri ayrı ayrı onurlandırmak üzere genellikle çok sayıda sunak bulunuyordu. Diğer Hıristiyan kiliselerinde de olduğu gibi mümkün olabildiği noktalarda manastır kilisesi de doğru-batı eksenine oturtuluyor ve sunak doğu uçta bulunuyordu. Kilisenin batı kesiminde yer alan, kuleleri ve diğer süsleme öğeleriyle anıtsal taç kapıyı oluşturan bölüme Almanca bir terim olan "westwerk" adı verilirdi.

Kiliseden başlayarak kollara ayrılarak devam eden manastırın diğer yapıları bir meydan ya da bir revaklı avlu etrafında gruplanıyordu. Revaklı avlunun etrafını çevreleyen dört adet yürüme yolu bulunuyordu. Manastırda çeşitli yeşilliklerin yetiştirildiği bahçe, genellikte bu revaklı avlunun ortasında bulunuyordu. Bu amaçla, revaklı avlular genellikle kilisenin güney, yani en fazla güneş alan bölümüne konumlandırılıyordu. Aynı şekilde, keşişlerin elyazmalarını kopyaladıkları yazı odası da doğal ışıktan en fazla faydalanabilen yere yapılırdı. Revaklı avlu etkin biçimde manastırın kalbini oluşturuyordu. Revaklı avlunun yürüme yolları çatılarını destekleyen sütunlara İncil'den mesellerin anlatıldığı sütun başlıkları ekleniyordu.

Keşişleri cazibe edici unsurlardan uzak tutmak için manastırlar genellikle ücra yerlere inşa edilirdi. Keşişler iyi bir su kaynağının ve işlenebilir toprakların bulunduğu bir yer ararlardı. Manastırlar iyice yerleşik hale gelip büyüdükçe, etraflarında dinsel yaşam sürmeyen toplumların türediği birçok kez görülmüştür.

1098 yılında, Molesme'li başrahip Robert'ın liderliğini yaptığı bir grup keşiş, Benedikt rahiplerinden ayrılarak Sistersiyan mezhebini kurdular. Bu keşişler manastır kurmak üzere daha da ücra yerler aramışlardır ve Fransa başta olmak üzere Avrupa'da önceden herhangi bir nüfusun bulunmadığı bölgelerde yerleşimin başlamasında başı çekmişlerdir. Sistersiyanlara ait yapılar sade ama zarifti ve keşişlerin kanaatkârlıklarının bir göstergesi olarak bu yapılardaki pencerelerde vitray bulunmuyordu. Sistersiyanlar, Benedikt tarikatının topladığı servet ve zenginliğe tepkiliydi.

Lorsch Manastırının Kapıcı Kulesi

Lorsch Manastırı da Şarlman tarafından ısmarlanmış olan yapılardandır ancak dokuzuncu yüzyıla ait bu manastırdan geriye sadece kapıcı kulesi (Torhalle) ayakta kalabilmiştir. Ancak yine de bu yapı Karolenj mimarisi üzerindeki Roma etkisinin güçlü bir göstergesidir. Zemin kat, bir dizi zafer takıyla süslenmiştir. Her bir kemerli girişin arasında bir korint sütunu bulunur. İkinci kat pencereleri üçgen şekillerle çerçevelendirilmiştir. Yapıda Karolenj mimarisinin etkisinin görüldüğü kısımları şöyle sayabiliriz: Oldukça dik çatı (Kuzey Avrupa kışlarının yağmuruna ve karına karşı koruma sağlayan) ve süsleme amaçlı kırmızı ve beyaz karolar (yörenin zanaatkârları tarafından yapılmış).

Manastırların Harap Edilmesi

1534 yılında 8. Henry bir dini devrim başlatarak Katolik Kilisesi'nden koptu ve kendisini İngiliz Kilisesi'nin başı olarak ilan etti. Bu eyleminin bir parçası olarak gereksinim duyulan zenginlikleri elde etmek için İngiltere'deki manastırlara ait topraklara el koyup lağvetti. Henry 1547'de öldüğünde, artık İngiltere'deki manastırlar etkili bir biçimde ortadan kaldırılmıştı.

KUZEY AMERİKA YERLİLERİ

Seyyar Yaşam Tarzı

Kuzey Amerika yerlileri mimariyi halkın barınması için bir araç olarak görmenin yanında, kendilerinin yeryüzü ile gökyüzü arasındaki konumlarının sembolik bir temsili olarak da değerlendiriyorlardı. Kuzey Amerika aşırı uçta farklılık gösteren çevre koşullarına sahip geniş bir alanı kapsamaktadır. Her bölgenin halkı, yaşadıkları topraklarda ihtiyaçlarını karşılayacak şekilde bir mimari tarz benimseyerek çeşitli yapılar inşa etmenin yollarını bulmuştur. Büyük Düzlükler ve Büyük Göller bölgesindeki kabileler göçebeydi, bu sebeple konut mimarileri de taşınabilir cinstendi. Bu kabileler, tekrar kullanılabilen malzemelerden kolayca monte edilebilir yapılar oluşturdular. Güneybatıda ise, kimi zaman topraktan oyma ya da karşı koruma sağlayan alanların geliştirilmesiyle oluşturulmuş daha kalıcı yapılar meydana getirilmiştir.

Tipi

Büyük Düzlüklere yayılmış olan kabileler, tipi adı verilen portatif evleri tercih ediyorlardı. Bu alanlarda, gıda ve barınma da dahil olmak üzere daha birçok başka bakımdan bel bağladıkları hayvanların göçlerini takip ediyorlardı. Arapaholar, Karaayaklar, Şayenler, Komançiler ve Apsalokeler (Crowlar) hep bu portatif evleri tercih ediyorlardı. Tipinin içindeki hava sıcak veya soğuk olacak, içinde yaşayanları rüzgâr ve yağmurdan koruyacak şekilde gerekli ayarlamalar yapılabiliyordu. Kabile üyeleri bir demet sırığı koni biçiminde yerleştiriyorlardı. Daha sonra duvarları oluşturmak üzere iskeletin üzerine bizon derisi geçiriliyordu. Duvar yalıtımının olması ayrıca hane halkının içeride yaktığı ateşin yaydığı sıcaklığın dışarı çıkmasını önlüyor, duman da tipinin tepesinde bulunan bir delikten dışarı çıkabiliyordu.

Tipiler basit olmakla birlikte olağanüstü yapılardır. Hane halkı rüzgâra karşı ek koruma sağlamak üzere tipiyi aşağı doğru çekerek konik şekli daha düz hale getirebiliyordu. Sıcak yaz aylarında, havalandırma amacıyla arkaya doğru toplanabilen bizon derilerinin üzerleri bazen rüyaları ya da spritüel gelenekleri temsil eden renkli resimlerle süsleniyordu.

Tipilerin illa tek bir aileye ait olması gerekli değildi. Bazıları öyle büyük olabiliyordu ki, bunların etrafını örtebilmek için otuz tane bizonun derisi gerekebiliyordu. Kabileler göçe başladığında, tipi sökülüp toplanarak at sırtında taşınıyordu.

Wickiup

Kuzeydoğuda ve kuzeybatı düzlüklerinin bazı bölgelerinde *wickiup* ya da *wigwam* denilen Kızılderili çadırları popülerdi. Bu çadırlar da tipi'ye benzer yapılardı. Toprağa ağaç dalları çakılıyor ve bu dallar üst kısımda bir kubbe oluşturacak şekilde eğiliyordu. Wickiup'ın eğimli iskeleti daha ufak dallar ve samanla ya da geniş ağaç kabuklarıyla kaplanıyordu. Kubbe yapısı wickiup'ı rüzgâra karşı sağlam kılarken, aynı zamanda büyük miktarda karı da taşımasını sağlıyordu. Bu evler genellikle beş buçuk ila altı metre genişliğinde oluyordu.

Toprak Kulübeler

Büyük Düzlüklerde ve doğudaki ormanlık alanlarda yaşayan birçok kabile toprak kulübeler inşa ediyordu. Bu yapı şekli ağaç kütüklerle meydana getirilen bir kolon-kiriş sisteminden ibaretti. Yapı ustaları, temeli oluşturmak üzere, yer yüzeyinin birkaç metre altına inen bir çukur kazıyordu ki bu aynı zamanda yapının tabanının zemin hizasında olduğu anlamına geliyordu. Böylece toprağa yerleştirilen kütüklerin dayanıklılığı sağlama alınıyordu. Kütüklere yaslanan direklerle konik bir yapı meydana getiriliyor ve çerçevenin toprakla kaplanmasıyla duvarlar oluşturuluyordu. Binalarda, toprağı sıvamak için dal örgü tekniği kullanılıyordu. Bu toprak katmanı, kışın ve yazın karşılaşılabilecek aşırı uçta ısı derecelerine karşı güçlü bir yalıtım sağlıyordu.

Güneybatıdaki Navaholar, *hogan* adı verilen evlerde yaşıyorlardı. Hoganlar ağaç kütüklerinin veya direklerin dairesel bir düzende istiflenmesiyle ve giriş kapısı olarak bir açıklık bırakılmasıyla oluşturulan meskenlerdi. Bu şekilde istiflenen ağaç kütükler duvarları oluşturuyor ve sonrasında kavislenerek kubbe şeklinde bir tavan meydana getiriyordu. İstiflerin arasındaki boşluklar yaprak ve saplarla dolduruluyor ve tüm yapı çamurla kaplanıyordu.

Toprak Kulübelerin İnşası

Tipilerin ve toprak kulübelerin yapımında kadınlar önemli bir rol oynuyordu. Bir tipi yapmak için iki kadın birlikte çalışırdı. Toprak kulübelerin yapımında ise kolon ve kirişler için gereken kütükleri erkekler yerleştirir ama işin geri kalanını kadınlar üstlenirdi. Bu sebeple, bu yapılara kadınların sahip olduğu düşünülür ve evlerin mülkiyeti kadından kadına geçerdi. Eve herhangi bir süsleme yapmak için erkeklerin evin sahibi olan kadından izin alması gerekiyordu.

Cahokia

St. Louis şehri yakınlarındaki Cahokia (yak. 800-1300'lerin sonu), büyük ihtimalle Mississippi kültürünün kökenini oluşturmaktadır. Cahokia kültürü Amerika'nın orta batısından güneydoğusuna uzanan topraklarda yaşayan tarım toplumu gruplarından oluşmaktadır. Bu yerleşim yaklaşık 12 kilometrekarelik bir alana yayılmaktaydı ve en yoğun döneminde 30 binlik bir nüfusu barındırıyordu.

Cahokia'da toprak setler popülerdi ve bunlar şehir işlevi gören bir düzende inşa ediliyordu. Bu setlere orta batı ve güneyde yer alan birçok bölgede rastlanabilir. Bunların bazıları çok ileri düzey olabiliyordu, aslında bu yapıların en azından biri on katlı olabiliyordu. Bugün Orta Alabama'da yer alan bu setlerin en ünlüsü olan Monks Mound da topraktan yapılmıştır. Alana piramit şekli verilmiştir.

Cahokia Hakkında Bilgi Edinmek

Zaman içinde Cahokia ve kültürü hakkında bilgi edinmenin zor bir iş olduğu anlaşıldı. Cahokia kabilesinin yazılı dili yoktu. Bu yetmezmiş gibi, Avrupalı yerleşimciler bu kültürleri ortadan kaldırmak konusunda çok kararlı davranmış ve büyük oranda da başarılı olmuşlardır.

Kulübeler

Kulübeler kuzeybatıda popülerdi. Burada yaşayan Quinault gibi kabileler bitki, balık ve deniz memelilerini tüketerek yaşıyorlardı. Bu kulübelerin mimarları kütük çerçeveyi inşa etmek için dairesel kirişler kullanmışlardır. Sedir ağacı kabuklarından yapılmış bağlar, parçaları bir arada tutuyordu ve yapıların üzeri beşik çatılarla örtülüyordu.

Çukur Evler ve Diğer Barınak Tipleri

Yakamalar (çoğul haliyle "Yakima") mağara evler yapmak için 100 ila 150 cm derinliğinde çukurların üzerine kolon-kiriş düzeniyle kalas çerçeveler inşa ediyorlardı. Bu çerçevelerin üzerini örtmek için ise çam iğnelerinden, toprak ve çim halılardan faydalanıyorlardı. Pima kabilesinin üyeleri *ki* evleri inşa ediyorlardı. Sığ bir çukurun içine eğilebilen körpe ağaçlardan kubbe şekilli bir çerçeve kuruyorlardı. *Kiva* ise sosyal ve törensel etkinlikler için, içinde özel bir alan bulunan dairesel bir çukurdu. Her kiva'nın içinde yukarıdaki ruhlar dünyasına doğru bakan bir açıklık, yani bir *sigapu* bulunuyordu.

Ramadalar sıcak havalar için yapılmış evlerdi. Bunlar için toprağa direkler dikiliyor, daha sonra üzerleri sazdan bir çatıyla örtülüyordu.

Pueblolar

Güneybatı kavimleri pueblolar inşa ederlerdi. Bunlar başlangıçta çukur evlere benzer yapıda olsalar da zamanla toprak zemine oturtulan yapılar haline dönüştüler. Pueblo evlerinin zeminleri üzeri toprakla kaplanmış keresteden yapılıyordu. Bu evlere tepede bulunan bir delikten giriliyordu. Duvarlar için kireçtaşı kullanılıyor, bunların üzeri keresteden ufak çatılarla örtülüyordu. Çatılar da kerpiçle kaplanıyordu. Pueblolar zamanla öyle büyük bir gelişim gösterdi ki birkaç katlı olarak inşa edilerek, her şeyiyle tam birer konut haline geldi. Bu konut sistemlerinin en ünlülerinden biri olan Mesa Verda çok yüksek bir uçurumun altında yer alan bir bölgeye inşa edilmiştir. Bölgenin koşulları aynı zamanda doğal bir korunma da sağlıyordu.

Bizonlar

Dünya üzerindeki varlıkları doruk noktaya ulaştığı dönemde, Kuzey Amerika sahilinde batıdan doğuya yaklaşık 60 milyon bizon otlamaktaydı. Bizonlar birçok kabile kültürünün merkezini oluşturuyordu. Bu hayvanların kemiklerinden bıçak, dikiş iğnesi gibi aletler yapılıyor, derilerinden battaniye, giysi yapılarak hava koşullarına karşı koruma sağlanıyor ve etleri de yeniyordu. Beyaz adamın gelişi tüm bunları sekteye uğrattı; yarım yüzyıldan kısa bir süre içinde avcılar bu hayvanların neredeyse 50 milyonunu katlettiler. Bu hayvanları nesli tükenmekten kurtarmak 20. yüzyılın yarısı gibi bir zaman aldı.

ERKEN GOTİK DÖNEM

Katedral İnşası

Gotik mimari tarzı Batı Avrupa'da 12. ile 16. yüzyıl arasında popülerliğini korumuştur. Bu kelime ilk başta bir hakaret anlamı taşıyordu. "Gotik" 4. yüzyılda İtalya'yı işgal etmek ve Roma İmparatorluğu'nu yıkmak suretiyle, Avrupa'nın batısını altüst eden Germen kavimlerine atıfta bulunan bir kelimeydi. Gotlar klasik uygarlığı büyük oranda yıkıp yok ettiğinden, 16. yüzyılda eleştirmen Vasari, geç ortaçağ mimarisinin "Gotik" olduğunu yazarken "bu tip yapıların ancak barbarlar tarafından dikilebilecek türde yapılar olduğunu" kastediyordu.

12. yüzyıldan itibaren Avrupa'nın her yerinde birçok katedral inşa edildi. Katedral bir piskoposun koltuğu, yani makamıydı (Katedral kelimesi Latincede "koltuk" anlamına gelen *cathedra* kelimesinden gelir). Erken Gotik dönem süresince şehir merkezleri büyüyüp gelişti. Katedral inşası bu nüfus kaymasının ve bunu izleyen sosyal gelişmelerin hem bir sonucu hem de buna katkıda bulunan bir faktördür. Katedral inşaatları sanatçılar ve zanaatkârlar için birçok iş imkânı sağlıyordu. Bir katedral bittiğinde, bu yapı, şehre gelerek para harcayacak binlerce ziyaretçiyi çeken bir cazibe merkezi haline geliyordu. Halk katedralleriyle çok gurur duyuyordu.

Başrahip Suger

Tahmini olarak 1081 yılında doğmuş olan Başrahip Suger, Saint-Denis'teki manastır okulunda eğitim almıştı. Geleceğin Fransa kralı VI. Louis ile birlikte öğrenim görmüş ve okul bittiğinde de onunla temasını sürdürmüştü. İkisi büyüdüklerinde Kral VI. Louis, Suger'den oğlunun, yani geleceğin VII. Louis'sinin siyasi danışmanı olmasını istedi. Suger'in görevi kilise ve kraliyet ailesi arasındaki anlaşmazlıkları çözmesini gerektiriyordu. Bu işte başarılı olan Suger, 1122'de Saint-Denis'e başrahip olarak atandı. Bu büyük bir onurdu, zira Aziz Denis Fransa'nın koruyucu aziziydi ve kraliyet ailesinin mezarlığı burada bulunuyordu.

Saint-Denis'teki orijinal Karolenj kilisesi 8. yüzyılda inşa edildi. Artık bu kilisenin lideri olarak Suger daha büyük ve daha iyi bir kilise yapmakta kararlıydı. Araştırma ve planlama için yıllar harcadı. Özellikle de İncil'de anlatılan Süleyman Mabedi'nden ilham almıştı. Aziz Denis tarafından kaleme alınmış olduğuna inandığı metinler okuyordu (oysa tarihçiler günümüzde onun aslında, 5. veya 6. yüzyılda yaşamış mistik bir din bilgini olan Sahte Dionysius'un çalışmalarını okuduğuna inanıyorlar). Yazarın bir binada ışığın iyi konumlandırılmasını ve binanın bölümleri arasında olması gereken matematiksel orantıları anlatışı onu tamamen büyülenmişti. Bu metinlerin yazarı mimaride eksiksiz uyumu vurguluyordu.

Suger okudukça ışık konusuna iyice takıntılı hale geldi. Artık yalnızca ışığın tasarım etkisini düşünmüyor, aynı zamanda sembolizmasına, İsa ve onun kutsal varlığına dair neleri sembolize ettiğine de dikkat ediyordu. Suger binasını planladığında ortaçağa özgü, mevcut tarzları kullanmış olsa da, ışığı vurgulamak için her şeyi tersyüz etmiştir. O, Tanrı'nın mevcudiyetini ifade etmek istiyordu. Bu yönde düzenlemeler yapmayı bitirdiğinde bu, devrim niteliğinde bir etki yarattı.

İlk olarak, binanın batı ucuna yeni bir narteks, yani dış dehliz de denilen üzeri örtülü portiko ekledi. Yapının batıya bakan ön cephesinde iki adet kule ve üç giriş bulunuyordu. Ziyaretçilerin rahipleri rahatsız etmeden rahatça gezinebilmeleri için iç mekânı olabildiğince geniş ve açık tutmuştu. Nefi kaburgalı tonozlar ve sivri kemerlerle kapladı. Daha sonra, kemerleri desteklemek için ince sütunlar kullandı ki bu da her yerin daha da aydınlık görünmesini sağlamıştı. Bu yapım stili Romanesk kiliselerin karanlık ve ağır ortamından tam bir ayrılışı simgeliyordu. Duvarları güçlendirmek için binanın dışındaki şapellerin arasına ince payandalar yerleştirdi (bunlara zamanla uçan payandalar adı verilmiştir). Bu değişikliklerin pratik açıdan etkisi, kilisenin duvarlarının daha incelmesi ve daha yüksek olması olmuştu.

Suger bundan sonra da büyük duvar kesitlerini kaldırıp yerlerine vitraylı camlar koydu.

Yaratılmak istenen etki kilisenin içini ışıkla doldurmaktı fakat elbette sıradan bir ışıkla değil. Vitraylı camlardaki imgelerden geçerek dönüşen ve Tanrı'nın varlığının bir sembolü haline gelen bir ışıktı bu. Bu yeni mimari stilin bütün amacı, bu dönüşen ışığı vurgulamaktı. Suger'in Saint-Denis'i Gotik mimarinin ilk örneğidir.

Halk, devasa Romanesk katedrallerden çok farklı görünen bu yapı karşısında büyülenmişti. Bu stilin Fransa'nın her yerinde büyük popülerlik kazanmasıyla, ülkenin her yerinde bu yapının kopyaları yapıldı. Bu stil çok geçmeden İngiltere, İspanya ve Almanya'ya yayıldı. Bu mimari görünümü benimsemek konusunda en isteksiz davranan İtalya oldu ve İtalyan Gotiği diğer bölgelerde olduğu kadar uzun sürmedi.

Tonozlar

Saint-Denis'in tonozları Suger'in tasarımında yeni bir şeyler olup bittiğini gösteriyordu. Kaburgalı tonoz, Romanesk tarzdaki kiliselerde hâkim olan taştan yapılmış beşik tonozlar kadar payanda desteği gerektirmiyordu. Beşik tonozlar, yatay bir açıklıkta, örneğin uzun bir salonda uzanan bir dizi kemerle oluşturuluyordu. Bu basit ama ağır tonozlar yapının tüm uzunluğu boyunca bir baskı yaratıyordu. Çapraz tonozlar, basit beşik tonozların üzerine getirilmiş bir yenilikti çünkü bu yapı şekli iki beşik tonozu, bir pazar yeri gibi daha geniş bir iç mekân üzerinde açılı bir kubbe oluşturacak şekilde bir araya getiriyordu. Çapraz tonoz, ağırlığı kubbenin altında oluşturulmuş olan dört nişin köşelerine doğru gönderir. Ağırlık nişler tarafından emildiğinden, çatıyı desteklemek için duvara ihtiyaç olmaz. Bunun yerine yapıyı köşe payandalar destekler. Kaburgalı tonoz da baskıyı aynı şekilde dağıtır fakat ağırlığın nişlerin köşelerine gönderilmesini, payandalar yerine tavandaki kaburgalar sağlar. Bir payandanın kapladığı ekstra alanın tamamı böylece pencere açmak için kullanılabilir.

Gotik kiliselerde duvar boşlukları arasında bileşik payandaların görülmeye başlamasıyla tonozlar da daha kompleks bir hal aldı.

Bileşik payandaların aynı temelden yükselen iki desteği bulunur. Bu çifte destek, kaburga hatlarının, üzerlerinde neredeyse bir ağaç gibi duran sıra sütunlar vasıtasıyla yere kadar indirilmesini mümkün kılmıştır. Çifte payanda ayakları, kaburgalar ve tekrar eden sıra sütunlar, dikkati hayranlık uyandıran pencerelere çeken dikey bir eşbiçimlilik yaratmıştır.

Uçan Payandalar

Gotik tarzda yapılar inşa eden mimarlar, Romanesk yapıları destekleyen kalın duvarlardan kurtulmayı hedeflemişlerdir. Uçan payandalar da buna mükemmel bir çözüm sunuyordu. Tonozun baskıya karşı en korumasız olan noktalarını pekiştirmek ve duvarları sağlamlaştırmak için bağımsız olarak ayakta durabilen ek kemerlerden faydalanılıyordu. Tonozlara en fazla yük en üst kısımlarında, yani kavislendikleri noktada biner. Kemerli tonozlar aşağı doğru olan baskıyı tonozun kavisine ve onun altındaki duvara doğru itmeyi amaçlıyordu. Duvarlara eklenmiş yarım kemerlere benzeyen bu yenilikler birçok Gotik katedralin dış cephesinde göze çarpan bir özellik haline gelmiştir.

Kaburgalar

Sivri kemerler biçimsel olarak daha geniş veya dar olabilirler, yuvarlak kemerlerde bu çeşitliliği yakalamak zordur. Sivri kemerlerde payanda ayakları, sivri kemerlerin basıncını aşağı yönlendirir. Bu destekler ne kadar yakın ya da uzak olursa olsun, istenilen her yükseklikte inşa edilebilirler. Suger'in ve ondan sonra gelenlerin inşa ettikleri binaların dikey çizgilerini uzatabilmelerini sağlayan da budur.

KABURGA TİPLERİ

- Birleştirici kaburga: Kaburgaların nef payandaları üzerinde bir sütun gövdesi bulunur. Bu da tonozu sırakemerlerle birleştirir.
- Altı parçalı: Tonozun her bir kirişi kesişen kaburgalarla altı bölüme ayrılmıştır.
- Dört parçalı: Her bir kiriş kesişen kaburgalarla dört bölüme ayrılmıştır.
- Çatı omurga kirişi: Birçok çatı omurga kirişi bulunur: Pencerelerin üzerindeki kaburgalar ve ikincil kaburgalar. İkincil kaburgalara çapraz kaburga adı verilir.
- Bağ kemerli tonoz: Yapısal olarak bağlanmamış dekoratif kaburgalar.
- Ağ tonoz: Yalnızca yüzey tasarımı yaratmak için kullanılan kaburga düzeni.

Vitray

Vitraylar Suger'den önce yer yer görülse de, Gotik mimariyle birlikte dini yapıların en önemli özelliği haline gelmiştir. Oymalı çerçeveler, vitraylı pencereleri desteklemek ve süslemek için uygulanan taş işçiliğine verilen isimdi. Plakalı oymalı çerçevelerde taş dolgusu kalındır ve pencerenin geneline hâkimdir. Parmaklıklı oymalı çerçeveler daha ince ve zariftir; yani taştan çok, cam daha yoğundur. Oymalı çerçevelerin yapımı için son derece yetenekli duvar ustalarına ihtiyaç duyuluyordu.

Meryem Vurgusu

Gotik katedrallerde, Hıristiyan inanışındaki Bakire Meryem vurgulanmaktadır. Bu yapılarda Meryem, insanlığa dair hükümde bulunurken hoşgörülü olması için İsa'ya yalvarırken tasvir edilmiştir. Meryem'in coşkulu ve gerçekçi simgeleri, Hıristiyanları cezp etmek, büyülemek için kullanılan bir araç olarak vitraylarda ve heykellerde sıkça görülür.

YÜKSEK GOTİK DÖNEM

Stilde Güven

Yüksek Gotik Dönem ile birlikte, mimarlar da tekniklerini iyice geliştirerek simetrisi ve bütünlüğü olan, daha süslü bileşenler inşa etmeye başlamışlardı. Tasarım bakımından ışık ve yükseklik vurgulanıyordu. Ortaçağ mimarları, çatının hemen altına yerleştirilen bir dizi pencereden içeri süzülen ışığı ve yüksekliği maksimuma çıkartarak, gözlerin yukarı doğru çevrilmesini sağlamak için duvar elemanlarını nasıl yerleştireceklerini bulmuşlardı. *Yüksek Gotik Dönem* terimi, Gotik tarzının gelişiminin doruk noktasına ulaştığı zamana atıfta bulunmaktadır. Bu dönem, eski ve daha ağır havası olan Romanesk tarzından kesin bir kopuşu işaret eder.

Chartres Katedrali

Genel olarak Chartres Katedrali olarak bilinen Chartres'taki Notre-Dame Katedrali (1194-1220), Yüksek Gotik Dönemde inşa edilmiş olan en hoş ve en zarif katedraller arasında yer alır. Bu katedral, İsa'nın annesi Meryem'in giydiği bir ceketin burada olduğuna inanılması dolayısıyla uzun süre seyyahlar açısından önemli bir durak olmuştu. Şimdiki katedralin bulunduğu alanda inşa edilmiş olan ilk yapı, korkunç bir yangında yok olmuştu. Onun yerine yapılan Romanesk tarzdaki bazilikada da yine yangın çıkmış ve anıtsal ön cephe büyük hasar görmüştü. Yeni yapılan ön cepheye, Saint-Denis'inkine benzer üç giriş noktası eklenerek batıya doğru konumlandırıldı. İsa'nın tutkusu ve doğumu gibi öykülerin tasvir edildiği vitraylarda da yine Saint-Denis etkisi görülüyordu.

Ancak ne yazık ki çıkan başka bir yangında eski bazilika etrafını saran şehirle birlikte tamamen yok oldu. Halk yıkılmıştı. Bunu Tanrı'nın onlardan memnuniyetsizliğinin bir işareti olarak görüyorlardı. Enkazın içinde bir şeyler araştırırken, Meryem'in ceketinin bulunduğu kasanın yangından kurtulduğunu gördüler. Sevinçten deliye dönüp bunun burada daha büyük bir kilise yapılmasını isteyen Meryem'den gelen bir işaret olduğuna inandılar. Bunu izleyen yirmi altı yılı, kiliseyi yeniden inşa etmeye ve onu Meryem'i memnun edecek bir yapıya dönüştürmeye harcadılar. Eski yapının mahzen mezarını ve yangından kurtulan batı ön cephesini aynen korudular. Bu sefer Gotik tarzına sadık kalarak devasa bir pencereli üst kısım yaptılar.

Gotik Kilise Bölümleri

Yüksek Gotik Dönemine ait kiliselerde şu özellikler bulunur:

- Sıra kemerler: Sıra kemerler payanda ayakları veya sütunlar tarafından desteklenen bir kemer dizisidir. Tipik olarak, kemerler arasında bir geçiş yolu ve yekpare bir duvar veya üzeri örtülü bir yürüme yolu bulunur. Bazı sıra kemerler bir duvarı, bir çatıyı ya da bir sütun pervazını destekler. Gotik tarzda sıra kemerler genellikle dekoratif bir özellik olarak kullanılıyordu.
- Nef: Nef bir Hıristiyan kilisesinin merkezi bölümüdür. Girişten ibadet yerinin önündeki koridora dek uzanır. Nef, ruhban sınıfı için ayrılmış olan sunak, koro yeri ve özel bölmelere girmemesi gereken vasıfsız kişiler için yapılır. Gotik nefler, azizlerin ikonlarının ve onlara ibadet edilmesi için adanmış mihrapların konulduğu nişlere ayrılırdı. Nişler ayrıca önde gelen kilise hamilerine ayrılan bir lahit görevi de görüyordu. Bu nefler tavana yakın bir dizi pencereyle aydınlatılıyordu. Liturjinin parçası olan koristler burada dururlardı.
- Koro yeri: Koro yeri nefin doğu ucu ile sunak arasında konumlandırılırdı. Bu, ayinde koroda yer alan kişilerin duracağı bölümdü.
- Sunak: Hıristiyanlık inancında sunak ibadet edenlerin, İsa'nın bedenini ve kanını sembolize eden şarap ve ekmeği yemesinden ibaret olan Komünyon ayinine katıldıkları yerdir. Gotik katedrallerde sunak merkezi konumdadır ve apsisle vurgulanır.
- Apsis: Sunağın arkasında kalan yarım daire şeklindeki alandır. Apsis mermer gibi çok kaliteli malzemelerle süslenirdi. Hatta tonoz bile bazen mozaik kompozisyonlarıyla süslenirdi.

- Ambülatuvar: Ziyaretçilerin apsis ve sunağın arkasından dolanarak, kilisedeki cemaati veya papazları rahatsız etmeden etrafı gezebilmeleri için tasarlanmış bir geçittir.
- Narteks: Kilisenin batı ucunda yer alan üzeri örtülü bir dehlizdir. Neften sütunlar veya bir duvar vasıtasıyla ayrılır ve burada bir nef girişi de bulunur. Vaftiz edilmemiş insanlardan nartekste kalmaları istenirdi.

İngiliz Gotiği

İngiliz Gotiği mimarisi üç belirgin safhada kendine özgü bir stil olarak ortaya çıkmıştır. Erken Dönem İngiliz Gotiği (yak. 1175-1265) Fransa'daki Yüksek Gotik Dönemle örtüşür. Tonozlama, dört parçalı payanda ayakları ve sivri kemerli pencereler gibi ortak özellikleri bulunur. Bezemeli Dönemde (yak. 1250-1340) geleneksel tonoz yapısı ekstra kaburgalarla (yıldız tonozlar ve bağ kemerli tonozlar adı verilen) uzatılmıştır. Büyük camları desteklemek üzere pencere etrafını çeviren ince çizgi halindeki taş işçiliğinde genellikle, birbirleriyle kesişen dalgalı çizgiler halinde çiçek desenleri kullanılıyordu.

Dikey Dönem (yak. 1330-1540) dikdörtgen şeklinde pencere taş işçiliği ve devasa boyutta dikey pencere panellerini getirdi. Sarkıt tonozlar ters dönmüş üçgene benzer ve adeta herhangi bir yapısal destek olmaksızın tavandan aşağı doğru sarkıyormuş gibi görünür. Bunlar muhteşem tonozlardı ama daha küçük kiliselerde daha iyi sonuç veriyordu çünkü çok yüksek tavanlar için yeterince güçlü değillerdi.

Gotik Pencereler

Yüksek Gotik Döneme gelindiğinde, mimarlar artık görsel bir etki yaratabilmek için farklı türde pencereleri ve kemerleri tek bir cepheye yerleştirmekte ustalık kazanmışlardı. Bazen tek bir birleştirici kemer altında farklı pencere tipleri bile görülebiliyordu. İşte popüler olan gotik pencere şekilleri:

- Gül pencere — Bu dairesel pencereye bazen tekerlek pencere de deniliyordu ve içi genellikle çok süslemeli bir taş oyma işçiliğiyle dolduruluyordu. Bu pencereler sıklıkla nef bölümüne veya etrafında bir yere yerleştiriliyordu.

- Sivri kemerli pencere — Bu kemerin ucu sivridir. Sivri kemerin altındaki pencereler tipik olarak uzun ve dar olur. Genellikle yan yana dizilmiş bir seri halinde yerleştirilirler.
- Deveboynu kemer — Bu kıvrımlı kemerler tepede bir noktada birleşir. S çizen bu kemerler yukarıda birleşecekleri noktaya doğru daha derin bir kıvrım oluşturur.
- Yonca kemer — Bu kemerin şekli yonca yapraklarını andırır. Yonca kemerler üç adet kıvrımlı segmentten oluşuyordu ama bunların dört segmentli ve beş segmentli olanları da popülerdi.
- Dikey pencere duvar işçiliği — Bu uzun ve düz çizgi halindeki pencere duvar işçilikleri, geniş cam panel etkisi yaratıyordu.

Canterbury Katedrali

Canterbury Katedrali de bir yangında harap olduktan sonra Gotik üslupla yeniden inşa edilen bir diğer ünlü katedraldir. Kral II. Henry'nin dört şövalyesi tarafından katedralin içinde öldürülen Canterbury Başpiskoposu Aziz Thomas à Becket'in mezarının burada bulunması dolayısıyla, ziyaretçilerin yoğun ilgi gösterdikleri bir yerdi. Onun mezarının yakınlarında birçok mucizenin gerçekleştiğine şahit olunmuştu. 1174'teki yangından sonra katedralin restorasyonunu planlamak üzere Fransız mimar Sens'li William işe alındı. Mimarın bu kapsamda hangi bölümlerin kalacağı, hangilerinin yıkılacağı gibi önemli kararlar vermesi gerekiyordu. William mahzen mezarın kalmasına, koro yerinin ise yıkılmasına karar verdi. Bu kararların hepsi için orada yaşayan keşişlerin işbirliği gerekiyordu.

Sens'li William beş yıl boyunca bu proje üzerinde çalıştıktan sonra, yapı iskelesinden düşüp çok ciddi biçimde sakatlanınca Fransa'ya dönmek zorunda kaldı. Projeyi İngiliz William isimli bir mimar devraldı. Yeni yerleşim planına, ablülatuvardaki oda ve Becket'in mezarını görmek için kiliseye dolan ziyaretçilere sabit bir akış sağlamak için koridorlar eklendi.

Mahzen mezarın üzerinde devasa bir yapı olarak yükselen yeni bir koro yeri inşa edildi. Bu yeni yapı önceki versiyondan daha yüksekti ve daha fazla payandayla destekleniyordu. Tonoz sisteminde, kilit taşıyla bir arada tutulan altı parçalı kemerli kaburgalar bulunuyordu. Katedralin içinde hem yuvarlak hem de sivri kemerler vardı. Payandaların üzerindeki sütun başları çok zarif işlemelerle süslenmişti. Merkezi planın uzatılabilmesi için iki tane mihrap daha eklenmişti. Bu, geleneksel Fransız Gotik katedral planından daha girift bir plandı.

Canterbury Hikâyeleri

14. yüzyılın sonlarında İngiliz şair Geoffrey Chaucer başyapıtı olan *Canterbury Hikâyeleri*'ni yazdı. Eser, Becket'in mezarını ziyarete gelenlerin ağzından anlatılan bir dizi hikâyeden oluşur. Ziyaretçiler yol boyunca hikâyeler anlatarak zaman geçirirler. Grubun çeşitli üyelerinin tasvir edildiği giriş bölümü, hem bu dönemin yaşam tarzını açık sözlülükle tarif etmesi hem de yaklaşan baharı kutlayışı dolayısıyla en sevilen bölümdür.

Yüksek Gotik Üslubun Yayılışı

Avrupa'nın her bölgesi kendine has belirgin bazı Gotik özelliklere sahiptir. Örneğin Alman Gotiğinin özellikleri hol kilise planı şöyledir (tonozların nefin üstünde bulunduğu ve geçitlerin yüksekliğin nefle aynı olduğu plan): iç kısımda daha fazla aydınlık olması için vitraylı cam konulmamış yüksek pencereler, devasa kule ve çan kuleleri, yoğun motifli taş işçiliği ve pencereli üst kısmın bulunmaması vs.

İtalyan Gotiği bölgenin hava şartlarına göre düzenlenmelere gitmiştir. İtalya genellikle güneşli bir yer olduğundan devasa pencerelere gerek duyulmamıştır. İtalyanlar ayrıca kubbelere benzeyen, daha az destekleme gerektiren manastır tonozları kullanılmıştır. Süsleme olarak mermer cilası kullanmış ve daha az ve araları açık sütunlar yerleştirip dekoratif unsurlardan kaçınmışlardır.

Khufu Piramidi veya diğer adıyla Keops, Mısır'ın Giza bölgesinde yer alan piramitler kompleksinin ana yapısıdır. Yapımı yaklaşık olarak MÖ 2560 yılında tamamlanmıştır.

And Dağları'nda 2360 metre gibi çok yüksek bir alana kurulmuş olan Machu Pichu'nun (15. yüzyıl) İspanyollar tarafından keşfedilememesinin ve dolayısıyla diğer İnka kalıntılarına kıyasla çok daha büyük oranda bozulmadan korunmuş olmasının sebebinin bu yüksek konumu olduğu düşünülüyor.

MS 79 yılında yanardağ patlaması sonucu yerin altına gömülen Pompeii şehri modern arkeologlar tarafından yürütülen kazılarla ortaya çıkarılmıştır.

Parthenon'un (MÖ 447- 432) en uçtaki sütunlarının ortadakilere kıyasla birbirine daha yakın konumlandırılmış olması kompozisyona canlılık katmaktadır.

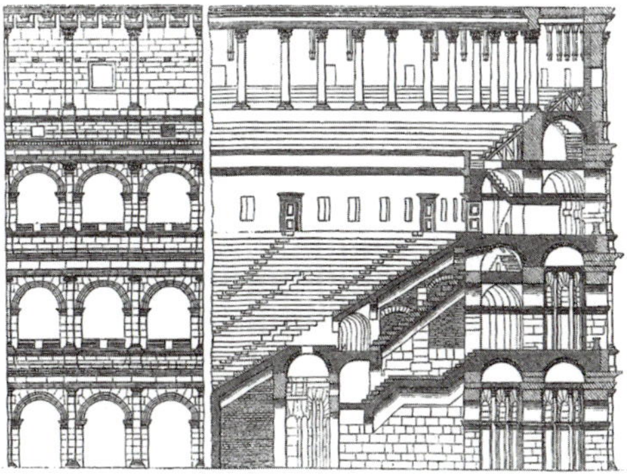

Kolezyum'da (MS 72-80) 50.000 kişilik oturma yeri bulunuyordu. Gitgide yükselerek en tepeye kadar ulaşan bir rampa şeklinde tasarlanmıştı.

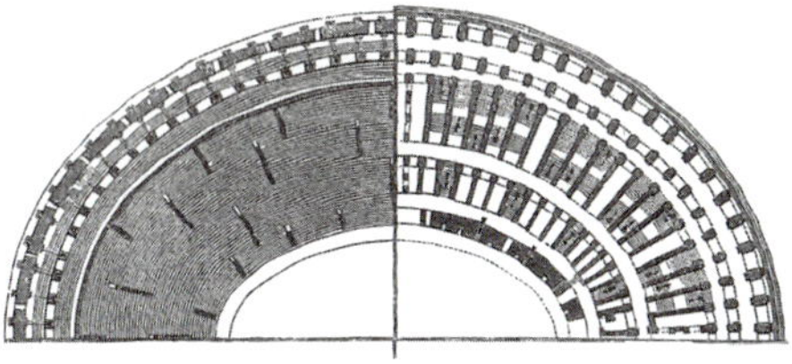

Büyük Çin Seddi (MÖ 3. yüzyıl – MS 17. yüzyıl) dünyanın en sıra dışı istihkâm duvarıdır. Çin'i Moğollara karşı korumak üzere inşa edilmiş dört duvardan oluşmaktadır.

Moskova'daki Aziz Vasil Katedrali (1555-1561) dört ayrı şapel ve dokuz kubbeden oluşmaktadır.

Hindistan'ın Agra şehrinde yer alan ve 17. yüzyıla ait bir yapı olan Tac Mahal, bir Babür hükümdarının karısı için mezar olarak inşa ettirdiği bir yapıdır.

Pisa Kulesi (1173-1372) üst üste bindirilmiş sıra kemerli galerilerden oluşan altı katlı bir yapıdır. Yapı yumuşak toprak üzerine inşa edilmiş olması sebebiyle eğilmiştir.

Boston'daki Trinity Kilisesi (1872-1877) eklektik bir üslupta inşa edilmiştir. Kilisenin ana planında Yunan haçlı bazilika planı temel alınmıştır.

St.Louis, Missouri'deki Wainwright Binası'nın çatısı (1891) ağır bir pervazla tamamlanmıştır. Bu pervazın hemen altında, yer yer tepe pencereleriyle kesintiye uğrayan bir friz yer alır.

BAE'deki Burç Halife (2004-2010) 828 metre yüksekliğiyle dünyanın insan yapımı en yüksek yapısıdır.

New York'taki Chrysler Binası (1928-1930) Art Deco tarzında inşa edilmiş olup yapımında paslanmaz çelik ve geometrik şekiller kullanılmıştır.

Frank Lloyd Wright tarafından inşa edilmiş olan Fallingwater (1936-1939) doğal bir şelale üzerine konumlandırılmış üç adet yatay terastan oluşmaktadır.

İspanya'daki Guggenheim Müzesi Bilbao (1997) cam, titanyum ve kireçtaşı gibi yapı malzemelerinin iç içe geçtiği bir yapıdır.

ERKEN RÖNESANS DÖNEMİ

Yeni Bir Hümanizm

14. yüzyılda, özellikle İtalya'da, sanata ve bilime ilgi artmıştı. İtalyanlar Yunan ve Roma metinlerini derinlemesine okuyup incelemeye başladılar. Geçmişe ait Roma metinlerinden büyülenen halk, zaman içinde varlığını korumuş olan her türlü metni araştırıyordu. Sanatçılar ve âlimler, ortaçağ kültürünün merkezini oluşturan dini odaktan uzaklaşmaya, bunun yerine artık insani duygular ve deneyimler üzerine kafa yormaya başlamışlardı. Aynı zamanda insan bedeni üzerinde de çalışmalar yürütmeye, sanatsal boyutta ise insan bedenini daha gerçekçi bir biçimde tasvir etmeye başlamışlardı. Hatta bu süreçte devasa bir boyuta ulaşmış ve genel anlamda yozlaşmış olan Katolik Kilisesi'ni bile sorgulayacak kadar ileri gidiyorlardı.

1453 yılında Osmanlı Türklerinin Konstantinopolis'i almasıyla Bizans İmparatorluğu büyük bir felaketle son buldu. Binlerce yıldır Doğu'da büyük varlık gösteren bu imparatorluk bir Müslüman şehri, yani İstanbul olmuştu. Talan edilen şehirden kaçanlar Avrupa'nın batısına sel gibi aktı.

Bizans İmparatorluğu, Roma İmparatorluğu'nun doğu kanadı olarak kurulmuştu. Burada ortak dil Yunancaydı ve burada yaşayan âlimler Yunan metinlerini inceliyorlardı. Bizans mültecileri bu kitapları beraberlerinde İtalya'ya götürdüler ve onları hoşça karşılayan yurttaşlarına Klasik Yunan kültürü hakkında bildiklerini öğrettiler.

Ortaçağ Eleştirisi

Erken Rönesans döneminde yaşayan insanlar, dogmatik buldukları ve artık bayatladığını düşündükleri ortaçağa özgü bilgilere eleştirel yaklaşma eğilimindeydi. Kendilerini sanki bir dağa tırmanmışçasına, parıldayan bir bilgi kaynağının tam ortasında görüyorlardı. Uzaklarda görebildikleri bir dağ daha vardı; o da Klasik Yunan ve Roma'ya aitti. Arada ise, gözlerinin alabildiğine uzun ve karanlık ortaçağ dönemi bulunuyordu. Dolayısıyla "ortaçağ" ismi Roma'nın yıkılışından Rönesans'a ya da "yeniden doğuşa" kadar olan döneme atfen konulmuş bir isimdir.

Ortaçağda mimarlık toplumun büyük bir kısmının odak noktası olan katedral ve kiliselerin inşa edilmesi açısından çok büyük bir önem taşıyordu. Bu dönemde resim ve heykeller yalnızca katedral ve kiliseleri süslemenin bir yolu olarak görülüyordu. Rönesans'ta ise resim ve heykel, mimariden ayrı olarak bir önem kazanmıştır. Sanatın değişmesiyle din de değişti. Reform denilen dini hareketin başını, yetki mercii olarak Papa'yı reddeden, genellikle Avrupa'nın kuzeyinde olmak üzere kendi kiliselerini kuran bir grup çekiyordu. Bu hareket Hıristiyan dünyasının ikiye bölünmesinde etkili oldu.

Rönesans'ın Merkezi İtalya

İtalya, entelektüel ve sanatsal anlamda Rönesans'ın merkezini oluşturur, öyle ki bu döneme İtalyan Rönesans'ı da denmektedir. İtalya aynı zamanda bu hareketin finansal merkezidir. Floransalı Medici ailesi gibi varlıklı aileler resim, heykel ve mimari eserlere hamilik etmişlerdir. İtalya Avrupa'nın batısı ve doğusu arasında bir konumda bulunması dolayısıyla burada ticaret çok yoğun ve güçlüydü. Tüccarlar lüks mallar ve kumaşlar satıyorlardı. Halk artık sadece topraktan değil ticaretten de gelir elde ettiği için zenginleşmişti. Zenginler sanat ve edebiyat alanlarındaki girişimleri desteklemek suretiyle statülerini sergileme peşindeydi.

Pisagor

Rönesans mimarları, bir Yunan filozofu ve matematikçisi olan Pisagor'a hayrandı. Pisagor'un eserleri korunamamış olsa da Yunan yazarlarının yazdığı eserlerde onun çalışmalarından birçok alıntı bulunuyordu.

Filippo Brunelleschi

Bir heykeltıraş olan Filippo Brunelleschi (1377-1446) eski yapı ve anıtları incelemek üzere uzun süre Roma'da yaşadı. Orada bulunduğu süreç içinde çeşitli mimari stilleri ve bu stillerde uygulanan oranları konu alan metinler üzerinde çalıştı. Klasik yuvarlak sütunları, sivri Gotik payandalara tercih ediyordu.

Brunelleschi, Floransa'ya döndükten sonra yeniden inşa edilen Floransa Katedrali için bir kubbe inşa etme işini üstlendi. Şehrin yöneticileri katedrali daha büyük ve merkezinde yer alan sekizgen köşeli alana bir kubbe ekletmek istiyorlardı. Bu da kubbenin 42 metrelik bir alana yayılması gerektiği anlamına geliyordu. Boyutu bir yana, sekizgen bir kubbe yapmak birçok sorunu da beraberinde getiriyordu. Pantheon'un yarı küresel kubbesi gibi bir şey inşa etmek kadar basit bir iş değildi; sekizgen kubbe inşa etmek çok daha zorlu bir şeydi. Katedralin üzerini kaplaması gereken bir kubbe kendi kendini destekleyemeyecek kadar ağır olurdu, üstelik alan çok geniş olduğundan ahşap kubbe kalıbı da işe yaramazdı.

Brunelleschi destek unsuru olarak payandalar kullanmak yerine kubbenin alt kısmından tepe noktasına kadar dikey olarak yükselerek yayılan bir taş kaburga sistemi tasarladı. Bu kaburgalar yapının dış tarafından görülebiliyor ve kubbeyi desteklemek için herhangi bir kalıp yapılmasına lüzum bırakmıyordu. Dış kaburgaların her biri için iki adet, gizli ve dışarıdan görünmeyen ikincil kaburga bulunuyordu. Brunelleschi daha sonra, bir araya geldiğinde bir kubbe oluşturan iki adet ince, yatay kabuk inşa etti ki bu da, o zamana dek görülmüş en büyük kubbeyi inşa edebilmesini mümkün kılan bir yenilikti. Kubbenin duvarlarının çok dik olması dışa doğru basıncın azalmasını sağlıyordu. Sonuç olarak bu kubbe şu ana kadar incelediğimiz küresel kubbelere kıyasla biraz daha sivri görünmektedir. Bu kubbe günümüzde bile Floransa'nın siluetine hâkimdir.

Leon Battista Alberti

Leon Battista Alberti (1404-1472) teknik mimardan çok bir mimari kuramcısıydı. Floransalı, sürgün edilmiş, akademisyen bir aileden gelen Alberti, yaşadığı dönemin önemli bir düşünürüydü. Eğitimini bitirdikten sonra Roma'da rektör yardımcısı oldu. Burada antik sanat eserlerini inceleme ve birçok sanatçıyla tanışma şansı oldu. Toplum ve toplum düzeni hakkında beyanlarda bulunmak için klasik kuram ve mimariden yararlandı. Alberti mimarinin yanında fizik ve doğabilimleri üzerine de eğitim almıştı ve bu bilgilerini yaptığı bina planlarında kullanmıştı.

Alberti'yi mimarlıkla ilgilenmeye iten Vitruvius'un *Mimarlık Üzerine On Kitap* isimli eseriydi. Bu eser klasik Roma hakkında önemli bir bilgi kaynağı olması dolayısıyla Rönesans mimarları tarafından büyük saygı görüyordu. Alberti, Vitruvius'un orantısal sistemler hakkındaki görüşlerini paylaşıyor, dairesel, altıgen veya kare bir alan vasıtasıyla merkezi bir alan bulmak gibi fikirlerine katılıyordu. Kiliselerin şehir manzarasının bir parçası olması gerektiğine inanıyordu. Bunun olabilmesi için de her yerden görülebilmeleri ve daha yüksek yerlere yerleştirilmeleri gerekiyordu.

Alberti evler üzerine de fikir üretmiştir. Örneğin, eve gelen misafirlerin rahat edebilmeleri ve istedikleri gibi girip çıkabilmeleri için misafir odaları girişe yakın bir yerde olmalıdır. Ebeveyn odasının ve çocuk odalarının da birbirlerine yakın olması gerekir. Yatak odalarının, ev halkının sabahleyin kolayca uyanmaları için güneşin doğduğu yöne doğru konumlandırılmaları en iyi çözümdür. Mutfaklar uzağa ama yemek odasının yakınına bir yere yerleştirilmelidir. Ev halkının rahatlığı ve hijyenik bir ortamlarının olması hakkında da birçok fikir üretmiştir. Öte yandan Alberti'nin daha çok modern zamanların odağı olan konularda kafa yormuş olması şaşırtıcıdır.

Alberti ayrıca atıkların ve zehirli gazların yayıldığı imalathanelerin de şehirde, evlerin bulunduğu bölgeden uzak bir yerde olmaları gerektiğine inanıyordu. Şehir planlamacılığıyla ilgili olarak üzerinde durulması gereken başlıca şeylerden biri olarak, şehir yerleşimindeki bir evin, bloktaki diğer evlerle uyumlu olabilmesi için çok süslü olmaması gerektiğine inanıyordu. Kum, kereste ve kireçtaşı gibi inşaat malzemelerin tipleri ve kaliteleri ile ilgili parametreler belirlemiştir (kereste düzgün ve temiz olmalı, üzerinde herhangi bir pürüz olmamalı vb.).

YÜKSEK RÖNESANS

Büyük Başarılar

Rönesans ile yakından ilişkilendirdiğimiz birçok başarı, Yüksek Rönesans dönemi olarak bilinen dönemde, yani 15. yüzyılın sonları ile 16. yüzyılın başlarında kaydedilmiştir. Leonardo da Vinci, Michelangelo ve Raphael bu dönemde eserler vermiştir. Bu dönem ayrıca siyasi bakımdan da çalkantılı bir dönemdir; İtalyan yarımadasının her yerinde istilalar yaşanmış, çeşitli bölgelerin kontrolü el değiştirmiş ve sınırlarda değişiklikler olmuştur. Yüzyılın sonlarına doğru Girolamo Savonarola adlı bir din fanatiği, Floransa'nın kontrolünü eline geçirmiş, sanat yapmayı ve "gösterişli olan her şeyi" yasaklamıştı. En sonunda tahttan indirilse de Floransa artık sanatsal hareketin merkezi olmaktan çıkmış, İtalya'nın yaratıcılık merkezi artık Roma olmuştu.

Merkezi Plan

Birçok açıdan Alberti'nin vârisi sayılabilecek Leonardo da Vinci (1452-1519) resim, heykel, mimarlık, bilim ve hümanizm konularında üstün yeteneğe sahip, her konuda bilgili bir kişiydi. İnsanlar uzun yıllar daireden, kutsal bir şekil, simetri ve uyumun bir sembolü olarak bahsetmiştir. Alberti dairenin doğadaki varlığı hakkında yazarak, antik tapınakların da dairesel bir planda inşa edildiklerine işaret etmiştir. Ayrıca Vitruvius da, eğer bir insan kollarını ve bacaklarını iki yana doğru, sanki bir çemberin içinde duruyormuş gibi iyice açarak durursa, göbeğinin tam merkezde olacağını söylemişti. Leonardo bu kavramı *Vitruvius Adamı* (yak. 1490) adıyla bilinen ünlü anatomik eskizinde resimlemiştir.

Leonardo kilise planları çizerken bu ideal daireyi, düzen prensibi olarak kullanmıştır. Leonardo'nun kilise çizimlerinde, ki bunların hiçbiri inşa edilmemiştir, daire şekli kubbelerle sergilenmektedir. Donato Bramante (1444-1514) bu planı uygulamıştı. Roma'da Tempietto adı verilen kubbeli bir mozole inşa etmişti (1502).

Kral Ferdinand ve Kastilyalı Kraliçe İsabella (Kristof Kolomb'un hamileri) bu anıtın Aziz Petrus'un şehit edildiği düşünülen yerde inşa edilmesi için Bramante'yi görevlendirmişlerdi. Bramante, Dor düzeninde on altı sütundan oluşan, bir frizi ve korkuluğu bulunan dairesel bir tapınak planladı. Yapının üstünü yarımküre bir kubbe kaplıyordu. Bramante'nin Dor düzenini seçmesi, bir tapınağın düzeninin, onuruna inşa edildiği tanrıyı yansıtması gerektiğini düşünen Vitruvius'a bir selam niteliğinde olup, planladığı yapı için söz konusu olan tanrı ise aktif bir eril tanrıydı. Bramante yapıyı büyük geniş bir oda olarak düşünmüştü. İçeride fazla sayıda insanı almayacak küçük bir alan bulunuyordu ve bu yapı muhtemelen dışarıdan bakılması için yapılmıştı. Aynı zamanda kapının sunağın tam karşısında garip bir yere konumlandırılmış olması da bu görüşü desteklemektedir.

Kubbeler

Bizans yapılarının en görkemli unsuru olan kubbeler, Rönesans döneminde yeniden diriliş yaşadı. Kubbe genellikle bir yapının merkezi alanının üzerinde görülürdü. Buradan klasik tapınak ön cephesiyle birleşirdi, yani tıpkı Hadrianus'un Roma'daki Pantheon'da uyguladığı gibi. Bizans yapılarında genellikle kafes kiriş çerçeveli kubbeler olurdu. Roma kubbeleri ise betondan veya tuğladan tek bir kabuk şeklinde yapılırdı. Rönesans mimarları ise Brunelleschi'nin Floransa'da yaptığı gibi çift kabuk kullanmaya başladılar, bu da sağlamlığını koruyan devasa kubbeler yapmaları için onlara olanak sağladı.

Rönesans Kubbelerinin Özellikleri

- Basık kubbe: Tam olarak yarım küreye benzemeyen, ters çevrilmiş bir çay tabağını andıran, daha düz bir kubbe şekli.
- Yarımküre kubbe: Tam bir yarımküredir. Şekil itibariyle çok yüksek bir yapı olmaya elverişlidir. Genellikle üzerinde küçük bir kubbecik daha bulunur.

- Oval kubbe: Kilisenin nef gibi daha oval şekilli bir bölümünün üzerinde olur.
- Üç kabuklu kubbe: Dış kubbe tuğladan örülmüş konik bir destek gibi gizli destekleme unsurlarıyla sabitlenir. Bu destek sistemi en üste yerleştirilen daha küçük başka bir kubbeyle gizlenir.

Roma'daki Aziz Petrus Bazilikası

Rönesans dönemine dek Aziz Petrus'un Roma'daki kilisesi, yani Hıristiyanlığın ruhani merkezi, bin yılı aşkın süredir varlığını korumuş olmasına rağmen artık iyice zayıf düşmüştü ve gitgide dağılıyordu. Papa II. Julius, kendisi için bir mezar yapıp bazilikaya yerleştirilmesi için Michelangelo'yu görevlendirdi. Hem Papa hem Michelangelo çok geçmeden bu devasa anıtın o eski kiliseye asla sığmayacağını anladılar ve böylece Papa, bu eski yapıya yapılması gereken eklemeler konusunda ona yardımcı olması için Branmante'yi tuttu. Kiliseyi tamamen baştan inşa etmeye karar vermeden önce, ikisi ekleme olanakları üzerinde çalıştılar.

Planın kapsamı göz önüne alındığında bunu fiziken gerçekleştirmenin bu kadar uzun sürmesine şaşmamak gerekir. Bramante bir Yunan haçı planı hazırlamış ve bazilikanın Roma tarihindeki yerini garantilemek için ona devasa bir kubbe kondurmaya karar vermişti. Ancak pek de iyi bir planlama yapamamıştı ve onun planındaki payandalar, tasarladığı ağır kubbeyi taşıyabilecek güçte değildi. Plan üzerinde herhangi bir ilerleme kaydedilemeden Bramante öldü ve proje durdu. Elli yıl sonra Papa III. Paul, projenin devam ettirilmesi için bir inşaat fonu oluşturarak, işi Michelangelo'ya verdi. Öncelikle bir heykeltıraş olan Michelangelo, Tanrı'yı memnun etmek için bir fırsat olarak gördüğü bu projeyi küçük bir ödeme karşılığında üstlendi.

Michelangelo, ilk başta tasarlanmış olan kubbenin gerçekleştirilemeyeceğini fark etti. Planları değiştirerek kubbeyi yarımküre şeklinde tasarladı ve kubbenin dış kısmına daha fazla sayıda (ilk planlanan sayı sekiz iken on altıya çıkarttı) taştan örme kaburgalar ekledi. Bugün bizler bunun işe yaramayacağını biliyoruz çünkü kaburgaların basıncı kubbe gövdesine çok ağır gelirdi ve muhtemelen çökmesine sebep olurdu. Kubbe inşa edilemeden Michelangelo öldü.

Kubbenin yapım işini Giacomo della Porta (yak. 1533-1602) devraldı. Kubbeyi daha yükseltti ve üzerine küçük bir kubbe daha ekledi. Sütunlardan faydalandı ve yekpare olarak doğruca karşıya uzanmak yerine, temele vardığında kesintiye uğrayan ve her bir çift sütun grubuyla birlikte yeniden çıkıntı yapan değişik saçaklıklar tasarladı. Bu, kesik saçaklık olarak bilinir ve söz konusu yapıda kubbeyi destekleyerek, dışa çekmeyi aşağıdaki payandalara ve kemerlerle doğru yönlendirir. Proje bütünüyle 17. yüzyılda, heykeltıraş Gianlorenzo Bernini'nin (1598-1680) kilisenin iç kısmına yaptığı ciddi boyutta eklemelerle birlikte tamamlandı.

Maniyerizm

Âlimler Raphael'in 1520 yılındaki ölümünü Rönesans'ın sonuyla bağdaştırırlar. Rönesans sona erdiğinde onun yerine yeni sanatsal akımlar doğdu. Rönesans'ın sonlarında ortaya çıkan tarzlardan biri de Maniyerizm'di ("stil" veya "şıklık" anlamına gelen İtalyanca *maiera* kelimesinden gelir). Yüksek Rönesans'ın simetri ve uyumuna karşı bir tepki olarak doğan bu akımı bazıları eleştirmiş olsa da, aslında Maniyerizm ilhamını Yüksek Rönesans figürlerinin genç sanatçılar için yarattığı olanaklardan almıştır.

Rönesans sanatçıları doğayı inceliyor ve gözlemliyorlardı ama Maniyeristler ilhamı ve modellerini başka sanat eserlerinden alıyordu. İnsan bedenini genellikle abartılı, iyice eğilip bükülmüş halde, kışkırtıcı ve beklenmedik pozisyonlarda tasvir ediyorlardı. Bu akım denge ve simetriyle ilgilenmiyordu; bu tarzda ortaya konan resimler kalabalık ve tutarsızdı. Maniyeristler ayrıca Rönesans sanatının en önemli unsurlarından biri olan oranı da reddediyordu. Sanat eserinde ifade edileni anlamak bazen daha da zor oluyordu. Bu akımın etkisinde ortaya konan eserler, birbirine sıkı sıkıya bağlı, entelektüel bir elit gruba yönelik olarak yapılmış gibi görünüyor ve belki de aslında kimse ondan bir anlam çıkarmanızı beklemiyordu.

Maniyerizm her ne kadar öncelikle resim ve heykelde ifade bulmuş olsa da mimari bakımdan örneklerine arada sırada rastlamak mümkündür, buna Caprarola'daki Villa Farnese örnek olarak gösterilebilir. Yapıda Yüksek Rönesans'ın süsleme özelliklerinden kesinlikle kaçınılmış, bunun yerine görsel etki yaratmak için sade ve zarif çizgiler kullanılmıştır.

Sanatçıların Toplumdaki Yeri

Maniyerizm'deki elit yapının bir kısmı sanatçıların bizzat toplum içinde yeni bir yer edinmelerinden kaynaklanır. Rönesans'ın ardından, artık ressamlar, heykeltıraşlar ve mimarlar büyük oranda birer zanaatkâr olarak değerlendirilirken, sanatçılar âlimler ve hümanistler arasında görülmeye başlamıştı.

ANDREA PALLADIO

Sanatsal Disiplin

Tüm zamanların en etkili mimarlarından biri olan Andrea Palladio (1508-1580) genel anlamda ilk modern mimar olarak görülmektedir. Bunun sebebi, onun başka yan projelerle ilgilenmeksizin, tam zamanlı olarak mimarlıkla uğraşan ilk kişi olmasıydı. Diğer tüm Rönesans figürleri birçok disiplin üzerinde aynı anda çalışıyordu (Leonardo, başladığı bir projeyi yıllar sonra bitirmesiyle kötü nam salmıştır). Ancak Palladio'dan sonra mimarlık bir iş olarak görülmeye başlamıştır.

Palladio, Padua'da bir taş ustası olarak yetişmişti. Çalışmaları varlıklı bir entelektüel sanat hamisi olan Gian Giorgio Trissino'nun dikkatini çekmişti. Palladio'nun gerçek bir hümanist eğitimden geçmesini isteyen Trissino onu antik anıtları incelemesi ve Vitruvius'unkiler gibi klasik mimari üzerine yazılmış metinleri ve Alberti'ninkiler gibi modern çalışmaları okuyabilmesi için Roma'ya gönderdi.

Palladio Roma'da özellikle antik dönem mimarları tarafından kullanılan oranlardan etkilenmişti. Bu oranlar onun eserleri üzerinde büyük bir etki yaratacaktı. Kiliselerden kamu binalarına ve çiftlik evlerine kadar her türde yapı inşa etti. Aklında hep kırsalda, şehir hayatından uzak, sakin bir dinlence yeri yaratma fikri vardı ki bu da Rönesans'ın idealinde olan önemli bir kavramdı. Tasarladığı bu kır evlerini Venedik'in kuzeyinde yer alan ve Veneto adı verilen bölgede inşa etmişti. Bu evler genellikle Venedikli bir soylunun oğluna ait olan ve onun tarafından işletilen çiftliklerdi.

Palladio'nun *Mimarlık Üzerine Dört Kitap*'ı

Palladio'nun *Mimarlık Üzerine Dört Kitap*'ı, biçimsel bir uygulama ve disiplin olarak mimari üzerine yazılmış resimli bir ilmi eserdir. Palladio kitaplarında klasik düzenlerden, şehir planlamacılığına ve tapınak inşasına kadar birçok konu üzerine eğilmiştir. Roma yapılarında kemerlerin, köprülerin ve hamamların inşa prensiplerini ele almıştır. Ayrıca antik metinlerden yola çıkarak Roma ev mimarisinin neye benzediğini tasavvur etmeye de çalışmıştır.

Mimaride Oranlar

Palladio mimari bakımdan Alberti'nin halefi olarak görülür. Alberti belli oranların zihnimizde hoş bir algı yaratmasını, bize bir şeyin özellikle güzel görünmesini veya kulağımıza hitap etmesini sağladığını söylüyordu ve bu kavram Palladio'yu büyülemişti. Sonuç olarak, planlarında daima tam sayılı oranlar kullanıyordu. Bunları daha sonra mimaride uyum hissi doğuracak, sağlam bir orantı sistemine oturtuyordu. İnşa ettiği yapılarda elverişlilik ve pratikliği vurgulamakla birlikte mimarinin memnuniyet ve haz vermesinin önemli olduğunu düşünüyordu. Eserlerindeki bu unsur, gelecek yüzyılların mimarisi üzerinde etkili olmuştur.

Mimaride Bir Biçem Olarak Müzik

Palladio gibi yenilikçi mimarlar müziğin düzenlenişinden çok etkilenmişlerdir. Müziğin kulağa hoş gelebilmesi için müzik notalarının aralıklar ve oranlarla harmanlanması gerekir. Eğer bu aralıklardan uzaklaşırsanız müzik de ahenksiz duyulur. Buradan da müzik notalarının kulağa hoş gelebilmesi için belirli bir bağıntı veya orana sadık kalmaları gerektiği çıkar. Palladio da mimaride uyumlu oranların kullanılmasının bir yapının, bir müzik eseri kadar güzel görünmesini sağlayacağına inanıyordu.

Vicenza Bazilikası

Palladio'nun mimari eserlerinin çoğu Vicenza'da ya da civarındaki bölgelerdedir. Palladio, klasisizm öğretisinden gelme olmasına rağmen genellikle fazlasıyla lüks olmayan, daha mütevazı materyaller kullanmıştır. Simetriyi yakalamak için ise merkezi bir holün etrafına yerleştirilmiş oda grupları tasarlanmıştır.

Palladio 1549 yılında tadilat yaparak Vicenza bazilikasını yeniden biçimlendirdi. Ortaçağ şehirlerine has bu yapıyı sıra kemerli, iki katlı bir yapıya dönüştürdü. Geniş kolonlarla desteklenen harici kemerler tasarladıktan sonra büyük olanların iç kısmına daha küçük kolonlar ekledi. Kolonların üzerindeki kiriş düzdü fakat aralarında kalan geniş orta alan kemerliydi. Böylelikle kapı boşlukları, ana kapı ve onun her iki yanında görülen kolonlarla bölünen iki adet dar girişle yapı üç bölüme ayrılmıştı. Palladio bu düzeni birçok tasarımında kullanmıştır. Çok büyük popülerlik kazanan bu tasarım, Palladio motifi olarak tanınmış ve her yerde kopyalanmıştır.

Bu bazilikadaki pencere açıklıkları da üç bölmeliydi. Günümüzde tipik Palladyan pencereler iki adet kare açıklık ve bunların ortasında yer alan uzun bir kemerli pencereden oluşmaktadır.

Teatro Olimpico

Vicenza'daki Teatro Olimpico (1580) bir Klasik Yunan veya Roma tiyatrosundan esinlenilerek tasarlanmıştır. Oturma yerleri sıralar halinde düzenlenmiştir ve nal şekli oluşturur. Palladio'nun planladığı en etkili şeylerden biri de, sahneye sabit ve üzeri resimlendirilmiş bir arka plan yerleştirmesidir. Bir şehir meydanının ve birkaç sokağın görüldüğü resimde kullanılan suni perspektif, üç boyutlu bir etki yaratıyordu. Tüm tiyatrolar ve opera salonlarında tercih edilen bir prototip haline gelen bu tasarım, bugün de halen kullanılmaktadır. Teatro Olimpico'nun iç tavanı da gökyüzüne benzeyecek şekilde resimlendirilmiştir.

Villa Barbaro

Maser'deki Villa Barbaro (1555-1559) bir centilmenin çiftliği olarak işlev gösteren bir kır evidir. Ana planı asimetriktir. Ana yaşam alanının her iki yanında, en uçta hafif süslü yapılar bulunur. Bu yapılar evin ana bölümüne sıra kemerlerle bağlanmıştır. Pencerelerden manzaranın görülebilmesi için bina hafifçe yükseltilmiştir. Palladio tüm çiftlik malzeme ve stoklarını tek bir yerde toplamak üzere bir alan da yaratmıştır. Burası stok malzemelerinin, samanların ve besi hayvanları için gereken tüm tedarikin depolanabildiği bir alandır. Harman dövmek için bir yer bile mevcuttur.

Villanın bol ışık alan ve rengârenk freskolarla süslenmiş odaları çok hoştur. Duvarların üzerini beşik tonozlu tavanlar örter. Sütunlar ve alınlıklar gibi klasik özellikler de bulunur hatta bir odada balkon vardır.

Bu villa şahsa ait bir mesken olmasına rağmen dış cephesi önemli bir kamu binasına has özellikler taşımaktadır. Palladio, önceleri sadece tapınaklarda kullanılmış olan sütunlar ve alınlık gibi özelliklere yer vermiştir. Bu tarz büyük bir etki yaratmıştır ve bugün bile evlerde kullanılmaktadır. Bilim insanları Palladio'nun sütunlu girişle birlikte getirdiği yeniliklerin, Vitruvius'un megaronun tarihçesinden bahsederken aktardığı bilgiler hakkında bir kafa karışıklığı yaşamasının getirdiği bir şey olabileceğini düşünüyorlar. Palladio megaronun ne olduğunu bilmiyordu, bu yüzden de eserde anlatılanları, Yunan evlerinin Yunan tapınaklarına benzediği şeklinde yorumlamış olabilir.

Palladio'nun İngiliz Mimarisi Üzerindeki Etkileri

Daha sonraki dönemlerde yaşamış İngiliz tasarımcılar özellikle Palladio'nun eserlerinden ve yazılarından çok etkilendiler. Kendi eserleriyle önceden yapılmış Roma yapılarının tasvirlerini yan yana koyarak kıyaslamasıyla Palladio, onları kendine hayran bırakmıştı. Ayrıca sütunlar, alınlıklar ve aynı zamanda deniztarakları ve masklar kullanmış olmasından da etkilenmişlerdi. 1700'lerde Britanyalı tasarımcılar bu tarzda bir anlayışı, klasik bir İngiliz stili oluşturmak üzere kullanmışlardı. İç mekânlara zengin süslemeler eklemek suretiyle, Palladio stili üzerine bir varyasyon yaratmışlardı.

Palladio'nun Amerikan Mimarisi Üzerindeki Etkisi

Palladio'nun eserleri genellikle denizaşırı yerlerde bulunduğundan, Amerikalılar bunları hiç görmemişlerdi. Ama elbette onun kitaplarını okuyabiliyorlardı. Palladio'nun çizimlerinin, daha önce yayınlanmış her şeyin tam tersine çok net ve anlaşılır olması büyük bir etki yaratmıştır.

Palladio ayrıca düzenleri ve bunların her birine has saçaklıkları çok detaylı şekilde açıklamıştır. Onun portikosu, özellikle de alınlıklı ve iki katlı varyasyonları, birçok Amerikan binasında en sevilen öğe olarak kullanılmıştır. Antik tapınaklarda kullanılmış olan bu öğeler, plantasyon evlerinde ve Washington'daki Yüce Mahkeme binası gibi yapılar da dahil olmak üzere görkemli yapılarda görülmeye başlamıştır. Beş bölümlü evler, Maryland ve Virginia'da çok popüler olmuştur. Bu evlerin genellikle, merkezi iki katlı, kanatları ise tek katlı oluyordu. Jefferson, Palladio'nun eserlerine bayılıyor ve birçok yerde ona övgüler yağdırıyordu. Ayrıca, Monticello'yu inşa ederken Palladio'nun prensiplerinden bazılarını kullanmıştı.

KOLOMB ÖNCESİ AMERİKA

Yeni Dünyanın Girift Medeniyetleri

Avrupalılar 1492'de Amerika kıtasına ayak basmadan önce orada yaşayan halk ve medeniyetler için "Kolomb öncesi" terimi kullanılır. Bu toplumların bazıları şehir devletleri, yol sistemleri ve etkili inşaat gelenekleriyle oldukça gelişmiş toplumlardı. Bu alanlarda kaydedilmiş olan başarılar, bölgenin fiziki coğrafyası göz önüne alındığında daha da önem kazanır. Karlarla kaplı dağlar, tropik ormanlar, çöl vadileri ve sahil şeritlerinden oluşan bu bölge, bir ekolojik sistemler kompleksinden oluşuyordu. Arazi ve kaynakların çeşitliliğine rağmen Kolomb öncesi Amerikalılar ileri düzey inşaat yöntemleri geliştirmiştir. İnkalar öylesine yöntemler ve şehir planlama teknikleri kullanmışlardır ki doğrusu bunlar Romalılarınkilerle kıyaslana gelmiştir.

İnkalar

Bugün Peru şehrinin yer aldığı bölgede, 1430 yılında kurulmuş olan Cuzco şehri İnka medeniyetinin merkeziydi. Büyük hükümdar Pachacuti ve oğlu, bir şehir devleti kurduktan sonra iktidara geldikleri zamana göre üç katı büyüklükte bir imparatorluk oluşturana dek hiç durmadan komşu bölgeleri fethetmişlerdi. 1480'lere gelindiğinde İnka İmparatorluğu öylesine büyümüştü ki Güney Amerika'nın tüm batı sahilini boylu boyunca kaplıyordu.

And Dağları'nın merkezine oturan İnka İmparatorluğu, şu anda Ekvador, Bolivya, Şili ve Kolombiya'nın bulunduğu daha geniş alanlara doğru yayılmıştı. Böyle geniş bir imparatorluk söz konusu olunca, doğal malzeme ve kaynaklar bakımından da çok büyük çeşitlilik mevcuttu ve İnkalar bundan sonuna kadar yararlanmak konusunda birer dâhiydi. Çiftçiler, dik dağ yamaçlarını oyarak teraslı tarım alanları oluşturuyor ve buralara soğuk hava koşullarına dayanıklı kök sebzeler ekiyorlardı. Seyahat etmek ve iletişimi sağlamak için kullanılan lamalar için dağların dorukları üzerinde otlaklar açıyorlardı. Vadilerin verimliliğinden yararlanarak, sıradağların aralarına mısır ve fasulye tarlaları yapmışlardı. Kabak, domates ve meyve gibi sıcak havada yetişen ürünleri daha iç bölgelerde yer alan tropik iklime sahip alanlara ekiyorlardı. Sahil kenarında yaşayan halk ise balık ve yabani hayvanları avlıyorlardı.

Kasaba ve şehir merkezleri daha çok vadilerin içindeydi. İmparatorluk, Sapa Inca adı verilen imparatorun hükmü altındaki katı bir hiyerarşiden oluşuyordu. Yüce hükümdar sadece bir kral olmaktan çok ötedeydi, o "güneşin oğluydu". İmparatorluğunu teftiş etmek için sık sık seyahatlere çıkar ve tebaasının sadakatini iki kez kontrol ederdi. Sapa Inca geldiğinde, herkesin ayakkabılarını çıkarıp sırtlarına bir bohça ya da taşıması zor bir şeyler alarak ona karşı tevazularını göstermeleri beklenirdi.

Soylular, İnka hiyerarşisinde ikinci derecede önem taşıyan gruptu. İmparatorun çocukları, rahipler, yargıçlar ve ordu subayları soylu sınıfa dahildi. Onlardan sonra çiftçiler, işçiler ve zanaatkârlar geliyordu. Saydığımız bu son sınıf çok çalışır ve yurt içinde yerine getirilmesi gereken görevleri paylaşmak üzere bir araya gelen, birbirine kenetlenmiş topluluklar kurarlardı. *Ayllus* adı verilen bu grupların hepsi birer aile gibiydi.

İnka Tanrıları

Tanrılara tapınmak için inşa edilen tapınaklar arasında, Yaratıcı Viracocha için yapılanlar en fazla öneme sahipti. İnti güneş tanrısıydı ve Sapa Inca'nın babası olarak saygı görüyordu. Inti, kız kardeşi Mama Quilla (veya Mama Killa) ile yani ay ile evliydi. Pachamama toprak tanrıçasıydı, Illapa ise gök gürültüsü, şimşek ve yağmur fırtınalarına hükmeden iklim tanrısıydı. Her şehrin ortasında Inti'ye adanmış bir tapınak bulunurdu. Tanrıları onurlandırmak üzere yapılan kurban etme törenleri, tapınma ritüellerinin önemli bir kısmını oluşturuyordu. İnka tapınakları göz alıcı olmakla birlikte esasen sadeydi ve birbirlerine çok benziyordu. Harç kullanılmaksızın taş blokların üst üste dizilmesiyle inşa ediliyorlardı. Hepsi dikdörtgendi ve ahşaptan veya sazdan çatıları olurdu.

Machu Picchu

Machu Picchu, İnka kalıntıları arasında en ünlü sit alanıdır, bunun sebebi nispeten hiç bozulmamış halde kalmış olan tek yer olmasıdır. İnka İmparatorluğu'nu fetheden İspanyol fatihler buradaki yapıları pek el değmeden bırakmak gibi bir politika gütmediklerinden, Machu Picchu'yu görmemiş olma ihtimalleri yüksek. Bugün bölgeye gelen turistler açısından da popüler olan İnka Yolu'nu takip ederek ulaşılan Machu Picchu, And Dağları'nda, yaklaşık 2360 metre yüksekte bir alana kurulmuş olup Cuzco'nın yaklaşık 80 km kuzeybatısındadır. Geniş bir saray kompleksi şeklinde tasarlanmış olduğundan, arkeologlar buranın elit kesim için bir kaçış yeri olarak kullanıldığına inanıyorlar. Harabeleri incelediğimizde anladığımıza göre, burada biraz sıkışık bir nizamda olmak şartıyla 1000 kişiyi barındırabilecek alan mevcuttu. Bu insanlar muhtemelen krallar, rahipler ve tapınak bakireleri gibi kişilerdi.

Saraylar ve tapınaklar gibi büyük yapılar, alanın en üst kısmına inşa edilmişti. Binalar beyaz granit ve taştan yapılıyordu. Prenses'in Sarayı, güzelce yontulmuş taşlardan yapılmış iki katlı bir binadır. Üç Pencere Tapınağı adı verilen bir tapınak ise, ikizkenar yamuk şeklinde yapılmış üç adet penceresiyle birlikte, 10 metre uzunluğunda ve 13 metre genişliğinde bir yapıdır. Plazalara, meskenlerin yoğun olduğu alanlara ve kompleks dahilindeki mezarlığa binlerce basamakla ulaşılmaktadır, ana giriş ise doğrudan İnka Yolu'na doğru uzanır. Bilim insanları, 40 km'den daha uzun olan İnka Yolu'nun, Machu Picchu için özel olarak inşa edildiğini ve amacının kendilerini bekleyen kutsal deneyime hazırlanmaları için ziyaretçilere bir şans tanımak olduğuna inanıyorlar. Bu yol yayan olarak 4 günde kat edilebiliyor. Doğu ve batı tarafında, basamaklandırılmış tarım terasları görülüyor. Bu kadar yükseğe su taşımak da kesinlikle kolay değildi bu yüzden su, yerleşim yerine bir su kemeri sistemiyle getiriliyordu. En fazla saygı gören anıtlardan biri de güneş saati olarak işlev gösteren büyük bir oyma taştır. Intihuatana adı verilen bu taş, "güneşin bağlandığı direk" anlamına gelmektedir.

İnka Yolları

İnka İmparatorluğu'nun yol sistemi antik dünyanın en etkileyici örneklerinden biridir. Büyük bir kısmı taş döşenmiş olan bu yollar yaklaşık 40.000 km uzunluğundaydı. Bu köprü ve yollar, iki lamanın yan yana geçebileceği genişlikteydi. Biri sahilden, diğeri ise dağlık araziden geçen, iki adet paralel anayol bulunuyordu. Bu yollar daima yolcularla dolu olurdu. Çok sayıda nehir vadisinin bulunması yol yapımını zorlaştırıyordu. İnkalar bu falezlerin üzerinden geçmek için kamışları örüyor ve bunu iki ucundan taş bir platforma bağlayarak köprüler yapıyorlardı. Bu köprülerin sağlam ve emniyetli olduğunu kontrol etmek ve gereken tadilatları yapmak üzere düzenli olarak denetçiler gönderiliyordu.

İnka Evleri

En sade ve sıradan evler kil tuğla, taş ve kerpiçten yapılıyordu. Bunlar, iç mekânı ısıtmak için kullanılan tek bir ocak ve sazlık çatıdan oluşan sade yapılardı. Bu evlerin tipik olarak, bir kumaş parçasıyla örtülen tek bir girişi ve bazen de küçük ve yüksekte kalan bir penceresi olurdu. Kilden yapılmış olan ocak, soğuk havalarda içeriyi ısıtırdı ama evlerde baca yoktu, bu yüzden de duman, pencere veya çatıdan dışarı çıkardı. Mobilyalar da sadeydi; genellikle taştan bir bank, bir şeyler koymak için nişler ve bir şeyler asmak için taştan mandallar olurdu. Yıkama işleri, tüm şehri taş bir kanal vasıtasıyla dolaşan soğuk kaynak suyu ile yapılıyordu.

Yönetim binaları genellikle, şekillendirilmiş granit blokların harç olmaksızın üst üste dizilmesiyle yapılıyordu. Bu zekice getirilmiş bir yenilikti, zira herhangi bir depremde binalar sallandığında, tuğlaların düzgünce yerine oturması ihtimalini artırıyordu. İnşaatçılar bu blokları küçük çekiçler ve bronz keskiler kullanarak elleriyle şekillendiriyorlardı.

Aztekler

Aztekler 13. yüzyılda Meksika Vadisi'nde yaşamışlardır. Başkentleri Tenochtitlán'ın kalıntıları bugünkü Mexico City'nin altındadır. Aztek İmparatorluğu yükseliş dönemini yaşadığı dönemde, bugünkü Meksika'nın kuzeyinden Guatemala ve El Salvador'a dek uzanıyordu.

Tenochtitlán esasen bir dizi adadan oluşuyordu ama Aztekler adaların arasında kalan alanları toprakla doldurmuşlardı. Şehir ızgara şeklinde düzenlenmiş ve birbirlerine dört adet uzun yolla bağlanan dört bölüme ayrılmıştı. Bu bölümlerin tam ortasında, eğlence alanlarında sosyal toplantılar düzenlemek, kültürel ve dini ritüellere katılmak, piramit ve tapınaklarda ibadet etmek için kullanılan büyük bir meydan bulunuyordu. Şehrin "Ölüler Yolu" adı verilen, en geniş ana caddesi sayesinde her yere ulaşılabiliyordu.

Aztekler'in insan kurban etmek de dahil olmak üzere birçok ritüeli vardı ve kimse bu kurban etme ritüelini unutmasın diye kafatasları dizi halinde meydanın ortasında sergilenirdi. Dini yaşamın merkezi, içinde tanrılara adanmış sunaklar, tapınaklar ve insan kurban etmek için alanların bulunduğu piramitti. Dini ibadet şekilleri, kurbanların kalbinin çıkartılıp daha hâlâ atarken tanrılara sunulması gibi şeylerden oluşuyordu. Aztekler kil tuğlarla ve kireçtaşıyla Güneş Piramidini ve Ay Piramidini inşa etmişlerdi. Yüksekliği 65 metreyi bulan ve taban ölçüleri 110x130 metre olan Güneş Piramidi, Kolomb öncesi Amerikan yerlileri tarafından inşa edilmiş büyük yapılardan biridir. Ölüler Yolu boyunca uzanan şehrin merkezine inşa edilmiş olan bu piramit, Tenochtitlán şehrinin manzarasında egemendi. Aztek bina şekillerinde ve binaların şehir planı çerçevesinde konumlandırılış biçimlerinde en etkili faktör dini sembolizmalardı. Piramit şeklinin kullanılması, kutsal bir dağı temsil etme amacı taşıyordu. Güneş Piramidi tanrıların dünyaları yarattığı yer olduğuna inanılan, geniş bir mağaranın üzerine inşa edilmişti. Ay Tapınağı ise Ölüler Yolu'nun kuzey ucuna inşa edilmişti ve 45 metre yüksekliğinde daha küçük bir tapınaktı. Sanki yedi farklı piramit birbirinin üzerine dizilmiş gibi, katmanlar halinde yapılmıştı.

Mayalar

Son derece düzenli bir yazı ve tarih kaydı sistemi geliştirmeleri dolayısıyla Mayalar hakkında birçok bilgiye sahibiz. Maya uygarlığı bugünkü Guatemala'nın yer aldığı bölgede yerleşikti. Bu bölge tüm Kolomb öncesi uygarlıklara ait birçok şehri ve bağımsız devletleri barındırmıştır. Bunlar arasında 60.000 nüfusuyla en etkileyici olanı, Tikal şehridir.

Tikal, Büyük Meydan adı verilen geniş ve açıklık bir alanı merkez alarak kurulmuştu. En önemli yapı ve anıtlar bu kamusal alanın etrafına konumlandırılmıştır. Tikal'in Kuzey Akropolü, Büyük Meydan'ın kuzey ucuna kısa mesafe arayla kurulmuş bir grup piramitten oluşur. Bu alanda ayrıca, yerden göğe doğru yükselen anıtsal levhalar olan, üzeri yazılı dikilitaşlar bulunur. Şehrin kalabalık merkezine taş saray ve tapınaklar hâkimdir. Şehrin dışında yer alan evler, hem boyut hem de kullanılan malzemeler bakımından daha mütevazıdır. Bu ufak yapılar genellikle ağaç ve sazdan yapılıyor, birbirlerine çok yakın şekilde konumlandırılıyordu.

16. yüzyılın sonlarında, İspanyollar Latin Amerika'yı fetih seferlerine başlayarak Kolomb öncesi Amerika'yı çabucak fethettiler. Yöreye özgü kültürler ve onların bina inşa yöntemleri de silinip gitti, bunların yerini Avrupalıların kültür ve yöntemleri aldı.

BAROK STİLİ

Dramatizmin Gücü

Barok, bir dramatizm ve enerji hissiyle karakterize edilir. Bu akım Roma'da, Protestan Reformu'na karşı bir tepki olarak, Rönesans sonrasında başlamıştır. O zamanlar Katolik Kilisesi birçok sanat ve mimari eser siparişinde bulunuyordu. Kilise varlıklı ve güçlü olmasına rağmen Martin Luther ve John Calvin gibi reformcular onun etik ve teolojik temellerini sorguluyorlardı. Varlıklı kilise mensuplarından gelen bağışlar, ceplerini doldurup dünyevi yaşamlar süren kilise liderleri tarafından istismar ediliyordu (örneğin, Papa VI. Alexander'ın, görev yaptığı süre aralarında Lucrezia Borgia ve erkek kardeşi Cesare da olmak üzere dokuz tane çocuğu vardı).

Kilise günahların affına ve endüljansa karşılık genellikle astronomik rakamlar talep ederek kendine ek fonlar yaratıyordu. Reformcular için daha da önemlisi, böyle bir uygulamanın, kilisenin Tanrı rolü üstlenerek günahları affetme gücü ve yetkisi olduğunu ima etmesiydi. Bu derin yozlaşmanın ateşlendirdiği Alman bir keşiş olan Martin Luther, 1517'de Almanya'nın Wittenberg şehrindeki Tüm Azizler Kilisesi'nin kapısına bir bildiri asmıştı. Bu bildiride, ne Papa ne de Katolik hiyerarşisi tarafından kabul edilebilecek, doksan dokuz "tez" veya Katolik Kilisesi hakkında savlar bulunuyordu.

Katolik Kilisesi gitgide sayıları artan muhalifler karşısında çaresizdi. Karşıt fikirlileri tespit ederek onları kâfir ilan edip ibret olsun diye toplumun gözü önünde cezalandırmanın artık işe yaramayacağını fark etmişlerdi. Toplumun gözündeki imajları yerlerde sürünüyordu ve bunu değiştirebilmeleri için de olumlu, halk ve kent odaklı bir şeyler yapmaları gerekiyordu. Kendilerine yeniden çekidüzen vermek ve halkı kiliseye dönmeye teşvik etmek üzere izledikleri programa Katolik Karşı Reformu denir.

Trento Konsili

1545 ve 1563 yılları arasında oturumlar düzenleyen Trento Konsili, Katolik Karşı Reformu'nun en önemli öğesiydi. Konsil piskopos ve ilahiyatçılardan oluşuyordu. Amacı, kilise liderlerinin ahlak ve etiğini yeniden tasdik etmek ve kilisenin takipçileri tarafından paylaşılan öğretiyi tanımlamak suretiyle Hıristiyanlar arasında barışı tesis etmekti. Konsil ürettiği kuram ve politikalarla Barok yapı patlamasını teşvik etmiştir.

Sanatta Dramatizasyon

Barok stili, Katolik inanışlarını aşırı derecede teatral bir şekilde desteklemiştir. Barok mimarisi, tüm formlarına dramatizm katmak amacıyla, *chiaroscuro* adı verilen karanlık ve aydınlık arasındaki zıtlığı vurgulamıştır. Barok yapılar, eğri çizgiler, konkavlar ve oval şekiller kullanmak suretiyle, dokuları ve girift kısımları ön plana çıkartan optik yanılsamalar yaratır. Tavanlar resimlidir, duvarlar varaklıdır. Duvarlara bakanlar, bazen onları hareket ediyormuş gibi görür. Heykel, resim ve mimari şehevidir.

BAROK STİLİNİN ÖZELLİKLERİ

- Duvar ve tavanları süsleyen, genellikle optik yanılsamalar barındıran bol sayıda dramatik resim
- Sarmal sütunlar
- İhtişamı ve açıklığı vurgulayan büyük ve geniş bir alanı kaplayan merdivenler
- Kubbeler
- Uzun, eğrilerden oluşan formlar
- Girift şekiller

Gianlorenzo Bernini

Roma'daki Aziz Petrus Bazilikası Hıristiyanlık açısından çok büyük bir anlam ve önem taşır, ayrıca burası Katolik inancının merkezi olarak görülür. Bu yapıyı ziyaret etmek üzere dünyanın her yerinden ziyaretçiler gelir. V. Sixtus papa olduğunda, binanın yeniden inşası planı da duraklamış durumdaydı. Michelangelo kubbe üzerinde çalışmış ama ölümü üzerine inşaat süreci durmuştu. Papa V. Sixtus, inşaatın devam etmesine ve yapının önünde yer alan ve 12 metre uzunluğunda bir Mısır obeliskinin bulunduğu meydanın da yeniden düzenlenmesine karar verdi. Papa V. Sixtus öldükten sonra, kubbe en sonunda 1626 yılında takdis edilene dek proje üzerinde başka birçok mimar çalıştı. 1629 yılında, heykel, mimari ve şehir planlaması konularında bir deha olan Gianlorenzo Bernini'den (1598-1680) yetkili mimar olarak çalışması istendi ve Bernini ölene dek bu mevkide kaldı.

Bernini'nin çalışmaları Roma'da Barok akımı üzerinde uzun yıllar etkili oldu. Aziz Pavlus Bazilikası'nın iç kısmı onun etkisine en iyi örnektir. Onun eseri olan, yaklaşık 3 metre yüksekliğinde bronz baldacchino, yani Pavlus'un mezarı olduğu varsayılan yerin üzerindeki nefin ortasındaki kalıcı kanopi, bugün görülebilecek en muhteşem yerlerden biridir.

Baldacchino İçin Bronz

Bernini baldacchino'yu, Barberini ailesinin güçlü bir mensubu olan VIII. Urban'ın papalığı sırasında tamamlamıştı. Yapı için çok miktarda bronz gerekmesi nedeniyle Bernini Papa'dan yardım almak için başvurmuş, o da Pantheon'un çatısındaki bronzların soyulmasını emretmiştir. "Barbarların yapamadığını Barberini yaptı" şeklindeki ünlü deyiş işte buradan gelmektedir.

Tüm dünyanın bildiği geniş bir meydan olan Aziz Petrus Meydanı'nı Bernini tasarlamıştır. Bu meydan, inançlıların papanın hayır dualarını dinlemek için toplandığı bir mekândır. Tam ortasında Vatikan obeliskinin bulunduğu oval bir bölüm ve kilisenin girişinde yer alan ikizkenar yamuk şeklinde bir bölümden oluşmaktadır. Bernini, meydanı 284 adet sütunla çevirmiş ve üzerlerine azizlerin heykellerini yerleştirmiştir. Sıra sütunlar iki devasa kol gibi uzanarak, Aziz Petrus'un mezarına saygılarını sunmak için gelen ziyaretçileri kucak açarak karşılar. Burası, 250.000 insanı alabilecek bir meydandır.

Bernini ayrıca Papa VI. Alexander için törensel bir merdiven olan Scala Regia'yı tasarlamıştı. Merdivenler yükseldikçe basamaklar daralır ki bu da sanki sonsuzluğa uzanıyorlarmış gibi bir yanılsama yaratmaktadır. Geçidin orta kısmında kalan sahanlık, gizli bir kaynaktan gelen ışıkla aydınlatılmaktadır. Bu, dramatik ve merak uyandıran bir etki yaratır.

Kültürel Ayrımlar

Barok akımı tüm Avrupa'ya yayılırken yöresel tarzları benimsemiştir. Genel olarak, Kuzey Avrupa'daki Barok stili, güneydekine göre daha gösterişsizdir ve teatral öğeler daha azdır. Özellikle İngiliz Baroğu daha sade ve ölçülüdür. İspanya ve Latin Amerika'daki yapılar heykel sayısının çok fazla olmasıyla ayırt edilirken Fransız Baroğu nispeten daha çekingen bir havadadır. Fransızlar, İtalya'da çok popüler olan kıvrımlı ve dışbükey şekiller yerine, öngörülebilir bir geometriye sahip, doğrusal bir yaklaşımı tercih etmişlerdir. Fransa'da benimsenen tarz, XIV. Louis'nin egemenliği altındaki katı siyasi sistemle uyumludur.

Louvre

XIV. Louis krallığın her kesiminde katı bir kontrol uyguluyordu, bu sebeple inşaat ve meslek loncaları da onun kontrolü altındaydı. Fransa'nın mutlak ihtişamını vurgulayan ulusal bir tarz üzerine odaklanacak bir akademi kurdu. O zamanlar bir saray olarak tasarlanmış olan Louvre yeniden inşa edildi. Esasen Bernini bir proje teklifinde bulunmuş ama projesi yeterince Fransızvari gözükmediği için reddedilmişti. Bernini'nin temel düşüncesi eğri eksenli bir duvar eklemekti.

Projeyi üstlenen üç kişi, yani ressam Charles Lebrun, mimar Louis Le Vau ve doktor Claude Perrault klasik simetriye bağlı kalan, daha sade bir yapı tasarladılar. Böylelikle 17. yüzyıl Fransız mimarisinin tarzını oluşturmuş oldular.

Louvre'un tüm pencerelerinin üzerinde ufak bir alınlık bulunur. Pencereler iki kat yüksekliğe kadar uzanan çift sütunlarla ayrılmıştır. Bu sütunlar hiç aralıksız olarak, binanın etrafını dönen saçaklığa bağlanır. Çatı, yapının uzunluğunu vurgulayan bir korkuluk, yani ayaklar tarafından desteklenen tırabzanlarla çevrilidir. Ortada yer alan süslü yapı Roma tapınaklarına benzer bir ön cepheye ve alınlığa sahiptir.

SÖR CHRISTOPHER WREN

Londra'yı Yeniden İnşa Etmek

Sör Christopher Wren (1632-1723), 17. yüzyıl İngiltere'sinin en seçkin mimarıdır. Westminster'da ve sonra Oxford Üniversitesi'nde eğitim gören Wren, özellikle matematik ve astronomi konularında özel bir yeteneğe sahip olan acemi bir mucitti. Daha birçok şeyle birlikte karanlıkta yazı yazabilmeyi sağlayan bir makine ve arıları iş başındayken gözlemleyebilmek için saydam bir arı kovanı icat etmiştir. Fizik ve mühendisliğe duyduğu ilgi onu mimarlığa yönlendirmeden önce, astronomi profesörü olarak Oxford Üniversitesi'ne atanmıştı. Oxford'da bir tiyatro, Cambridge'te bir şapel tasarlamak üzere görevlendirilmiştir. Daha sonra Paris'e seyahat etmiş ve orada Barok stiliyle tanışmıştır. Hem Fransız hem de İtalyan Barok stilleri ona büyük ilham olmuştur.

Royal Society

Wren, İngiliz düşünürlerden elit bir grubun oluşturduğu ve bugün de gelişerek büyümeye devam eden bir örgütün kurucularındandır. Royal Society (Kraliyet Derneği) Kral II. Charles'ın himayesi altında 1660 yılında bir grup doğa felsefesi düşünürü tarafından kurulmuştu. Bu dernek günümüzde de bilimsel konferanslara sponsorluk yapmakta ve akademik tartışmaların yapılabildiği mecralar sağlamaktadır.

Büyük Londra Yangını

1666'da çıkan bir yangınla Londra şehrinin büyük bir kısmı mahvolmuştu. Yangın Londra Köprüsü'nün yakınında, bir fırıncıya ait olan bir evde başlamıştı. Ancak çabucak şehrin diğer bölümlerine de yayılarak, yanıcı malzemelerle dolu antrepolara sıçramıştı. O zamanlar Londra dar sokakları ve ahşap evleriyle ortaçağa özgü şehir havasını koruyordu. Rüzgâr alevleri zift kaplı çatılarıyla bitişik nizam yapılmış evlerin olduğu sokaklara taşıdı.

Yangın birkaç gün boyunca söndürülemedi. Nihayet söndürülebildiğinde ise 13.000 ev, yaklaşık 90 kilise ve Aziz Pavlus Katedrali de dahil olmak üzere şehrin simgesi olan birçok yapı yok olmuştu. Şehrin yeniden tasarlanması görevi Christopher Wren'e verildi. Çizdiği projeler elliden fazla kiliseyi, kraliyet komisyonlarını, üniversiteleri ve katedralleri kapsıyordu. Çizdiği ilk planlar, Londra halkına göre fazlasıyla devrimsel nitelikte olduğundan, bunları rafa kaldırmak zorunda kaldı. Londralılar İngiliz katedrallerinin geleneğine bağlı kalmak istiyorlardı. Tasarımlarının kapsamını biraz daraltan Wren, 1669 yılında Kraliyet Eserleri Müfettişliği görevine getirildi, bu da ülkede yönetim tarafından yaptırılan tüm binaların, onun onayıyla yapıldığı anlamına geliyordu. 1673 yılında kendisine şövalye unvanı verildi.

Wren'in İngiliz Baroğu

Christopher Wren, İngiltere'deki Barok stilinin başlıca yorumcularından biri haline geldi ama onun Barok yorumu Avrupa'nın güney kesimlerinde görülen üsluptan daha farklıydı. İngiliz Barok üslubu daha ölçülü, Protestan ve klasik anlayışla bariz şekilde ilintiliydi.

Wren sık sık Grinling Gibbons'ı (1648-1721) yapıların iç süsleme ve dekorasyonu için görevlendiriyordu. Bir ağaç oymacısı olan Gibbons, doğadan ilham alarak ahşaba çok zarif çiçekler, küçük hayvanlar ve keruvlar (kanatlı doğaüstü varlıklar ve bunların tasvirlerine verilen addır) işliyordu. Gibbons ıhlamur ağacından oyulmuş bir koro paravanı eklemek suretiyle, koro yeri üzerinde de çalışmıştır.

Aziz Pavlus Katedrali (Sen Paul Katedrali)

Londra'daki eski Aziz Pavlus Katedrali Latin haçı planıyla yapılmış Gotik bir yapıydı. Wren ilk olarak planı Yunan haçı düzeninde merkezileştirilmiş bir yapı olarak değiştirmek istedi ama bu fikri reddedildi. Protestan kilise liderleri, oldukça uzun bir nefi olan, boylamsal bir plan uygulanmasında ısrarcı oldular. Wren en sonunda yeniden, teknik olarak bir nef ve koridordan oluşan bir düzenden ibaret bir teklif götürdü ama bunun tam olarak istenilen tarzda bir şey olduğu pek söylenemezdi. Bu yeni planında yalnızca, nefi koro yerinden biraz daha uzun yapmıştı ki bu da onun ilk olarak götürdüğü plana çok benzerdi.

En sonunda ortaya çıkan tasarım Louvre gibi yapılar da dahil olmak üzere, İtalyan Rönesans'ı yapıları, klasik düzenler ve erken dönem Hıristiyan bazilikası gibi birçok yapı stilinden ilham alıp bunların hepsini harmanlayan bir tasarımdır. 91 metre yüksekliğe, 34 metre çapıyla kubbesi Roma'daki Aziz Petrus'unkinden sonra gelir. Londra siluetinde egemen olacak bir yapı olarak yapılmıştır ve bugün bile gökdelenlerin içinde ön plana çıkar. Kubbe birbiri üzerine inşa edilmiş bir kubbeler sisteminden oluşur. Ana kubbe, kereste ve kurşundan yapılmıştır ve üzerinde, yapının içine gizlenmiş tuğla bir koninin üzerinde duran, taş bir fener bulunur. Bu koni, içte kalan küçük bir kubbenin üzerinde durmaktadır. Kubbenin iç kısmına, ziyaretçilerin çok aşağıda kalan zemine bakabilmeleri için bir yürüme yolu yapılmıştır. İç kubbe en iyi neften görülebilir.

Yapıda yer alan iki kule kesinlikle Barok üslubundadır. Yapının ana bölümünü iki taraftan destekleyen bu kulelerin, ikinci kat pencerelerinin üzerindeki çan kulelerinin ve alınlıkların hemen altında kıvrımlı duvarları ve ana kat üzerindeki pencereler üzerinde yuvarlak kemerleri vardır. Kulelerin arasındaki ön cephe, çifter korint sütunlarıyla iki katlıdır. İkinci kat sütunları süslü bir alınlığı destekler ve sütunların her bir katı ise bir saçaklığı desteklemektedir.

Yapı, koro yeri, nef ve koridorun üzerini kaplayan basık kubbelerden oluşmaktadır. Bu yassı kubbeler de gösterişli mozaiklerle süslenmiştir.

Inigo Jones

Çağdaşı Christopher Wren'in sık sık gölgesinde kalan Inigo Jones'tan bahsedelim biraz da. Jones, İngiltere'nin dikkate değer ilk mimarıydı ama aynı dönemde yaşayan birçok kişi gibi o da, aynı anda o kadar fazla sayıda şeyle ilgilenmiştir ki yaptığı bina tasarımları hak ettiği ilgiyi görememiştir. Jones, İtalyan Rönesans'ının klasisizmini Britanya'ya ilk getiren İngiliz'dir. Roma yapılarında kritik öneme sahip olan orantıları İngiltere'ye tanıtmış, Andrea Palladio'nun kuramları ve tasarımları onu büyülemiştir. I. James'in hükmü altında Kraliyet Eserleri Müfettişliği yapmış ve hiç şüphe götürmeyecek şekilde Paladyan tarzda olan Greenwich'teki Kraliçe'nin Evi'ni inşa ettirmiştir. Onun tarzı etkili olmadan önce İngiltere'de bu tip yapılar, Tudor tarzı denilen bir üslupta yapılıyordu (Tudor'lar eski bir hanedandır). Çatı olarak kafes kiriş kullanımı Jones ile başlar. Bu yenilikçi yapılarda merkez dikme kirişlerle desteklenir. Daha sonra bunun üzerine daha geniş bir çatı inşa edilir. Christopher Wren de Aziz Pavlus Katedrali'ni inşa ederken benzer bir yenilik getirmişti.

Jones'un yapılarında etki yaratan sadece dış görünüş değildir; o iç kısımları sütunlar, pencereler ve tavan freskoları ile süslemiştir, aynı zamanda İngiltere'de o güne dek hiç yapılmamış bir şey yaparak, kendi kendini destekleyen ilk spiral merdiveni de inşa etmiştir.

Onun Anıtı Eserleridir

Wren'in mezarı Aziz Pavlus Katedrali'ndedir ve mezar taşına Latince bir söz yazılmıştır: "Eğer onun anıtını arıyorsanız, etrafınıza bakın."

ROKOKO

Hafiflik, Aydınlık ve Lüks

Rokoko 18. yüzyılda Avrupa'da, yaklaşık 1700 ile 1775 yılları arasında gelişip büyümüş olan bir üsluptur. Rokoko'nun tamamen kendine has, bağımsız bir tarz mı yoksa yalnızca Barok üslubunun değişikliğe uğramış bir uzantısı mı olduğu konusunda tartışmalar halen sürmektedir. Sanat formu olarak Rokoko, konu aldığı, piknik yapan sevgililer ve Eroslar, romantik senaryolar içinde tasvir edilmiş tanrı ve tanrıçalar gibi öğelerle esprili ve hayalperest bir formdu. Rokoko Fransa'da iç mekân tasarımları için kullanılıyordu; Neoklasisizm'den gelen mimarlar, bu tarzı yapı inşa stili olarak abartılı buluyorlardı. Aslında, mizahi havasına rağmen Rokoko klasik düzenlerle oldukça bağlıydı. Rokoko tarzında üretilmiş sanat eserlerindeki imgeler de yine Yunan ve Roma geleneklerinden gelme unsurlardı. Rokoko mimarları zaman zaman XIV. Louis'nin yapısal kurallarına ve bundan doğan Barok tarzına tepki duyuyorlardı. Onlar daha rahat ve kişisel bir şeyler yaratmaya çalışıyorlardı. Bu mimarlar yapılara kıvrımları ve doğal motifleri, sarmalları, çiçek süslerini, aynaları ve altın yaldızlı duvar boyalarını getirdiler. Pencereler, tavanlar, duvarlar ve kapılar dahil olmak üzere her yerde süslemeler kullanılıyordu.

Rokoko Terimi Nereden Geliyor?

Rokoko terimi Fransızca taş ve kabuklarla yapılan işlemelere atfen kullanılan *rocaille* kelimesinden gelmektedir; bu motife Rococo tasarımlarda sıkça rastlanır.

ROKOKO'NUN ÖZELLİKLERİ

- Ana plan genellikle asimetriktir
- S ve C harfine benzeyen, eğrilerden oluşan formlar
- Oldukça stilize edilmiş akantus yaprağı
- Pastel renkler
- Mizahi öğeler

Barok ve Rokoko Ayrımı

Daha önce de söylediğimiz gibi, Rokoko genellikle Barok üslubun biraz değiştirilmiş hali olarak görülmektedir fakat sadece ondan çok daha rahat bir havaya sahiptir. Ancak bu iki üslubu birbirinden ayırt ederken birkaç önemli farkı unutmamak gerekir. Barok, katedraller ve kraliyet sarayları gibi önemli binalarda tercih edilen bir tarzdı. Rokoko, aristokratlara ait evler için daha uygun bir tarz olarak benimsenmiştir. Samimi ortamlarda, pastel renklerin kullanılması sebebiyle Rokoko genellikle daha fazla hafiflik ve aydınlık hissi verir. Barok üslupta ise devasa yapılar için çok koyu renkler kullanılır.

Salonlar

Rokoko tarzının özellikle daha uygun bulunduğu samimi ortamlardan biri de salonlardı. Salonlar 18. yüzyıl Fransız toplumu için şıklığın, tarzın merkeziydi. Bu salonlar genel olarak zeki, çekici, zengin ve tipik olarak 40'lı yaşlarında veya daha yaşlı kadınlar tarafından işletilirdi. İnsanlar bu mekânlara sanat ve kültür sohbetleri yapmak, yemek yemek ve müzik dinlemek için gelirlerdi. Rokoko stili, açık renge boyalı duvarlar, parıldayan varaklı rölyef desenleriyle bu sohbet mekânlarına ışıltılı bir canlılık katmıştır. Odanın her yerinde yansımalar oluşturan aynalar ise mekânda daha da havadar ve neşeli bir his yaratmaktadır. Duvarlarda meleksi Eroslar görülür.

Chinoiserie

Chinoiserie Asya'dan ilham alan dekoratif bir stildir. Çin'den ve Japonya'dan ithal edilen ipek ve porselen gibi egzotik mallar Avrupalı tasarımcıları çok etkiliyordu. Ejderhalar, pagoda gibi Çin'e has figürlerle kendi tasarımlarını oluşturmaya çalışıyorlardı. *Chinoiserie* kelimesi Fransızcada Çinli veya Çine ait anlamına gelen *chinois* kelimesinden gelmektedir.

Aydınlanma

18. yüzyıl Aydınlanma Çağı olarak bilinir. Bu dönemde, entelektüeller toplumun kiliseyle olan sıkı bağlarını sorgulamış, mantık ve akla dair her tür meseleyi irdelemişlerdir. Bu ruh hali bilimsel araştırmalara, insanların ve hükümetlerin kendilerini doğa fenomenine göre örgütlemelerinden başlayarak her şeyi laik çerçeveden incelemelerine ilham oldu. Fransız filozof Voltaire gibi kişiler otoriteyi sorgulayarak, dünyanın katı bir dini çerçeveden algılanmasına karşı çıktılar.

İnsanların değişen tavrı en sonunda Fransız ve Amerikan devrimlerine yol açtı. Böyle ciddi kaygılara sahip olan Aydınlanma taraftarları, Rokoko'yu da boş ve anlamsız bir şey olarak görmeye başladılar. Rokoko'nun o nüktedan ve ince zekâ ürünü imgeleri, içinde bulundukları ortama aykırı görünüyordu.

Rezidenz

Bazı düşünürler tarafından kınanmakla birlikte, Rokoko dekoratif bir üslup olarak tüm Avrupa'da gelişip büyümeye devam etti. Bir mimari üslup olarak Rokoko'ya dair en iyi örnekler Almanya'da görülür. Alman mimar Balthasar Neumann, Bavyara'da Rezidenz adı verilen ve aslen Piskoposluk Sarayı olan çok şatafatlı bir bina tasarlamıştır (1720-1744) (yapının iç kısmı 1780 yılında tamamlanmıştır). Bu yapı, saray mimarisinin öne çıkan örneklerindendir. Bu evde yaşayan Schönborn kontları çok varlıklı kimselerdi ve güzelliklerden hoşlanıyorlardı. Baştan sona ihtişamlı bir ev hayal etmişler ve evi dekore etmek üzere sanatçılardan oluşan bir ekibi tutmak için paralarını ve bağlantılarını kullanmışlardı. Almanya'nın önde gelen mimarları ve aynı şekilde en iyi heykeltıraş ve oymacıları projeye dahil edilmişti. Yapının, dünyadaki en büyük tavan freskosu olma özelliğini taşıyan devasa tavan freskosu, 18. yüzyılın en önemli fresko ressamı olan Giovanni Battista Tiepolo (1696-1770) tarafından tasarlanmıştır.

Çok uzun yan kanatları ve hemen girişte yer alan açık avlusuyla sarayın ana planı Versailles'ınkine benzer. Sütunlarda klasik düzenlerin yansımalarına rastlanmakla birlikte, alınlıkların yüzeyleri kıvrımlarla ve ince ince işlenmiş kabartmalarla doludur. Yapının geniş merdiveni iki kola ayrılıp, bir üst kata doğru yönünü değiştirmeden önce ilk kata doğru alçak uzun bir geçit oluşturur. Merdiven parmaklıkları ve tırabzan da tüm kıtaları, Apollon ve zodyakı tasvir eden heykellerle süslenmiştir.

Yapının tamamında pastel renkler, beyaz ve yaldız kullanılmıştır. İmparator Salonu adı verilen yapının ana salonunda, Barok ve Rokoko tarzlarında çok popüler olan bir form benimsenmiş olup oval şekilli bir tonozlu tavan kullanılmış ve salon iki katlı olarak tasarlanmıştır. Bu salonda mermere benzeyecek şekilde boyanmış stükko saçaklıklar bulunur. Geniş, üç boyutlu, yaldızlı, iki yandan eros kabartmaları tarafından tutuluyormuş gibi görünen stükko perdeleri, mekânın her iki ucunda dramatik etki yaratan birer çerçeve hizmeti görür. Tavanlarda ve duvarlarda öylesine çok süsleme vardır ki birinin nerede bitip diğerinin nerede başladığını söylemek güçtür ve bu da adeta tamamen gökyüzüyle çevriliymişsiniz gibi bir yanılsama yaratır.

ROMANTİZM VE PİTORESK

Doğanın Gücü

Romantizm adı verilen sanat akımı birçok açıdan Aydınlanma Çağı'nın rasyonalizmine, Neoklasisizm'in ise düzen ve öngörülebilirliğine karşı bir tepkiydi. Romantikler kusurlu, asimetrik formları güzel buluyorlardı. Aydınlanmacı düşünürler doğaya öykünme ve onunla uyum içinde yaşamanın arayışındayken, Romantikler doğanın bütünüyle insana düşman olduğuna inanıyorlardı (Romantik ressamlarca en çok tercih edilen konular fırtınalı denizler ve deniz kazalarıydı).

Pitoresk ise Romantizm'e eşlik eden bir estetik anlayışıdır. Bu tarzı benimseyenler onu, doğanın temsil ettiği devasa ve korkutucu güç ile kadın vücudunun yumuşak kıvrımlarında vücut bulan güzellik kavramı arasında arabulucu güç olarak görüyorlardı. Romantik sanatçı ve yazarlar aktif insanlardı. Partizanca, birtakım davaları benimseyerek bunlar uğruna savaşmışlardır; örneğin şair Byron, Yunanistan'ın Osmanlı İmparatorluğu'na karşı verdiği özgürlük savaşında yer aldığı sırada hayatını kaybetmiştir. Romantikler ayrıca rüyaların ardındaki anlamlar ve psikolojiyle ilgili meseleler gibi, insan aklının çeşitli yönleriyle de ilgilenmişlerdi. Dâhilerin ve kahramanların özelliklerini merak edip araştırıyorlardı. Ortaçağ halk kültürüne merak duyanlar olduğu gibi daha karanlık konularla ilgilenenler de oluyordu (En iyi korku romanlarının ilklerinden biri olan *Frankenstein*, Mary Wollstonecraft Shelley tarafından 1818 yılında yayımlanmıştır). Onlar mantık yerine korku duygusunu tercih ediyorlardı.

Peyzaj Mimarisi

William Kent (yak. 1685-1748), bir mülkün doğal özelliklerini geliştirmenin bir yolu olarak manzara ve bahçe düzenlemelerinin yapıldığı İngiliz peyzaj bahçeciliğinin kurucularından biridir. Fransız bahçeleri karakteristik olarak biçimsel ve düzenliydi. 18.

yüzyılın sonu ve 19. yüzyılın başlarında gelişim göstermiş olan İngiliz stilinde ise serbestlik ve öngörülemezlik ön plana çıkıyordu. Bahçe tasarımcıları, kendiliğinden oluşmuş konturlara ve ağaçlara saygı göstererek arazinin doğal şekli üzerinden çalışmalarını yürütüyorlardı. Bahçeleri, pencereden görünen manzara, kendilerinin diktikleri şeylerden değil de, uzaktaki manzaraya has şeylerden ibaret olacak şekilde planlıyorlardı. Amaçları, pencereden görünen manzaranın adeta bir tablo etkisi yaratmasıydı. Mesela, ineklerin otlaklardan çıkarak çok fazla yaklaşmamaları için şimşir ağacından çitler yaparlardı. Eğer birisi kasten yerleştirilmiş bu gizli bariyerleri görse, "Ah-ha!" derdi ki bu da bir bahçede manzarayı bozmadan sınır oluşturan bir hendek veya duvar için "ha-ha" teriminin kullanılmasına ilham olmuştur.

İNGİLİZ PEYZAJ MİMARİSİNİN ÖZELLİKLERİ

- İnişli çıkışlı tepeler: Boyut kazandırılan çimenlikler daha güzel görünürler. Eğer bir mülk düz bir arazi üzerine kuruluysa, tasarımcılar insan yapımı tepecikler oluşturuyorlardı.
- Korular: Mülkte bu tip ağaçlık bölgelerin kendiliğinden olmaması halinde ağaç dikilerek korular oluşturuluyordu.
- Harabeler: Pencereden dışarı bakıldığında, uzakta bir yerde görünecek şekilde yerleştirilmeleri gerekiyordu.
- Ha-ha: Hayvanların eve çok yakın bir yerde otlayarak manzarayı kapatmalarını önlemek için gizli bariyerler.
- Göl: Bu dönemde, manzaranın gerekli bir bileşeniydi, gerçi çoğu doğal olmayan, insan yapısı göllerdi.
- Mağaralar: İnsan eliyle manzaranın çeşitli yerlerine konumlandırılmış oyuklar; bunlar romantizmi ve gizemi çağrıştırıyordu.
- Çakıl patikalar: Ziyaretçilerin yolu kaybetmemeleri için onlara kılavuzluk edecek bir unsurdur.

Süs Olarak Yapılmış Yapılar

Bahçe tasarımcıları İngiliz bahçelerine genellikle süs olarak yapılmış binalar yerleştirirlerdi. Bunlar bahçenin ortasında görsel bir çekicilik yaratma amacıyla yapılan, ortaçağ esintili harabeler veya yapılar olurdu. Harabeler yapay şekilde oluşturulur ve genellikle muzipçe bir his uyandırırdı. Sör Thomas Tresham, Rushton Lodge'u bu amaçla inşa etmiş olmasına rağmen bu, onun için yoğun bir sembolizma içeren sayılara duyduğu aşkı keşfetmek ve ifade etmek için bir fırsattı. Yapı 3 sayısı esas alınarak inşa edilmiştir. 3 sayısı binanın üç cephesinin olmasından, ateşten çıkan dumanın çıkabilmesi için konulmuş bacada üç deliğin olmasına kadar her yerde vurgulanır.

Horace Walpole (1717-1797) Strawberry Hill'de, mimarlardan ve diğer sanatsal ve yazınsal alanlarda eserler veren dostlarından kurulu bir komite tarafından geliştirilmiş bu tarz bir yapı inşa etmişti. Yapı genel anlamda Gotik olsa da iç kısmında avize gibi Rokoko üslubuna has detaylar bulunur. İç kısım ayrıca mor bir duvar kâğıdıyla süslenmiştir. Bacası Westminster Kilisesi'nde yer alan bir mezardan uyarlanmıştır. İç mekânda sarkıt tonozlama yapılmıştır.

Gotik

Gotik, Romantizmin bir alt türüdür (bazen "Gothick" olarak da yazılır). Karanlık, gizemli konulara odaklanmış ve öncelikle edebiyatta ifade bulmuştur. İlk Gotik romanlardan biri sayılan *Otranto Şatosu* (1764) Horace Walpole tarafından yazılmıştır.

Humphry Repton

Ünlü bir peyzaj mimarı olan Humphry Repton (1752-1818) zaman zaman biçimsel bahçe öğelerini, tasarladığı evlerin hemen yanına yerleştirirdi. Bunlar Neoklasik mimariden peyzaj mimarisine yumuşak geçiş sağlamayı amaçlıyordu. Onun yaptığı sık şekilde ekili peyzaj düzenlemeleri, Pitoresk akımına ilgisini belli ediyordu. Yapılara sıklıkla teraslar, tırabzanlar ve basamaklar eklerdi. Repton müşterileri için, inşa edilmesi planlanan mülkü suluboya resmeder, sonra da günümüzün bir peyzaj mimarının yapacağı gibi çeşitli değişiklik fikirlerini bunun üzerine işlerdi.

Amerikan Peyzaj Mimarisi Üzerindeki Etkisi

Bu prensiplerden etkilenen 18. ve 19. yüzyıl Amerikan peyzaj mimarları, kır evlerinin etrafına genellikle biçimlendirilmiş bahçeler, teraslar, tenis kortları ve yüzme havuzları yerleştirmişlerdir. Bunlar ötedeki, daha vahşi doğa manzarasıyla dengeleniyordu. Monticello'da bulunan Jefferson'un evinde bahçeler sonsuz biçimde uzaklara yayılan Virginia tepelerinin büyük manzarasını çerçevelendirmektedir.

NEOKLASİSİZM

Antik Üslupların Yeniden Doğuşu

18. yüzyılın ortalarında bir grup sanatçı antik dönemlerin sanat ve mimarisini vurgulamaya başladı. Antik medeniyetlerin başarılarını anlayabilmek için kendilerinden önce gelen tüm uyanışçıların hepsinden daha derin araştırmalar yürütmüşlerdi; bu da antik dönem yaşamını araştırmak ve farklı kültürlerin ardında yatan tarihi özümsemek anlamına geliyordu. Bu akım kısmen de arkeolojik projelerin yaygınlaşmasıyla ortaya çıkmıştır. Bu dönemde antik mekânlar ve harabelerin ardındaki hikâyeler hakkında kitaplar basılıyordu. Napoli krallığında yol inşasında çalışan işçiler Pompeii şehrini ortaya çıkarmışlardı. Birçok farklı antik sit alanında kazılar başlamış, bu da bilim insanlarının ve mimarların, Roma yapıları hakkında hiç olmadığı kadar çok bilgi edinmelerini sağlamıştı.

Vezüv Yanardağının Patlaması

MS 79 yılında Vezüv Yanardağı etrafa yakıcı gazlar ve bir volkanik kül bulutu saçarak patladı; patlama öylesine güçlüydü ve öyle kısa sürede gerçekleşmişti ki Pompeii ve Herculaneum şehirleri yerin altına gömüldü. Her iki şehir de yoğun bir kültür ve ticaret merkeziydi. Volkanik döküntüler her şeyin olduğu yerde, taş gibi kalakalmasına sebep olmuştu. Aslında 18. yüzyıla kadar bu kalıntılar keşfedilmemiştir ve volkanik kül onları tam olarak yıkımın geldiği andaki hallerini koruyacak şekilde muhafaza ettiğinden, arkeologlar onlar ve onların kültürü hakkında birçok şey öğrenebilmiştir.

Mısır Tasvirleri

Napolyon Bonapart, 1798 yılında Mısır'a sefer düzenlediğinde geniş bir arkeolog ve mühendis grubunu da yanında götürmüştü. Bu insanlar ülkelerine geri döndüler ve gördüklerini anlattılar.

Napolyon, bilim insanları ve âlimlerden oluşan bir birlik olan Mısır Enstitüsü'nü (Institut d'Égypte) kurdu. Bu enstitü matematik, fizik, siyasal ekonomi, edebiyat ve sanat dallarını inceliyordu. Napolyon toplantılara katılır, önerilerde bulunurdu. Enstitü üyelerinin başka dallara kaydıkları da olur ve çok geçmeden kendilerini keşfe götürecek yollara çıkarlardı. Enstitü üyeleri tüm ülkeyi gezerek Mısır anıtlarını ve tapınaklarını incelediler ve sonra da gözlemlerini mühendislik diline has çok net ifadelerle yazıya dökerek başkalarıyla paylaşılabilecek hale getirdiler. Sarf ettikleri çabaların hepsi birçok ciltten oluşan ve bu antik bölgede yapılan keşiflerle ilgili detaylı bilgilerin yer aldığı *Description de l'Égypte* adında bir eser altında toplandı. Bu yayınlar çok büyük ilgi görmüş, Avrupa'daki tasarımcı ve mimarlar bu kitaplardaki çizimlerden ilham almışlardır.

Roma Kabartmaları

Giovanni Battista Piranesi (1720-1778) kabartma tekniğiyle, hem gerçek hem de kendisinin tasavvur ettiği yapıları da tasvir ettiği devasa bir antik Roma haritası yapmıştır. Bu eseri birçok kişiye ilham olmuş, kendisi de ölene dek antik harabelerdeki kabartmalar üzerine çalışmıştır.

Piranesi'nin *La Carceri* ya da *Hapishaneler* olarak bilinen 16 parçalık bir gravür serisi de bulunmaktadır. Bu gravürlerde ırgatlar tasvir edilmiş olmakla birlikte kabartmalar onları ürkütücü gösteren ve mahkûmiyeti andıran sıra dışı ışık kaynakları içermektedir. Binalar yarı yarıya yerin altındadır; zincirlerle dolu odalarda ağır kapılar görülür. İşçiler tonoz ve kemer gibi mimari öğeler arasında işleriyle meşgul olarak tasvir edilmiştir.

Bunlar devasa levhalar olmalarına rağmen çok sayıda üretildiklerinden ve ucuz olduklarından her yerde bulunabiliyordu. Piranesi 14 adetten oluşan ilk levha setini 1740'larda yapmış ama 1760'lı yıllarda yeniden piyasaya sürerek iki adet daha eklemiştir. Bu yeni çıkardığı seride, aydınlık ve karanlık arasında daha derin bir zıtlık yaratarak mimari formları daha detaylandırmıştır. Artık tonozlar, kemerler ve merdivenler geri plana çekilmiş, imgeler ise daha netleşmiştir ve bu onlara daha da uğursuz bir hava katmaktadır. Bu eserler karanlık içerikleri sebebiyle sonradan Romantik yazarlardan yoğun ilgi görmüştür.

Ekletizmin Doğuşu

Thomas Daniell'ın *Antiquities of India* eseri, Cizvitlerin Kuran çevirileri ve Konfüçyüs, Avrupalıların eski, Batılı olmayan dünyaya dair toparladıkları bilgi dağarcığına büyük katkılarda bulundu. Tüm eserler mimarlara büyük ilham kaynağı olacak ve tasarımda yeni sınırların zorlanmasına yol açacaktı. Bu dönemde aynı anda birçok stilin kullanılması, nihayetinde 19. yüzyılda doğan eklektizmin yolunu açtı.

Fransız Devrimi'nin Üslubu Olarak Neoklasisizm

Fransız Devrimi döneminde halk, siyasi ve ahlaki amaçlara yönelik bir tarz arayışına girmişti. Yurttaşlık görevlerini ve halkın erdemlerini yansıtacak bir şeyler arıyorlardı. Neoklasik üslup, Romalıların sanat ve mimaride aynı sembolizmaya ihtiyaç duydukları antik dönemlerle bağlantısı dolayısıyla onların isteğini karşılıyordu. Fransız Neoklasikçileri, binaların bütünüyle basit şekiller kullanılarak oluşturulması yönündeki geometrik düşünce tarzından mest olmuşlardı.

Étienne-Louis Boullée (1728-1799) Neoklasisizm'i yaratıcılıkla uygulayan bir kişiydi. Hiçbir zaman inşa edilmemelerine rağmen bazıları büyük etki yaratmış birçok tasarım da dahil olmak üzere birçok proje üzerinde çalışmıştı. Boullée, Sör Isaac Newton için de temsili bir mezar yapmıştır. Yapı, içi boş bir küreden oluşur. Kürenin üst kısmına küçük delikler açılmıştır; bu deliklerden giren ışık, geceleyin gökyüzünden görülen yıldızlara benzer bir etki yaratır. Kürenin içinde, tavandan sarkacak şekilde yerleştirilmiş devasa lamba, güneşi temsil eder.

Federalist Üslup

Amerikan Devrimi, Amerikalılara kolonyal dönemden tamamen sıyrılmaları için bir fırsat sunmuştu. Genellikle "Kolonyal Georgia Mimarisi" olarak adlandırılan mimari üslup halen İngiltere'yi ve kralı çağrıştırdığından artık uygunsuz bulunuyordu. Amerikalılar, yalnızca yurtdışından gelen baskıcı yönetimi başlarından atmakla kalmamış, monarşi sistemini de tamamen ülkeden kovmuşlardı. Kalıcı bir hükümet, yeni prensipler ve hümanist fikirlerle kendi sistemlerini kurmuşlardı. Bağımsızlığın bu ilk dönemlerine uyacak yeni bir tarz gerekiyordu.

Yunan ve Roma kültürlerini odak alan Neoklasisizm, bu yeni vatandaşlık ruhunu mükemmel bir şekilde ifade ediyordu. Thomas Jefferson düşünceli ve ölçülü Neoklasisizm'in portresini oluşturuyordu. Klasik eğitim almıştı ve Palladio'nun *Mimarlık Üzerine Dört Kitap* isimli eserinin Amerikan kıyılarına ilk ulaşan ilk kopyasına sahipti. Virginia'da yaşayan Jefferson o zaman fazlasıyla kolonyal havada olan, taş ve ahşaptan oluşan Amerikan mimarisinden nefret ediyordu.

Aklına bazı çok klasikleşmiş gelenekleri koyarak, Virginia'da Monticello ("küçük dağ" anlamına gelir) adını verdiği kendine ait bir ev inşa etmeye başladı. Aklındaki yapı, bir portiko, bir kubbe, Dor nizamında sütunlar, sekizgen plan ve bir merdiven korkuluğunu kapsıyordu. Palladio en çok tek katlı yapıları seviyordu bu yüzden Jefferson da sanki tek katlı gibi görünecek bir yapı planlamıştı. Devrim sonrasında Fransa elçisi olarak görev alması Jefferson'ın Neoklasisizm'e olan hayranlığının artmasına yol açtı. Ayrıca tapınak kalıntılarını ziyaret etti ve bu şekilde edindiği vizyonla Richmond, Virginia'daki Eyalet Başkenti Binası'nın inşasında uyguladı. Kesintisiz saçaklığı, çift sıra pencereleri, üzeri alınlıkla kaplı zemin katı, simetrisi ve alçak, sıra sütunlu yapılarıyla tüm nizamların temsil edildiği Virginia Üniversitesi'nin kubbesini Pantheon'dan esinlenerek tasarladı.

RUSYA'DA NEOKLASİSİZM

Rusya İçin Yeni Bir Görünüm

17. yüzyılın sonunda Rusya, Avrupa'nın geri kalan kısımlarına pek de uymayan bir görüntü sergiliyordu. Siyasi bakımdan izole edilmişti, halkı da içine kapanık, tutucu bir yaşam sürdürüyordu. Diğer yerlerde yaşanan kültürel eğilimler, Rusya'nın yapısına uymuyordu. I. Petro (1672-1725) bu durumu tersine çevirmeye ve Rusya'yı yalnızca Avrupa'da büyük bir güç haline gelecek şekilde geliştirmeye değil, halkını da dönüştürmeye kararlıydı. Avrupa'yı baştan sona dolaşarak ticaret, fabrikalar ve tıp hakkında her şeyi öğrendi. Avrupa teknolojisi hakkında mümkün olan her şeyi özümsedikten sonra tüm bunları Rus vatandaşlarına öğretmek üzere bir ekibi görevlendirdi. Bu Batılı idealleri besleyip büyütebileceği bir yer, yepyeni bir şehir inşa etmeye karar verdi. Esasen yepyeni bir kültür inşa ediyordu.

Kurduğu bu şehir, Rusya'nın Baltık Denizi'ndeki ilk önemli limanı olan, Petro'nun Batı'ya yaklaşma çabalarını simgeleyen St. Petersburg şehriydi. Daha sonra Leningrad olarak adlandırılan bu şehir komünizmin çöküşüyle yeniden orijinal ismini almıştır.

Rus Kültürünün Filizlenmesi

Büyük Petro'nun ilerleme yaklaşımı hakkında halen tartışmalar sürmektedir. Bazıları onun Rus geleneklerini baskılayarak bunların yerine başkalarının geleneklerini benimsemeye zorladığını söyler. 18. yüzyılın ortalarına gelindiğinde Ruslar kendi baleleri, operaları ve resimleriyle zarif ve sofistike bir toplum oluşturmuşlardı. Büyük Petro sanatçıları yurtdışında öğrenim görmek ve sanatsal becerilerini geliştirmek üzere yurtdışına göndererek desteklemiştir. O tahttan indikten sonra bile halefleri, Rusya'da çeşitli tasarımlar geliştirmeleri için Avrupa'dan mimarlar getirtmeye devam etmişlerdir.

Smolny Katedrali

Yeni St. Petersburg'da inşa edilen en sıra dışı yapılardan biri Smolny Katedrali'dir (1748-1835). Ünlü İtalyan mimar Francesco Bartolomeo Rastrelli tarafından tasarlanmış ve projesi Rus İmparatoriçesi Yelizaveta Petrovna (Çariçe Yelizaveta olarak bilinir) tarafından yönlendirilmiş olan bu yapı, 19. yüzyılda Çar I. Nikolay'ın hükümdar olduğu döneme kadar tamamlanamamıştır. Kıvrımlı çizgileri ve kemerleriyle, alınlık ve sütunlarıyla dış tarafı aydınlık ve parlaktır. Baştan aşağı Avrupa estetiğine sahip olmasına rağmen yapının üzerinde yer alan soğan kubbeler Rus mimari geleneğinin karakteristik özelliğini taşır.

Katedral, Büyük Petro'nun rahibe olmaya karar veren kızı Elizabeth'e yuva olacak bir rahibe manastırının ana kilisesi olarak tasarlanmıştır. Elizabeth, yaşanan karmaşık olaylar sonucunda tahta çıkmıştır. Ölümü üzerine para desteğinin kesilmesiyle bina 1835'e dek bitirilememiştir. Bu zaman zarfında Neoklasisizm Rusya'da ana üslup haline geldiğinden, yapının iç tasarımında bu üslup etkili olmuştur.

Büyük Katerina

Katerina ve III. Petro'nun son derece mutsuz bir evlilikleri vardı. Petro çocukça hareketler yaparken, Katerina oturup okumayı tercih ediyordu. Tahta vâris olacak bir çocuk yapmaları yıllar sürmüştü (bazıları çocuğun babasının Katerina'nın sevgilisi olduğu yönünde spekülasyonda bulunmuştur). Petro'nun ilerici, reforma yönelik gündemi, Ortodoks Kilisesi'ni öfkelendirmeye başlamıştı. Katerina sevgilisiyle birlikte komplo kurarak sırdaşlarının bir darbe tezgâhlamasını sağladı. Petro'yu barış içinde tahttan inmeye ikna etmeyi başarmasına rağmen Petro, birkaç gün sonra, Katerina'nın destekçileriyle yalnız kaldığı bir anda boğularak öldürüldü.

Petro'nun Rusya'nın elit kesimiyle karmaşık bir ilişkisi vardı, oysa Katerina onlar tarafından çok seviliyordu. Katerina'nın tüm kıtada birçok dostu vardı ve Voltaire de dahil olmak üzere Avrupa'nın önde gelen birçok aydınına hamilik yapmıştı.

Katerina St. Petersburg'un, Rusya'da Avrupa kültürünün gelişip büyüyeceği bir merkez haline gelmesini hedefledi. Şehir "Batıya Bakan Pencere" olarak anılmaya başladı. 18. yüzyılda çok popüler olan Neoklasik mimari üslup, Rusya'da otokrasinin sembolü haline geldi. Katerina kıtanın her yerinden gelen mimarları tutarak St. Petersburg'da Neoklasik yapılar inşa ettirdi. Onun saltanatı, Rusya'nın geçmişinde yer alan kilise mimarisinden hakiki bir kopuşu simgeler.

St. Petersburg'daki Genelkurmay ve Bakanlık Binaları

Carlo Rossi, Rus Ordusu, Maliye Bakanlığı ve Dışişleri Bakanlığı için 1819-1829 yılları arasında Genelkurmay ve Bakanlık Binalarını inşa etti. Bu yapı, 1812'de Napolyon'a karşı elde edilen zaferi kutlamak üzere tasarlanmıştı. Yapının iki kanadını bir zafer takı bağlar. Takın üzerinde çok sayıda heykel bulunur, hatta bir savaş arabasının üzerinde iki savaşçı tasvir edilmiştir. Heykelin takın yıkılmasına yol açacağından endişe duyulduğundan mimarlar temeli demirden dökmüş, geri kalan kısımlar bakırdan yapılmıştır.

Hermitage

Katerina 1765 yılında Berlin'deki bir tacirden 200 adet tablo satın aldı. Hükümdarlığı sona erene dek, 2500'den fazla tablo ve başka binlerce sanat eserinden oluşan (bunların arasında heykeller, paralar, porselenler yer alıyordu) devasa bir sanat koleksiyonu yapmıştı. Hermitage da bu eserlerin konulması için inşa edilmiştir. Bugün içerisinde sergilenen üç milyon sanat eseriyle dünyanın en büyük ve en eski müzelerinden biridir. Katerina'nın döneminde burası halka açık olmasa da bugün herkes tarafından gezilebilmektedir.

Bir Aydınlanma Taraftarı Olarak Katerina

Aydınlanmanın entelektüel akımlarından büyülenen Katerina kendisini bu akımın taraftarı ve savunucusu addediyor, aydınlanmacıların insan özgürlüğü yönündeki idealleriyle kendi zorba yönetimi arasında herhangi bir zıtlık göremiyordu. Rusya'nın eğitim sistemini içtenlikle destekliyor, bu konu üzerine kitap ve kitapçıklar yazıyordu. Voltaire ve diğer birçok önemli kişiyle yakın dosttu. Hatta kendi bestelerini yazmak amacıyla opera eğitimi almıştı.

BENJAMIN HENRY LATROBE

Amerika'nın İlk Mimarı

Benjamin Henry Latrobe (1764-1820) genellikle Amerika'nın ilk mimarı olarak tanınır. Latrobe, İngiltere'de doğmuş ve hem orada hem de Almanya'da büyümüş bir mimar, mühendis ve hümanistti. Öncelikle Samuel Pepys Cockerell ile Neoklasik mimari üzerine çalıştı. Latrobe cesur geometrik formlara ve klasik detaylandırmaya duyduğu ilgiyi bu eğitim süreci sırasında geliştirmişti. Daha sonra İngiltere'de tanınmış bir inşaat mühendisi olan John Smeaton ile çalıştı. 30'larının başında Amerika'ya gitmek üzere ülkesinden ayrıldı ve Norfolk, Virginia'ya yerleşerek kendi ofisini kurdu. Neticede Philadelphia'daki Pennsylvania Bankası'nın (Bank of Pennsylvania) binasını tasarlamak üzere görevlendirildi. O zamanlar Philadelphia, Amerikan mimarisinin başlıca örneklerinin bulunduğu bir merkezdi.

Pennsylvania Bankası

Latrobe, Pennsylvania Bankası'nı Yunan uyanış mimarisi stilinde tasarlamıştır (1798-1801). Bu yapı, Amerika'da Yunan düzenlerinin sergilendiği ilk bina olması sebebiyle dikkate değer bir yapıdır. Binada İyon düzeninde portikolar ve tepe noktasında oculus bulunan merkezi bir kubbe yer alıyordu. Bu stil Latrobe tarafından sergilenir sergilenmez en başta portikoları olmak üzere, ülkenin her yerinde kopyalanmaya başlandı.

ABD Kongre Binası

Latrobe 1799 yılında Gotik tarzdaki ilk Amerikan kır evini tasarladı. Bu eseri öylesine büyük ilgi gördü ki Başkan Thomas Jefferson 1803 yılında onu Kamu Yapıları Başmimarı olarak atadı. Bu yeni görevi kapsamında, en başta Kongre Binası'nın güney kanadının inşası olmak üzere Washington D.C.'deki birçok projenin denetçiliğini yaptı. Sonradan batı kanadının yapımını da yine o denetleyecekti. Latrobe ayrıca tersane binasının ve Başkan'ın Evi'nde (Beyaz Saray) yürütülen çalışmaların denetçiliğini yaptı.

Latrobe'un başmimarlık görevi sona erdikten sonra, 1814 yılında İngiliz birlikleri ABD Kongre Binasını ateş verdiler. Latrobe'dan yapının kuzey ve güney kanatlarının restorasyonunda gözetmenlik yapmak üzere Washington'a dönmesi istendi. Latrobe kamu yapılarında daima görkemli görünen ve önem duygusunu yansıtan Klasik Üslubu kullanmıştır. Beyaz Saray ve Senato'nun odalarındaki süslemelerde, şaşmaz şekilde Amerikan motiflerini kapsayacak şekilde Klasik Üslupta düzenlemeye gitmiş, sütunlardaki heykel öğelerine mısır koçanları ve tütün yaprakları eklemiştir.

Başkent Mimarı

George Washington'ın başkanlığından itibaren tüm ulusal kent simgelerinin ve federal binaların yapımına gözetmenlik eden bir kişi bulunuyordu. Başkan tarafından atanan Başkent Mimarı, Kongre Binası, senato ofis binaları, Yüce Divan, Kongre Kütüphanesi ve ABD Botanik Bahçesi gibi önemli ulusal kent simgelerinden sorumlu olan kıdemli bir memurdur. Başkent Mimarının görevleri proje geliştirme, mühendislik ve yapıların inşasını kapsar. Bu göreve getirilen kişi, zemine ve üzerinde kurulacak olan tesislere dair her türlü projeyi kontrol eder; en önemli görevlerinden biri de tarihi yapılardan kalan kısımların korunmasıdır.

Baltimore Bazilikası

Latrobe yaşamının son yıllarına doğru, ABD'de ilk Roma Katolik katedralinin tasarlanmasında görev almak üzere gönüllü oldu. Baltimore Bazilikası (1806-1821) onun en ünlü eserlerinden biri olmuştur. Baltimore Piskoposu John Carroll'a, biri Gotik diğeri ise Neoklasik üslupta iki adet proje teklifi götürmüş, Carroll Neoklasik üsluptaki projeyi tercih etmiştir.

Son derece sade olan yapıda yaklaşık 20 metre yüksekliğinde bir kubbe bulunuyordu. Çok fazla süsleme yapılmamıştı ve binanın içi de aynı şekilde sadeydi. Yapının kuleleri sonradan oğlu John H. B. Latrobe tarafından eklenmiştir, gerçi bazıları bu eklemenin en başta son derece dikkatlice orantılanmış olan yapıyı bozduğunu düşünmektedir.

Amerikan Anıtlarını Yeniden Değerlendirmek

Amerikalıların tarihi yapılarını çok ciddiye almaları nedeniyle bunlar üzerinde değişikliğe gitmek genellikle zordur. Örneğin, Başkan Obama ve eşi, eski Aile Yemek Odasında tadilata gittiklerinde olan biteni dikkatle izlediler. Obama'lar bu mekânda kendi zevklerini yansıtan daha çağdaş bir tasarım uygulamak istiyorlardı. Mekânda çağdaş sanat eserleri kullandılar ve özellikle de Washington Renk Ekolü'nden Alma Thomas'a ait 1966 tarihli bir sanat eserine yer verdiler. Bu, Afro-Amerikan bir kadına ait, Beyaz Saray'da sergilenen ilk eserdir. Michelle Obama, yeni perdeler ve duvar aplikleri gibi şeylerin finansmanını yapan Beyaz Sarayı Koruma Komitesi ve Beyaz Saray Tarih Derneği ile koordinasyon kurdu. Yapılacak iş Obama'lar tarafından tercih edilen soyut sanat ve modern vurguları, şık bir görüntü yaratacak şekilde mekâna yerleştirmekti. Odada 1880 tarihli, maun bir masa ve Daniel Webster'a ait bir büfe bulunmaktadır. Proje tamamlandıktan sonra bu mekân, yapılan değişiklikleri herkesin görebilmesi için, ilk defa Beyaz Saray tur programına dahil edilmiştir.

Latrobe'un kariyeri, kısmen makineleri kapsayan sıra dışı projelerinin bazıları sebebiyle ortaya çıkan finansal sorunlarla zarar görmüştür. Bazıları onun herkese güvenen biri olmasının kararlarında hataya düşmesine sebep olduğuna inanmaktadır. Latrobe New Orleans'ta yürütülen bir su şebekesi projesine gözetmenlik yaparken sarıhummaya kapılıp öldü. Latrobe mimaride asla silinmeyecek bir iz bırakmıştır ve bu iz akıl hocalığı yaptığı kişiler tarafından daha da derinleştirilmiştir. En başarılı öğrencileri, ABD Hazine Binası'nı (1836-1842) tasarlamış olan Robert Mills (1781-1855) ve ABD Darphanesi ve Donanma Hastanesi'ni inşa eden William Strickland'dir (1788-1845).

HENRY HOBSON RICHARDSON

Amerika'ya Bir Görünüm Kazandırmak

Henry Hobson Richardson (1838-1886) varlıklı bir ailenin oğlu olarak Louisiana'da dünyaya geldi. Ailesi İçsavaş döneminde yaşanan ekonomik sıkıntılar nedeniyle okul parasını ödemeyi bırakmak zorunda kalana dek, Paris'teki École des Beaux-Arts'a devam etti. Richardson, ailesinin finansal desteği kesilince okulu bırakmak zorunda kaldı. Paris'te bir süre çalıştıktan sonra Boston'a dönüp bu öğreti çerçevesinde kalan en ünlü eserlerinden biri olan Trinity Kilisesi için hazırladığı tasarımla ödül kazandı.

AMERİKAN MİMARİSİNİN KUTSAL ÜÇLÜSÜ

Amerikan mimarisinin ana temelini üç mimarın oluşturduğu söylenir:

- Henry Hobson Richardson
- Louis Sullivan
- Frank Lloyd Wright

Richardson Amerikan mimarisinde öylesine önemli bir yere sahiptir ki bir üsluba adı verilmiştir: Richardsonian Romanesk. Belirli bir işin uygulayıcısının adıyla anılan çok az üslup bulunmaktadır. Richardson Paris'teki Beaux-Arts (Güzel Sanatlar) okulunda okumuş ilk birkaç Amerikalıdan biridir ve tüm projelerinde net ve odaklı planlar geliştirmek suretiyle aldığı eğitimi uygulamaya koymuştur. Richardson geleneksel Romanesk üsluba daha ağır yatay hatlar, işlenmemiş taşlar, derin pencereler ve kalın kolonlar ekleyerek, çeşitli değişiklikler yapmak suretiyle kendi stilini geliştirmiştir. Ortaçağa özgü yapıları çok sevdiğinden, bu üslupta bir eğitim almamış olmasına rağmen yapılarını Gotik Uyanışçıların tercih ettiği şekilde ağır kütleler halinde düzenliyordu. Bir resim için geniş fırça darbeleri neyse, kütlesel form da bir bina için odur.

İşin aslı şu ki eğer bir kütlesel form doğru değilse, detaylara ne kadar özen gösterilirse gösterilsin ortaya iyi bir iş çıkmaz. Richardson'ın yarattığı kütle formu mimaride bir devrimdi.

Japon Etkisi

Richardson'ın eserleri kısmen de son derece sade oluşlarıyla da ön plana çıkmaktadır. Japon mimarisine has anlayışlardan etkilenmiş, köşeleri alçak çatılar tasarlanmış ve işlenmemiş taş gibi doğal malzemelerden faydalanmıştır. Bu biçimsel özellikler Frank Lloyd Wright'ın tasarımlarında da görülmektedir.

Trinity Kilisesi

Boston'daki Trinity Kilisesi'nin zamanının en fazla beğeni toplayan yapısı olduğu herkesçe kabul edilmektedir. Yunan haçı planıyla tasarlanmış olan yapıda eklektik bir üslup kullanılmıştır: Pencerelerin ve kapıların üzerinde klasik Roma mimarisini andıran çok sayıda kemer bulunur. Ön cephenin her iki yanında yükselen kuleler, Gotik Uyanış üslubunda çok yaygın olan ve insanın kafasını kaldırıp yukarı bakmaya teşvik eden dikey kütlesel formu anımsatmaktadır. Katedral kulesi, İspanya, Salamanca'daki Eski Katedral'in üzerindeki fener kulesi model alınarak yapılmıştır. Detaylarıyla birlikte eserin tamamı, aynı Sanat ve El Sanatları Akımı tasarımlarında olduğu gibi uyum içindedir. İç kısımda duvar resimleri bulunmaktadır, çatı kil tuğlalarla örülmüştür ve pencereler vitraylıdır. Duvar resimleri ve vitraylar John La Farge tarafından tasarlanmıştır. Rengârenk cam parçalarını birbirinin üzerine yerleştirerek, yeni ve kremsi renkler elde eden La Farge, yenilikçi bir vitray yöntemi izliyordu. Sonuçta ortaya oldukça modern ve yeni bir görünüm çıkıyordu. Yapıda birçok üsluba yer verilmiş olmasına rağmen Richardson'ın bunların hepsini son derece hoş bir simetriyle ve modern bir sunumla bir araya getirmiş olması nedeniyle yapı kesinlikle hantal veya tarihi gözükmemektedir.

New England'daki taş bolluğu Richardson'a ilham olmuş, o da Trinity Kilisesi'ni çelik iskelet kullanmaksızın tamamen taştan inşa etmiştir. Kesme taşlar sıcak gri bir tondadır. Binanın alt kısmında koyu renkler, üst kısmında ise kırmızı kullanılmıştır. Yapının etrafını dama tahtası deseninde kesintisiz bir bant çevirir.

Glessner Evi

Glessner Evi çok zarif ve ölçülü, hatta neredeyse tamamen yalın görünümüyle çok güçlü bir tasarıma sahiptir. Bu ev, 19. yüzyılda Chicago'da yaşanabilecek en iyi yer olan Prairie Caddesi üzerine inşa edilmiştir. U şeklinde tasarlanmış olan evin gözlerden tamamen uzak kalan avlusu, sokağın gürültüsü ve kirliliğine kalkan olmaktadır. İçte kalan bu alanın mümkün olabildiğince büyük olabilmesi için ön ve arka bahçeden vazgeçmek pahasına, duvarlar yapının çevre sınırına iyice yaklaştırılmıştır. Evdeki ana odaların hepsi, tıpkı Mezopotamya şehirlerindeki yapılarda gördüğümüz gibi, bu avluya bakar. Ön girişte görülen kemerin üzerindeki stilize edilmiş yapraklar dışında evde çok az süsleme bulunmaktadır. Bu evin tasarımı Louis Sullivan ve Frank Lloyd Wright üzerinde büyük bir etki yaratmıştır.

Shingle Stili

Richardson'ın meskenler üzerindeki çalışmaları özellikle kuzeydoğuda popüler olan Shingle stiline ilham olmuştur. Bu stil onun taş yapılarına benzer olmakla birlikte taş yerine shingle adı verilen tahta kiremitlerle kaplanıyordu. Shingle stilinde yapılmış evlerin iskeleti ahşaptan yapılıyor, cepheler ve çatılar ahşap kiremitlerle kaplanıyordu. Tıpkı Richardson'ın William Watts Sherman için Newport, Rhode Island'da inşa ettiği evde olduğu gibi (1875), zemin bazen taş veya kaba yontulmuş taşlarla döşeniyordu. Evin saçak olarak da bilinen düşük köşeli birkaç çatı hattı bulunmaktadır. Ahşap kiremitlerle döşenmiş dış duvarlar, çatı pencereleri ve cumbalarla kesintiye uğrar.

Marshall Field Toptancı Mağazası

Richardson'ın en çok övgü almış ticari amaçlı yapısı, Chicago'da yer alan yedi katlı bir antrepo olan Marshall Field Toptancı Mağazası'dır (1885-1887). Bu yapı çelik iskeletin kullanılmaya başlamasından önce yapılmış olduğundan yedi katlı oluşu ilgi toplamıştır. Richardson da bu yapıyı bu gerçeği vurgulamak üzere tasarlamıştır. Bina, yapımında bolca kullanılmış olan malzemeler ve simetrisi nedeniyle hayranlık yaratmıştır. Üzerleri kemerli pencere dizileri bile bulunmaktadır. İç mekânda bir iskelet bulunmakla birlikte ana yükü taşıyan duvarlardır. Richardson'ın bu yapıda herhangi bir süslemeden kaçınmış olması dolayısıyla, ortaya sergilediği sadelik ve asilliğiyle güçlü bir yapı çıkmıştır. Granit ve kumtaşından oluşan yüzey tek renklidir, zira yapının göze hitap etmesinin sebebi de budur.

Kütle Formu Stratejisi

Kütle formu bir binanın kendi ısısını ve ışığını kontrol edebilmesi, yani temel olarak bedava enerjiden faydalanabilmesi açısından çok büyük fark yaratmaktadır. Mesela, bir binanın kısa ve enine geniş mi yoksa uzun ve ince mi olacağına karar vermeniz gerekir. İçinde fazla insanı barındıramayacak binalar daha dar bir yerleşim planından faydalanarak dışa doğru ısı kaybı yaşamazlar. İçinde çok insan bulunan binalar ise kendiliklerinden ısı üretirler. Yani bir ofis binası söz konusu olduğunda, daha uzun ve ince kat planları son derece uygun olacaktır.

SANAT VE EL SANATLARI AKIMI

El İşçiliğinin Yüceltilmesi

19. yüzyılın ortalarında Batı dünyası Sanayi Devrimi'yle gelen sancılarla kıvranıyordu. Güçle çalıştırılan makineler sayesinde, üretim seviyeleri daha önce akla hayale gelmeyecek seviyelere ulaşmıştı. Buhar makinesi bitmiş ürünleri ve ülkenin her yerindeki insanları istenilen yere taşıyabiliyordu. Sürekli olarak, fabrika etrafında kurulu kasabalar oluşuyor, işçilerle dolu yeni oluşmuş kasaba merkezleri, kırsal kesimden gelen insanları bir elektrik süpürgesi gibi kendine çekiyordu. İngiltere manzarası, sürekli olarak açılan yeni fabrikalar ve işçi sınıfına ait kasvetli kasabalarla doluyordu. Ekonomi işleyerek, genişleyen üretim sistemine alan açmaya çalışırken çok geçmeden toplu üretim, zanaatkâr toplumun yerini aldı.

Teknolojideki bu yükselmeyi, ahlaki yozlaşma ve toplumun insanlıktan çıkarılmasıyla ilişkilentiren birtakım düşünür ve sanatçıları nefret bürümüştü. Sözünü esirgemeyen endüstri ve kapitalizm karşıtları fabrika işçilerinin korkunç çalışma koşulları karşısında küplere biniyor, yer değiştiren nüfusun bölgenin estetiğini nasıl da değiştirdiğini görerek sinirden çılgına dönüyorlardı. Bu toplum eleştirmenlerinin birçoğu ortaçağa ve o günlere özgü manevi ve sosyal değerlere romantik bir özlem besliyordu. Seri şekilde üretilmiş malların, sanatsal standartları sona doğru sürüklediğine ve bunun sonucu olarak birey için yaşam kalitesinin yıpratıldığına inanıyorlardı.

John Ruskin

Sanat ve toplum eleştirmeni olan John Ruskin (1819-1900) yaşadığı dönemde çok popülerdi. Ruskin'in eserleri, onun felsefesinin hararetli birer uygulayıcısı haline gelecek genç nesil düşünür ve sanatçılara esin kaynağı olmuştur. Ruskin her türlü yeni teknolojiden uzak duruyor, trene binmeyi veya elle kullanılan aletlerle yapılmamış herhangi bir ürünü kullanmayı reddediyordu. O yerelciliğin ilk savunucularından biriydi; yalnızca yerel üreticilerden mal ve malzeme satın alıyor, zanaatkârlıktaki güzelliği ahlaki bir değer addediyordu. Ruskin iyi tasarımın iyi toplumla doğrudan ilişkili olduğuna inanıyordu. Ona göre bir fabrika işçisi, çok hızlı bir tempoda birçok şeyi üretme ritmine hapsolmuş ve bu sebeple de becerileriyle gurur duyma zamanı kalmayan bir köleydi. Ruskin zanaatkârın rolünün doğa ve toplum arasındaki bağlara ışık tutmak, çevreyi ve sürdürülebilirliği hep göz önünde bulundurmak olduğunu söylüyordu. Onların böyle bir etkisi kalmadığında, toplum çürür ve ülkenin estetiği de yok olurdu. Mimariye özel bir ilgi duyan Ruskin, bu konu üzerine birkaç tane önemli kitap da yazmıştır. Bu kitapların ilki olan *The Seven Lamps of Architecture*, 1849 yılında basılmıştır ve Ruskin'in mimarinin ilkelerini oluşturduğuna inandığı doğruluk, güç, güzellik, hayat, bellek ve itaat üzerine kanaatlerini ana hatlarıyla aktarmaktadır. Ruskin ısrarla gotik estetiği üzerinde durmuş, Tanrı'ya ve güzelliğe adanmayı vurgulamıştır.

William Morris

William Morris (1834-1896) Ruskin'in bir konuşmasını ilk kez dinlediğinde Oxford'da ilahiyat öğrencisiydi. Ruskin'in verdiği mesajdan öylesine etkilenmişti ki hemen eğitimini bırakıp mimari ve resim üzerine çalışmaya koyuldu. O da kapitalizmden ve onun iyi toplum üzerindeki etkisinden rahatsızlık duyuyordu. İşçi sınıfının evlerinde daha hoş şeyler olabilseydi, onların silkelenerek mevcut koşullarını değiştirebileceklerine inanıyordu. Böylece Morris, Marshall, Faulkner & Co. isimli bir firma kurup ufak atölyelerde çalışarak, mütevazı gelire sahip insanların makul bir fiyata hemen erişebilecekleri tekstil ürünleri, vitraylar, mobilyalar, duvar kâğıtları ve halılar üretmek üzere sanatçı ve zanaatkârları işe aldı. Ancak seri üretimin hüküm sürdüğü bir dönemde onun atölyesi yeterince üretim, daha doğrusu yeterince hızlı üretim yapamıyordu. Bir süre sonra ürünleri, çalışan sınıf aileleri için çok pahalı olmaya başladı.

Amerikan El Sanatları Stili

İngilizleri Sanat ve El Sanatları Stiline çeken geçmişe duydukları özlemse, Amerikalılar onu yeni kimliklerinin cesur bir beyanı olarak benimsemişlerdi. 1800'ler boyunca Amerika'daki mimari stiller daha çok Avrupa'da egemen olan stillerin bir yansımasıydı: Viktorya Stili, İtalyan Stili ve Gotik Uyanışçı Stili. Tüm bu stiller, aralarında hiçbir uyum olmayan veya kültürel kimlik barındırmayan karmakarışık bir binalar yığını oluşmasına yol açmıştı. Bu karıştırıp birbirine uydurma sürecinin sonucunda ortaya daha da şatafatlı ve karmaşık olan Queen Anne Stili çıktı. Amerikalılar ülkelerine has bir manzara yaratmayı çok istiyorlardı ve Sanat ve El Sanatları Akımı da çoğu kişi tarafından ilk defa gerçek bir ulusal estetik geliştirmek için bir fırsat olarak görülüyordu.

SANAT VE EL SANATLARI AKIMININ ÖZELLİKLERİ

- Dikdörtgen şekiller
- Doğaya değer verilmesi
- Basit formlar
- Az miktarda süsleme
- Doğal inşaat malzemeleri
- Yapıda egemen, harici bir özellik olarak bacaların ön plana çıkması
- El becerisiyle oluşturulmuş detaylar
- İç mekânda aydınlık, açık kat planları
- Dolaplar ve aydınlatma fikstürleri gibi gömme ayrıntılar
- Az eğimli çatılar
- Verandalar
- Vitraylar

El Sanatları Stilinde yapılmış evler ülkenin her yerinde yaygınlaştı. İklimsel farklılıklar, tasarımda değişikliklere esin kaynağı oluyordu. Önceden Queen Anne Stilinde inşa edilen kuzeydoğu sahili evleri, artık yöresel ve doğal malzemelerden yapılma ahşap kiremitlerle kaplanıyordu. Daha sıcak bölgelerde popüler olan bungalovlar bu akımının doğal sonuçlarından biriydi ve ilhamını 19. yüzyıl kolonyal Hindistan'daki geniş verandalı, tek katlı evlerden alıyordu.

İlk bungalovlar, ufak boyutta Queen Anne Stili kır evleri olarak California'da inşa edilmiştir. Bu evlerde temel, parke taşından yapılıyor, bacalar yapıya egemen bir görüntü sergiliyordu. Ön kapı doğrudan oturma odasına açılıyor ve çoğu evde hem ön hem de arka veranda bulunuyordu. Bu verandalar, insanın etrafını doğayla çevrelemesi felsefesinin bir parçasıydı. Chicago'nun zorlu hava koşulları ise Frank Lloyd Wright'ı El Sanatları Stilini biraz değiştirmeye itmiş ve böylece ortaya Prairie stili çıkmıştır.

Amerikan El Sanatları Stili, Amerikan ailelerine rahat bir yaşam sürebilecekleri, fiyatı makul, güzel, el yapımı, doğal, bol ışık alan evler sağlamayı amaçlıyordu. Bu evler kısa süre içinde Amerikan orta sınıfının sembolü haline geldi.

Gustav Stickley

Gustav Stickley (1858-1942), 1900'lerin başında ABD'de *Craftsman* dergisini kurduktan çok kısa süre sonra hem ev hem de mobilya tasarımında, El Sanatları Stilinin önde gelen isimlerinden biri haline geldi. Hatta dergisinde, "El Sanatları Stilinde" dört farklı ev planı yayınladı: Dört köşeli, kolonyal, kır evi ve kazık temelli ev stilleri. Stickley bungalovları işçi sınıfı için makul fiyata satın alınabilir bir lüks olarak değerlendiriyordu. Ayrıca Sears da benzer üslupta şekillendirilmiş bungalovlar satmaya başlamıştı. Firma planları ve önceden kesilip hazırlanmış malzemeleri alıcının bulunduğu yere trenle gönderiyordu.

Bu evler Birinci Dünya Savaşı sonrasında çiftlik evleri en çok tercih edilen tarz olana dek Amerika manzarasında egemen oldular.

Amerikan El Sanatları Stili Evlerin Getirdiği Yenilikler

- Pencereler: Bu evler, harici bir güce ihtiyacı en aza indirgemek için içeriye maksimum seviyede ışık girecek şekilde tasarlanıyordu. Evlerin birçoğunda bir pencere dizisi veya bir araya kümelenmiş, çok bölmeli giyotin pencereler bulunuyordu.
- Gömme mobilyalar: İç tasarıma eklenmiş dolap ve çatı saçakları bu evlere ismini veren ahşap işçiliğini ve el sanatlarını ön plana çıkartıyordu.
- Verimlilik ve işlevsellik: El sanatları stilinde yapılmış olan evler Viktorya tarzı evlerin birçoğuna göre daha küçük olmakla birlikte açık kat planları onları günlük yaşam için çok daha esnek kılıyordu. Geniş ön verandaları evin metrekaresinin küçük olmasını telafi ediyordu. Evlerde hem güneşten koruma sağlayan hem de suyu temelden başka yöne yönlendiren geniş çatı saçaklıkları bulunuyordu.

ART NOUVEAU

Doğa ve İnsan İç İçe

Art Nouveau ya da *Jugendstil* (Almanca "Genç Üslup") sanayileşmeye karşı sanatsal bir ifade olarak başladı. İlhamını doğada görülen eğrisel, organik formlardan alan estetik bir mimari ve dekorasyon üslubuydu. Hızla büyüyen şehirlerle birlikte toplum da aynı süratle değişiyordu. İnşa stilleri tamamen karmaşık bir hal almıştı. Her şey tepetaklak olmuştu. Art Nouveau akımı, çevreyle uyumu yakalayabilen, gençlik dolu ve enerjik bir üslup arayışındaydı.

Art Nouveau psikoloji, sembolizm ve doğaötesi olaylara karşı gitgide artan bir ilgi besliyordu. Bu akımı benimseyen mimarlar, eski güzel işçilikleri geri istiyor ama aynı zamanda son derece modern şeyler de üretmek istiyorlardı. İlhamı ruhun ve tinin içdünyasında arıyorlardı. Art Nouveau çiçek ve bitki motifleri, saçları çiçeklerle süslü kıvrımlı vücutlu kadınlar, kuşlar, çiçekler, tavus kuşu tüyleri ve böceklerle organik bir niteliğe sahipti.

Etkiler

Japon sanatının Art Nouveau üzerinde büyük bir etkisi vardı. Bu dönemde (20. yüzyılın ilk on yılı), Japon malları, geleneksel Avrupa stillerine egzotik bir alternatif olarak çok popülerdi. Katsushika Hokusai gibi Japon sanatçılar son derece ilham verici ve cesur gravürler yapıyorlardı. Japon sanatı tamamen doğa ve organik formlara odaklanmıştı ve Avrupalı sanatçılar da bu estetik anlayışı kucakladılar. Batı kültürü ve özellikle Avrupa sanatı üzerindeki Japon etkisi öylesine derindi ki buna bir isim verildi: Japonizm (Fransızca *Japonisme*'den gelir).

Art Nouveau tarzında eserler yaratan sanatçılar, daha birçok şeyden olduğu gibi bu imgelerden faydalanmışlardır. Bu tarzda Kelt ve Viking sanatlarının girift tasarımlarından ve hatta az miktarda Fransız Rokokosu'ndan da izlere rastlanır. Sanatçılar aynı zamanda zarif ve girift İslami desenlere bile ilgi duymuşlardı. Bu sanatçıların yürekleri Avrupalı olmayan stillere son derece açıktı. Onlar yeni ve heyecan verici bir şeyler arıyorlardı.

Bu dönem, kadınların oy kullanma ve boşanma hakkı ile daha fazla bağımsızlık elde etmek için uğraştıkları, toplumda daha önce hiç olmadıkları kadar görünür olabilmek için savaş verdikleri bir dönemdi. Art Nouveau sivri ve tehditkâr görünen güzel kadınlar tasvir ediyordu. Kadınlar dağınık saçları ve giyimleriyle, kıvrımlı hatlara sahip olarak ve cinselliği çağrıştıracak şekilde tasvir ediliyor ama aynı zamanda organik doğa temalarıyla iç içe geçmiş olmalarına rağmen ahlaki olarak tehditkâr görünüyorlardı.

Doğa ve İnsan İç içe

Charles Darwin'in *Türlerin Kökeni* (1859) ve *İnsanın Türeyişi* (1871) isimli eserleri insanoğlunun doğadaki yerinin sorgulanmasına yol açmıştır. Adı geçen ilk eserde Darwin evrim ve doğal seleksiyon üzerine ürettiği bilimsel kuramları sunmaktadır. *İnsanın Türeyişi*'nde ise cinsel seçim üzerine kuramlarını ele alarak insanların ve maymunların ortak bir atadan geldiklerini ileri sürmektedir. İnsanoğlunun doğanın üstünde olmaması, ikisinin iç içe geçmiş olması ihtimali insanların ilgisini çekmişti. Böcekler ve çiçekler kadar başkalaşma teması da yaygın olarak gündeme getiriliyordu.

1900 Paris Dünya Fuarı

Art Nouveau, doğayı vurgulamasına rağmen daha çok şehirli bir akımdı ve merkezi Paris'ti. 1900 Paris Dünya Fuarı, bu akımın yıldızının parladığı bir organizasyondur. Fuarı gezen yaklaşık elli milyon kişi, dönme dolap, Rus matruşka bebekleri, dizel motorlar, sesli filmler ve ilk manyetik ses kayıt cihazı da dahil olmak üzere birçok yeni makine, icat ve mimari tasarımı görme fırsatı bulmuştur. Bir sanat simsarı ve bu akıma adını veren La Maison de l'Art Nouveau galerisinin sahibi Sigfried Bing fuarda mobilyalar, takılar ve kumaşlar sergilemişti. Çadırların birinde Amerikalı dansçı Loie Fuller, onun bir çiçeğe dönüşmesiyle zirveye ulaşan çılgın bir dans sergilemişti. Art Nouveau akımını benimsemiş sanatçılar için bu gerçekten de çok ilham verici olmuştu.

ART NOUVEAU MİMARİSİNİN TEMEL ÖZELLİKLERİ

- Asimetrik şekiller
- Kırbaç vuruşu etkisi veren akışkan, kıvrımlı formlar
- Bombeli camlar
- Sarmal asma filizleri, bitkilere benzer süsler
- Vitraylar
- Japon motifleri
- Görünür demir işçilikleri

Hôtel van Eetvelde

Brüksel, Belçika'da bulunan ve 1895 yılında Victor Horta tarafından tasarlanmış olan Hôtel van Eetvelde, herhangi bir uyanışçı stilden veya tarihi üsluptan hiçbir iz barındırmaması dolayısıyla Art Nouveau akımının bir zaferi olarak görülmektedir. Horta bu eserinde özellikle bu akımın, tasarımcıların uyanışçı tarzları tamamen reddetmesi, onun yerine eserlerinde yol gösterici olarak doğadan gelen organik formları kullanmaları yönündeki felsefesini somutlaştırmıştır. Ön cephede demir, taş ve cam kullanılmıştır. Binanın orta kısımları zemin kat girişi üzerinden çıkma yapılarak tasarlanmıştır. Ön tarafa sarmal motifli demir bir bahçe kapısından geçilerek ulaşılır, böylelikle bir mahremiyet sağlanmıştır. Demir çerçeve dıştan görünür vaziyettedir ve ön cephedeki kıvrımlı, organik desenler Art Nouveau'ya has çiçek desenlerine benzerlikleriyle hemen ayırt edilebilir. İç kısımda desenli bir cam kubbe yer almaktadır. İç mekân, mermerlerindeki detaylar ve egzotik ahşap döşemeleriyle hoş ve akışkan bir tasarıma sahiptir.

Teknoloji

Art Nouveau tarzını uygulayanların bazıları teknolojik ilerlemelere de heyecan duyuyorlardı. Demir gibi malzemelerin kullanılmasına karşı değillerdi ve her türlü imkâna da kucak açıyorlardı. Art

Nouveau mimarisinde esasen işlenmiş demirden süslemeler ve düzensiz şekilde biçimlendirilmiş cam parçaları ağırlıktadır. Makineler tarafından üretilmiş bu materyallerle mimari daha da heykelsi bir nitelik kazanmıştır. Pencerelerde, giriş yerlerinde ve kapılarda hiperbollere (iki kola ayrılan açık eğri) ve parabollere (U şeklinde benzer, iki boyutlu, ayna simetrisinde eğri) sıkça rastlanır.

Paris Metro İstasyonları

Paris'teki birkaç metro istasyonu Art Nouveau'ya mükemmel birer örnek oluşturur. Hector Guimard tarafından tasarlanmış olan girişlerden seksen altısı halen varlığını sürdürmektedir. Prefabrik cam ve metallerden inşa edilmişlerdir. Girişin her iki yanında yer alan ince ve eğrisel sokak lambası direkleri, çiçeğe ve bitki sapına benzer. Girişi çevreleyen demir işçiliği sarmal çiçeksi şekilleriyle çok zariftir. "Métropolitain" yazan tabeladaki yazı karakteri bile Art Nouveau tarzıyla uyumludur. Demir ve camlar geniş fasulye filizlerine ve tohumlara benzer.

Gesamtkunstwerk

Art Nouveau tarzını uygulayan sanatçılar tüm sanat dallarını "bütünlüklü sanat eseri" ya da Gesamtkunstwerk olarak kucaklayan açık görüşlü bir felsefeyi benimsediler; bu bakımdan binalar ve binaların iç tasarımları aynı kelime dağarcığı kullanılarak tanımlanıyordu. Önceden sanat ortamlarında yalnızca ressamlar ve heykeltıraşlar ciddiye alınırken, artık tüm sanat formları ayırt edilmeksizin değer görüyordu. Bu aynı zamanda üslubun ilkelerine riayet edebilmesi için binaların, mobilyaların, tekstil ürünlerinin, giyim kuşamın ve takıların tam bir uyum içinde birlikte işlev göstermeleri gerektiği anlamına geliyordu.

Birinci Dünya Savaşı'nın başlamasıyla, yoğun şekilde stilize edilen malzemeleriyle Art Nouveau üslubuna uygun eserler çıkarmak oldukça pahalı bir hale geldi. Bu stilinin yerini 1920'lerde, daha modern bir görünüme sahip Art Deco aldı.

BEAUX ARTS

Görkemli Yapılar

Sanat ve El Sanatları akımı ve Art Nouveau stili teknolojiyi modern anlayış ve sosyal bağlamdaki yorumuyla göklere çıkartırken, École des Beaux-Arts sıkı sıkıya antik harabelere bağlılık göstermiştir. Beaux-Arts mimarlık okullarının kaymak tabakasıydı ve buradan mezun olmak muazzam bir başarı olarak görülüyordu. Fransızca *Beaux-Arts*'ın karşılığı "güzel sanatlar"dır. Bu ekol klasik tasarım prensiplerine, özellikle de Antik Yunan ve Romalılar tarafından geliştirilmiş formlara odaklanmıştır.

Birçok Amerikalı mimar Beaux-Arts'da eğitim görmek üzere Paris'e gelmiş ve bu klasik anlayışı beraberlerinde ülkelerine götürmüşlerdir. Bu dönem, Amerika ve Avrupa'da eklektik dönem olarak bilinir, zira hem uyanışçı stiller hem de erken dönem modern stiller bu dönemde aynı anda serpilmiştir. Bu trend Büyük Buhran'a dek devam etmiştir. Günümüzde Beaux Art, prestijli konser ve tiyatro binaları, anıtlar ve kütüphaneler için öncelikle tercih edilen bir stildir. Bunlar, Paris Opera Binası veya Kongre Kütüphanesi gibi ayırt edici özelliklere sahip kamu yapılarıdır. Beaux Art stilinde uyum, ağırbaşlılık ve düzen öne çıkmaktadır. Detaylar, okulun müfredatıyla uyumlu olarak çok kesin ve sofistikedir. Beaux Arts sonradan Resim ve Heykel Akademisi ve Mimarlık Akademisi olarak iki bölüme ayrılmıştır.

BEAUX ARTS STİLİNİN TEMEL ÖZELLİKLERİ

- Devasa boyutta, ayrıntılarla donatılmış yapılar
- Şatafatlı sunumlar
- Çok büyük iç alanlar
- Simetrik hatlar
- Çelenk ve çiçek desenleri gibi heykel niteliği taşıyan süslemeler
- Derin kornişler ve gösterişli kolonlar

- Düz, alçak meyilli çatılar
- Dış duvarlarda pürüzsüz, açık renk taşlar

Beaux Arts Stilinde Pencereler

Beaux Arts stili binalardaki pencereler genellikle desteksiz durabilen sütunlar tarafından çerçevelendiriliyor ve klasik desenlerle süsleniyordu. Bu haşmetli pencereler genellikle alınlıklı oluyordu ki bu da pencerelerin bir sütun dizisi tarafından desteklenen alınlıklı çatı penceresi oldukları anlamına gelir. Alınlığın içindeki üçgen, alınlık tablası olarak bilinir. Alınlık tablası genellikle Yunan ve Roma mitolojisinden sahnelerin tasvir edildiği rölyef heykellerle süslenir.

İç Mekânlar

Balkonların iç korkulukları ve yapının içindeki merdivenler tırabzan direkleri veya millerle sabitlenir. Bu tekrarlanan tırabzan direkleri dizilerine "dikmeli korkuluk" adı verilir. Girişin merkezini bazen çok büyük bir merdiven oluşturur.

Odalar genellikle hava dolaşımının sağlanması ve azami düzeyde aydınlık almaları için H harfi düzeninde yerleştirilir. Nasıl bir oda düzenlemesi yapılırsa yapılsın, iç mekân çok geniş odalardan ve yüksek tavanlardan oluşan devasa bir alandır.

Yapıların dış tarafına bakarsak, çatıların genellikle kornişli ve düz olduğunu görürüz. Düzenli aralıklarla yerleştirilmiş olan çıkma destekleri, tıpkı köşebent gibi işlev göstererek pervazları tutturur. Bu taş pervaz sistemi ayrıca oluk hizmeti görerek yağmur suyunun binadan atılmasını sağlamaktadır. Bazıları işlevsel bazıları ise sadece dekoratif amaçlı olan haşmetli sütunlar forma simetri katar. Yapımda tipik olarak, birbirine çok yakın döşenmiş kesme taşlar kullanılsa da girişlerin etrafındaki duvar işçiliğinin bir kısmı rustiklenmiştir ki bu da zemin kata dayanıklı bir görünüm katar. Şekillerini vurgulamak amacıyla rustiklenmiş taşlar, bitişme yerlerinde geniş aralıklar kalacak şekilde döşenebilir.

Kolomb Dünya Sergisi

1893 yılında Chicago'da düzenlenen Kolomb Dünya Sergisi'nde, Neoklasik üslupta yapılar, görkemli çeşmeler, heykeller, modern sıhhi tesisatlarla ve açık yeşillik alanlarla dolu beş tane hayali şehir sergilenmiştir. İçinde yaşayan insanların gurur duyabilecekleri sofistike bir mimariye sahip, huzurlu bir şehir izlenimi yaratılması amaçlanmıştır. Bu şehirler, toz toprak içinde, gecekondu mahalleri olan, gürültü ve yoğunluğun hiç bitmediği Sanayi Çağı şehirleriyle taban tabana zıtlık teşkil ediyordu. Fuara gidenler gördüklerine adeta âşık olmuşlardı. Amerikan şehirleri de böyle bir görünüme sahip olsa, acaba birazcık bellerini doğrultup refaha kavuşabilirler mi, diye düşünmeye başlamışlardı.

1800'lerin sonunda Amerika basit bir tarım toplumundan, dünya sahnesinde egemenlik sahibi bir ülke olmaya başlıyordu. Dört bir yandan insanlar şehir merkezlerine akıyor ve Amerikan nüfusunun neredeyse yarısı şehirlerde yaşıyordu. Şehirler daha kalabalıklaştıkça üst sınıflar için de cazibesini kaybediyordu. Ulaşım hizmetleri geliştiğinden şehrin dışında, evlerin daha büyük ve etrafın daha hoş bir görünüme sahip olduğu bir yerde yaşamak mümkün hale gelmişti. İmkânı olan birçok insan şehirlerin dışında kalan Long Island'ın kuzey sahili, Boston'ın kuzey sahili, Hamptons ve Berkshires gibi yerlere taşınıyordu. Şehirler iyice gerilemeye ve bozulmaya başladı. İşçi sınıfı gecekondularda sefalet içinde yaşıyordu, çalışma koşulları berbattı ve halkın ihmal edildiği yönünde genel bir kanı vardı.

Jacob Riis gibi ilerici reformist ve aktivistler şehirlerde yaşayan halka yardım etmeye çalışırken, bir yandan da 1892'deki Homestead Grevi ve 1894'teki Pullman Grevi gibi devasa bir sosyal çalkantı yaşanması korkusunu taşıyorlardı. Kırsal toplumların şehirlilere kıyasla çok daha sağlam ahlaki değerlere sahip oldukları düşünülüyordu. Reformcular şehirlere bu tür bir karakter kazandırmanın, şehir toplumundaki yozlaşmalara bir miktar çözüm olacağını düşünüyorlardı. Bu felsefeden Güzel Kent Akımı doğdu.

Güzel Kent Akımı'nın taraftarları bir şehri güzelleştirerek geliştirebileceklerine inanıyorlardı. Güzelliğin şehir halkında bağlılık hissini doğuracağını ve burayı üst sınıfları geri dönmeye teşvik edecek cazip bir mekân haline getireceğini düşünüyorlardı. Güzelliği sosyal kontrolü sağlamaya bir araç olarak kullanmak istiyorlardı. Bu dönem, Amerikalıların ilk defa şehir merkezleri ve şehir planlaması konusunu düşünmeye başladıkları bir dönemdi. Şehir tasarımına dair bu aydın yaklaşım, kentlere refahı getirmeye dair tüm umutların yıkıldığı Büyük Buhran'a dek sürdü.

Washington Union İstasyonu

Union İstasyonu Güzel Kent Akımı etkisinde inşa edilmiş yapılardan biridir. Bu istasyon, 1908 yılında, Pennyslvania Demiryolları ve B&O Demiryolları tek bir tren terminali altında bir araya gelmeye karar verdikten sonra inşa edilmiştir. Büyük bir tren istasyonunun olması Washinton D.C.'yi tercih edilen bir varış yeri haline getirerek, başkent olarak konumunu güçlendirecekti. Daniel H. Burnham yapıyı Beaux Art geleneğine bağlı kalarak mermer, varak, beyaz granit ve ince işçilikli heykellerle tasarlamıştır. Girişi bir zafer takıyla çerçevelendirilmiştir. Bekleme salonu geniş, mermer döşeli olup tavanı yaklaşık 30 metre yüksekliğindedir. Ana kornişin üzerinde, Konstantin Zafer Takı'ndaki Daçyalı mahkûmların, yani Traianus'un egemenliği döneminde Daçya krallığından alınan kölelerin tasvir edildiği altı adet heykel bulunmaktadır. Burnham ateşe dayanıklı ve Beaux Arts mimarlarının tercih ettiği Guastavino fayansları kullanmıştır. İstasyonun iç kısmında her türlü hizmet alanı, yemek salonları ve hatta bir cenaze evi bile bulunmaktadır. Yapı, parka benzeyen çok geniş bir yeşillik alana konumlandırılmıştır.

Beaux Arts stili bugün bile varlığını sürdürüyor. Giyim tasarımcısı Ralph Lauren kısa süre önce New York, Madison Avenue ve 72. Cadde üzerinde Beaux Arts stilinde yeni inşa edilmiş bir mağaza açtı.

NEO-GOTİK

Sanayi Çağına Karşı Tepki

Gotik, modern tarihin en fazla devamlılık gösterebilmiş uyanışçı stillerinden biridir. 1800'ler ortası İngiltere'sinde hem sanat hem de edebiyatta coşkulu bir uyanış yaşanmıştır. Horace Walpole ve Matthew Lewis gibi popüler yazarlar, karanlık ve gizemli karakterler hakkında yazılmış hikâyelerle okuyucularına heyecan ve korku yaşatmışlardır. Mary Shelley *Frankenstein*'ı, John Polidori *The Vampyre*'ı bu dönemde yazmış, 1897 yılında ise İrlandalı bir yazar olan Bram Stoker, gelmiş geçmiş en ünlü vampir hikâyesi olan *Dracula*'yı yayınlamıştır. Mimaride ise John Ruskin endüstri üretimi ıvır zıvırlara kıyasla ortaçağa özgü zanaatkârlığın kalitesini vurgulamıştır. Sanat alanında ise Pitoresk adı verilen yeni bir estetik üslup, sanatın altın çağı olarak ortaçağ tasvirlerine yönelmiştir. Ortaçağ mimarisini korumaya ve yenilemeye yönelik büyük bir ilgi doğmuştur.

Augustus Welby Northmore Pugin

Britanya'nın en ünlü mimarlarından biri, koyu bir Neo-Gotikçi olan Augustus Welby Northmore Pugin'di (1812-1852). Tutkulu bir Neo-Gotikçi olan Pugin binaların yanında daha birçok şey tasarlamıştır; tamamı ortaçağ üslubuna adanmış fayanslar, madeni eşyalar, mobilyalar, duvar kâğıtları, vitraylar ve seramikler yapmıştır. Pugin, yalnızca iyi bir toplumun üyelerinin içten ve güzel şeyler yapabileceğini savunuyordu. Yaşadığı dönemin erdemden yoksun olduğuna yürekten inanıyordu. Şehirleri 1400'lü yılların ortalarındaki ile 1800'lerin ortalarındaki görünüşleri bakımından kıyaslayan tablolar resmetmiştir. Bir zamanlar yeşillik açık alanları, mavi gökyüzü ve çan kuleleriyle hepsi birer taşra kenti olan bu şehirlerin nasıl da gri, isli ve fabrikaların istilasına uğramış kentlere dönüştüğüne dikkat çekmiştir. Pugin resimlerinde ortaçağa özgü manastırlarla, işçi sınıfı ailelerinin yaşadığı büyük ve harap apartmanları yan yana koyarak kıyaslıyordu. Aşırı gelişmeyi en ham haliyle gözler önüne seriyordu. Gotik üslubun yeniden benimsenmesiyle bu çirkinliğin düzeltilebileceğine inanıyordu.

Britanya Parlamentosu İçin Bir Stil Seçmek

Pugin'in en ünlü projelerinden biri, 1834'teki yangınla yok olan eski yapıların yerine yeni Parlamento Binası'nın yapımına bulunduğu katkılardır. O zamanlar yeni Parlamento'nun Klasik mi yoksa Gotik üslupta mı inşa edilmesi gerektiğine dair ciddi tartışmalar yaşanmış ama en sonunda Gotik üslup ağır basmıştır, zira bu üslubun milli ruhu ve Hıristiyanlığı somutlaştırdığına karar verilmiştir. Ayrıca parlamento sisteminin temeli ortaçağda atıldığından, bu tarihçeye saygısını sunan bir yapının inşa edilmesi de bu gerçekle bir bağ kurulmasını sağlıyordu.

Saint Augustine Kilisesi, Ramsgate

Pugin İngiltere'nin çeşitli yerlerinde çok sayıda kilise ve katedral inşa etmiştir. O, canlı ve tarihsel doğruluğu olan detaylara saplantılıydı. Aziz Augustinus'un onuruna bir kilise tasarlayarak bunu Roma Katolik Kilisesi Southwark Başpiskoposluğu'na bağışladı. Kilisenin içi, kesim işlemi tamamen onun gözetiminde gerçekleştirilen kesme taşlardan yapılmıştı. Kilisenin hemen yanına da kendine bir ev yapmıştı. Bu evde mazgallı bir kule, beşik çatılar ve cumbalar bulunuyordu. Binadaki en büyük yenilik, hem yatay hem de dikey hatlar içeren geniş ve açık iç alandı. Büyük ses uyandıran bu özelliğe özellikle Frank Lloyd Wright'ın eserlerinde rastlayabilirsiniz.

NEO-GOTİK MİMARİNİN ÖZELLİKLERİ

- Ortaçağ üslubunu hatırlatan özellikler
- Süslemeli köşe beşik çatılar
- Bina çatısına yerleştirilen süsler

- Oymalı kenarlar
- Süsleme olarak canavar şeklinde heykeller ve sivri uçlu kuleler
- Devasa bir yükseklik hissi veren güçlü dikey hatlar
- Sivri uçlu kemerli pencereler
- Sivri tepeli kuleler

Ortaçağ Güvenlik Sistemlerinden İlham Almak

Neo-Gotik mimariye ilham olan ortaçağa özgü yeniliklerden biri de mazgallı siperlerdi. Bir mazgallı siperde, taştan düzenli aralıklarla kesilmiş, düzgün köşeli çentikleri olan alçak bir duvar (göğüs veya baş hizasında), yani bir parapet bulunurdu. Mazgal denilen bu çentiklerden, ok fırlatmak veya herhangi bir ateşli silahla ateş etmek mümkündü. Elbette Neo-Gotik üslupta bu mazgallı siperler tamamen dekoratif amaçlıydı.

Marangoz Gotiği

Ralph Adams Cram (1863-1942) Amerika'da başlangıçta daha çok kiliseler ve evler için tercih edilen Neo-Gotik üslubun önde gelen mimarlardandı. Özellikleri bakımından, şehirlerdeki sıkışık arsalara sığdırması zor olması dolayısıyla bu üslup genellikle kırsal bölgelerde kullanılıyordu. Ahşap ve kereste ABD'de boldu, bu yüzden inşaat malzemesi olarak taş yerine daha popülerdi. Kuzeydoğuda, Neo-Gotik üsluptaki evler ahşap iskelet ile inşa ediliyordu ki bu da *Marangoz Gotiği* (Amerikan Gotiği ve Kırsal Gotik olarak da bilinir) terimine esin olmuştur. Bu evlerde, tasarıma daha dikey bir görünüm kazandıran, çok sivri uçlu çatılar ve sivri kemerli pencereler gibi özellikler bulunuyordu. Bu tarz evlerde genellikle birkaç adet beşik çatı oluyordu. Yabansı, sade ve genel anlamda süssüz evlerdi (bu üslup Grant Wood, *American Gothic* isimli tabloda örneklendirilmiştir). Yapılardaki tek süsleme çatıların ve verandaların kenarını çeviren, zencefilli çöreklerde gördüğümüz dantelimsi süslemelere benzeyen girift oymalı pervazlardı. Neo-Gotik akımının en tipik örneklerinden olan güçlü ve dindarlığı anımsatan taş kiliselere tamamen zıt bir görünüme sahip olan bu evlerin samimi ve sevimli bir havası vardı.

Buharla Çalışan Kıl Testere

19. yüzyılda buharla çalışan kıl testerelerin icat edilmesi, Marangoz Gotiği'nde görülen strüktürlerdeki detaylı ve girift desenli pervazların seri imalatına imkân sağlamıştı. Bu evlerde en fazla öne çıkan süslemenin seri şekilde üretilebilmesi sayesinde fiyatlar da düşük tutulabiliyordu. Dolayısıyla bu evler toplumun her kesiminden insana hitap ediyordu.

---

20. yüzyılda Neo-Gotik stili elverişsiz görülmeye başlandı. İşlevselciliğin popülerlik kazanması ve yeni inşaat malzemelerinin ortaya çıkışı bu üslubun unutulmasına sebep oldu.

FRANK LLOYD WRIGHT

Modern Zarafet

Frank Lloyd Wright birçok kişi tarafından 20. yüzyılın en büyük mimarı olarak görülmektedir. Onun tasarımları öylesine yenilikçiydi ki onlardan birine, mesela Fallingwater'a bakıp da insanın aklının karışmaması, 1930'larda değil de sanki çok daha sonraki bir zamanda inşa edildiğini düşünmemesi mümkün değildir. Wright'ın otoriter annesi, o daha doğmadan onun bir mimar olacağına karar vermişti. Babası müzisyen ve vaizdi. Wright küçük bir çocukken ailesiyle sık sık taşınmıştı. Anne ve babası boşandığında, o da annesiyle kalıcı olarak Winconsin'e yerleşti. Ağaçlarla kaplı manzaraya bayılan genç Wright zamanının büyük bir kısmını doğayı keşfederek geçiriyordu.

Lise ona bu kadar cazip gelmediğinden, okulu bırakarak Winconsin Üniversitesi'nde bir inşaat mühendisliği profesörünün yanında ofis kâtibi olarak işe girdi. Hatta birtakım dersler de aldı ama okul hâlâ ona cazip gelmiyordu. Dersleri bırakmaya karar verip iş bulmak üzere Chicago'ya yollandı ama istediği öyle herhangi bir iş değildi. Ülkenin önde gelen güçlü firmalarından biri olan Adler&Sullivan'da çalışmak üzere yola çıkmıştı. Çok zorladı ve işe girmeyi başardı. Adler&Sullivan'da çok başarılı olan Wright'ın, aralarında Oak Park Chicago'daki Charnley Evi de olmak üzere, firmanın üstlendiği mesken inşası projelerinin çoğunda görev alması uzun sürmedi.

Wright, çalışmalarının gitgide popülerlik kazanmasıyla birçok iş almaya, hatta Adler&Sullivan'ın dışında da projeler üstlenmeye başladı. En sonunda Adler&Sullivan kontratını ihlal etmiş olması nedeniyle onu işten kovdu ve o da böylece kendi firmasını kurma fırsatını değerlendirdi.

Prairie Stili

Wright, uzun süre Chicago banliyölerinde mesken olarak kullanılacak mülkler inşa etti. Prairie stili de tasarladığı evlere Orta-Batı karakterini katma çabalarından doğmuştur. Toprak zemine yakın, geleneksel Japon evlerine çok benzer, yatay bir kompozisyona sahip olan evler tercih ettiğini fark etmişti. Manzarayla uyum içinde inşa edilmiş bir evin zarafetinden hoşlanıyordu.

PRAİRİE STİLİ ORTA BATI'YI NASIL KUCAKLIYORDU

- Pencerelerin üzerindeki, aşağıya doğru sarkık uzun saçaklar, Chicago yazının kızgın güneşini uzak tutarken, kış güneşinin alçak ışınlarının evi ısıtmasına olanak sağlıyordu.
- Evin merkezinde ısınma kaynağı olarak şömine bulunuyordu.
- İster kırsalda yer alan ağaçlıklı bir arsaya, ister şehrin içindeki küçük bir parsele kurulu bir ev olsun, dış mekânlar manzaraya uyumlu şekilde tasarlanıyordu.
- İşlek sokaklardaki trafik ve toz topraktan koruma sağlaması amacıyla ev yoldan genellikle bir bahçe ile ayrılıyordu.
- Mümkün olabildiğince yerel malzemeler kullanılıyordu.
- Yatay hatlar ve az eğimli çatılar manzaranın düzlemselliğini aksettiriyordu.

Organik Mimari

Wright'ın stili "organik mimari" olarak adlandırılmıştır, zira o insanoğlunun çevreyi fethetmektense, doğayla uyum içinde yaşamasının önemini vurgulamıştır. Ev mimarisiyle ilgili iki temel yaklaşım benimsemişti:

1. Bir ev, bulunduğu ortamla kaynaşmalıdır.
2. Bir evin içi ve dışı hem görsel hem de fiziksel olarak bütünleşik olmalıdır.

Robie Evi, Chicago

Chicago'daki Robie Evi (1909), uzun bir yüzey üzerine üç katlı olarak inşa edilmiş, Prairie üslubunda bir evdir. Wright simetri ve açıklığı vurgulamıştır. İkinci kattaki oturma odasında bulunan şömine evin kalbidir. Yemek ve oturma odaları ikinci kata yerleştirilmiş, alanın daha da genişlemesine ve havalandırmaya imkân tanıyan teraslarla uzatılmıştır. Bu terasların üzeri geniş, kolonlarla desteklenmiş çatılarla kapatılarak yaz güneşinin içeri girmesi engellenmiştir. Yatak odaları üçüncü kattadır. Oyun odası ve hizmetli odaları ise en alt kattadır. Wright iç mekânın çok uzun ve alçak görünmesini sağlayan doğrusal alanları vurgulamıştır. Ön cephe tuğla ve doğal ahşaptan yapılmıştır. İç mekân en son çıkan teknoloji ve imalat tekniklerine sahip ısıtma ve aydınlatma elamanları ve mobilyalarla döşenmiştir. Wright her daim dış mekâna önem verdiğinden, pencerelerin tasarımına özel bir özen göstermiştir. Köşeleri camla çevirmek ve iç mekânı aydınlatmak için uzun pencere sıraları kullanmak suretiyle, adeta yerçekimine karşı gelmişti. Robie Evi'ne ayrıca açık renk panelleri ve yer yer beliren renkli detaylarıyla geometrik şekilleri vurgulayan bir dizi vitraylı pencere eklemişti; bu tasarım sayesinde eve giren ışık hafifliyordu.

Wright, bir evin içinin ve dışının birbiriyle uyumlu olması gerektiğine yürekten inanıyordu ve hatta her şeyin bütünleşebilmesi için iç mekânda kullanılacak mobilyaları da o tasarlıyordu.

Usonia Evleri

Başarıdan başarıya koşarak geçirdiği yılların ardından Wright kişisel yaşamında çalkantılar yaşamaya başladı. Karısını ve altı çocuğunu terk edip bir müşterisinin karısıyla kaçmıştı; kadın da aynı şekilde ailesini geride bırakmıştı. Bir süre Avrupa'da gezindikten sonra ABD'ye döndüler ve Wright birlikte yaşayabilecekleri bir ev inşa etti. Ancak bir gün hizmetlilerden biri evi ateşe vererek Wright'ın kız arkadaşı ve iki çocuğu da dahil içerideki yedi kişiyi öldürdü. Tüm bu yaşadıkları Wright'ın dikkatini dağıtmış, uzun süre işinden uzak kalmasına sebep olmuştu.

Yeniden işinin başına döndüğünde ise muhteşem eserler vermeye başladı. Tasarım projelerinden biri, Usonia Evleri adı verilen ve esasen çiftlik evi stilinin de öncüsü olan, orta gelirli ailelere yönelik, altmış adetten oluşan bir dizi evden oluşuyordu. İlki 1936 yılında inşa edilen bu evler birbirinden aralıklı ve çok zarifti. Güneş enerjisiyle ısıtma ve doğal soğutma da dahil olmak üzere, devrimsel nitelikte enerji sağlama yöntemleriyle donatılmışlardı. Beton bir temelin üzerine kolayca kurulabilmeleri için prefabrik ahşap panellerden yapılmışlardı ve ayrıca yanlarında açık birer garajları da bulunuyordu.

Fallingwater

Wright'ın 1935 yılında Kaufmann ailesi için Pittsburgh'da inşa ettiği ev onun şaheseridir. Bear Run, Pennsylvania'da bir akarsu ve ufak ama hoş bir şelalenin yanı başındaki ağaçlık alana kurulmuş olan evin büyük bir kısmı çok yakın çevredeki ocaklardan çıkartılmış taşlarla inşa edilmiştir. Fallingwater'ın üç adet yatay, betonarme terası bulunmaktadır; bunlardan ikisi şelalenin üzerine doğru çıkma yapar. Ölüme meydan okurmuş gibi görünmekle birlikte betonun sabit ve dayanıklı kalmasını sağlayan yüksek bir çekme direnci vardır. Teraslar şelaledeki düz kaya çıkıntısına benzer şekilde inşa edilmiştir. O zamanlar, evlerde bu tip çıkmalara pek rastlanmazdı.

Evin iç kısmında, teraslara açılan geniş bir oda ile açık kat planı uygulanmıştır. Wright burada, bölücü bir etki yaratırlar düşüncesiyle duvarlardan feragat ederek, boşluğun "organik" akışını vurgulamıştır. Tüm yapılarında standart olduğu üzere tam ortaya devasa bir şömine yerleştirilmiştir. Elbette iç mekânda kullanılan tüm mobilyaları da yine o tasarlamıştır.

Guggenheim, New York

Wright hayatının son dönemlerinde bir dizi kamu binası üzerinde çalışmaya başladı ki bunlardan en ünlüsü New York şehrinde bulunan Guggenheim Müzesi'dir. Yapı sipariş edildiği yıl olan

1943'e göre oldukça aykırı bir tasarıma sahiptir. Wright burada "sanat eserlerini adeta açık pencereden dışarı bakarmışçasına" görebileceğiniz bir bina hayal etmişti. Yapıda zemin kattan tepedeki pleksiglas bir kubbeye kadar hiç kesintisiz şekilde yükselerek ilerleyen bir rampa boyunca uzanan tek bir galeri bulunur. Eleştirmenler bunun sanat eserlerine bakmak açısından pek makbul bir yapı şekli olmadığından şikâyet etmişlerdi çünkü asıl dikkatinizi vermeniz gereken serginin yanında diğer sanat eserlerini de görebiliyordunuz. Rampa tavana yaklaştıkça duvarlar da içe doğru gitgide inceliyordu. Wright'ın tasarımı antik Mezopotamya'dakilere benzer, ters dönmüş bir ziggurat olarak düşünülmüştü. New York'un en hoş yapılarından biri olarak görülen bu bina 1959'da yapılmadan altı ay önce vefat eden Wright, binanın bitmiş halini görememiştir.

LOUIS HENRY SULLIVAN

Gökdelenlerin Babası

Louis Henry Sullivan (1856-1924) MIT'ye kabul edildiğinde 16 yaşındaydı ama Philadelphia'da yüzlerce bina tasarlamış olan bir Viktorya dönemi mimarı olan Frank Furness ile çalışma fırsatını kabul edene dek okula sadece bir yıl devam etti. Çok geçmeden, 1873'teki buhran yüzünden Philadelphia'da inşaat yapma olanaklarının ortadan kalkmasıyla Sullivan da işinden ayrılmak zorunda kaldı. 1871'deki Büyük Yangın'ın ardından yeni fırsatlar aramak amacıyla Chicago'ya koşan diğer genç mimarlar grubuna katılmaya karar verdi. Neredeyse hiç vakit kaybetmeden, çoğunlukla ilk gökdelen olarak nitelendirilen Home Insurance Binası projesinin beyni olan William Le Baron Jenney ile çalışmaya başladı. Sullivan bir dönem Chicago'da çalıştıktan sonra Paris'e giderek École des Beaux-Arts'ta eğitim aldı.

Oditoryum Binası

Sullivan ABD'ye döndüğünde Dankmar Adler ile ortaklık kurdu ve birlikte bir dizi tiyatro projesi üstlendiler. En çok beğenilen tiyatrolarından biri, ilk kez çok amaçlı hizmet verebilecek şekilde inşa edilmiş yüksek bir yapı olan Chicago'daki Oditoryum Binası'dır (1887-1889). O zaman için bu yepyeni bir konseptti. Bu görkemli kompleksin içinde 4200 koltuklu bir tiyatro, bir otel ve bir ofis binası bulunuyordu, zemin katta ise mağazaların vitrinleri yer alıyordu. Adler akustik mühendisliğinde deneyimli olduğundan tiyatro üstün bir ses kalitesine sahipti. Sullivan ve Adler yapıya ayrıca elektrikli aydınlatma ve soğutma tesisatları koyarak onu zamanının teknolojik bakımdan en yenilikçi yapılarından biri haline getirdiler. Hatta yapının her yerinde yangına dayanıklılık özelliği bulunuyordu.

Oditoryum Binası devasa bir yapıydı. Kabuk strüktürle inşa edilmişti ki bu da taşların birbirinin üzerine istiflendiği anlamına gelir. Sullivan'ın, Richardson'ın Marshall Field Toptan Mağazası'ndan (*bkz.* Henry Hobson Richardson) ne kadar etkilendiğini açıkça gösterir. Zemin katta, giriş yerlerinin üzerine doğru uzanan üç adet güçlü kemer bulunur. Bunların hemen üzerinde yer alan kolonlarla desteklenmiş pencere dizisinin ardında otel lobisi yer almaktadır. Yapı, ortasına kadar uzanarak, insanı yukarı doğru bakmaya sevk eden, kalın kolonlarla birbirinden ayrılmış uzun, yatay pencere dizileri ile dikey bir kompozisyona sahiptir.

Wainwright Binası

1890 yılında Adler ve Sullivan bir kez daha, bir ofis binası olarak planlanan yüksek bir yapının inşaat projesini üstlendiler: St. Louis, Missouri'deki Wainwright Binası. Bu dönemde birçok mimar çelik çerçeveler kullanmaya başlamıştı ama iskelet ve cephe giydirme sisteminde yapılan inşaatın güvenli olup olmadığı konusunda endişe duyuyorlardı. Kolon stili çelik çerçeveler, strüktürü emniyete alma açısından işin tamamını üstlenseler de, mimarlar her şeyin sağlam ve geniş görünmesini güvenceye almak için çerçevenin önüne devasa boyutta ağır taşlar yerleştirmeye devam ediyorlardı.

Sullivan'ın ise gözü karaydı. Ağır taşlarda zaman kaybetmedi. Onun yerine yüksekliği ve hafifliği vurgulayan bir bina tasarladı. Yedi ofis katı boyunca enlemesine uzanan ve her biri güçlü, dikey payandalarla ayrılmış pencere boşluklarıyla çalıştı. Yüksekliği ön plana çıkarmak için binanın dört köşesini tamamen kapsayan payandalar yerleştirdi. Kırmızı tuğla, granit ve pişmiş topraktan tuğlalarıyla bina yine cesur bir renge sahipti.

Bina çok modern bir üslupla inşa edilmiş olmasına rağmen Sullivan gayet iyi bir eğitime sahip olduğu klasik geleneğe de göz kırpmıştır. Klasik sütunlardan alınan ilhamla üç parçalı bir kompozisyon oluşturulmuştur. Çatı ağır bir pervazla tamamlanmış olup hemen altında yaprak motifleriyle süslenmiş geniş bir friz bulunur. Friz aralıklı olarak yerleştirilmiş ve arkasında asansör mekanizmaları ve su depoları bulunan küçük tepe pencereleriyle bölünmüştür. İki kat arası boşlular da yine yaprak motifleriyle süslenmiştir.

Sullivan bir binanın tasarımının kullanım amacını yansıtması gerektiğine inanıyordu. Şu ünlü düsturu destekliyordu: "Biçim işlevi izler." Yolda yürüyen bir insan binanın yanından geçtiğinde, Wainwright Binası'nda neler yapıldığını bir bakışta anlayabilmesi gerektiğine inanıyordu.

Chicago Ekolü

Sullivan'ın yüksek binalara dair özgün yaklaşımı, ona "gökdelenlerin babası" unvanını kazandırmıştı. İlham olduğu sayısız takipçilerinin arasında, Sullivan'ın bazı temel ilkelerine dayanarak oluşturduğu Prairie üslubuyla Frank Lloyd Wright da bulunuyordu. Sullivan'ın modern estetik anlayışı öylesine etkili olmuştu ki Chicago'da yeni yapılan binaların büyük bir kısmı benzer bir anlayışla ve benzer bir görünümle inşa edilmeye başlandı. Bu üslup toplu olarak Chicago Ekolü olarak anılır hale geldi. Chicago Ekolü'nün en fazla öne çıkan özelliklerinden biri üç parçalı pencerelerdir. Üç parçalı pencerelerin ortasındaki sabit cam panelin iki yanında sürme pencereler yer alır. Bu pencereler havalandırma amacıyla kaydırılarak açılabilir.

CHİCAGO EKOLÜNÜN ÖZELLİKLERİ

- Çelik çerçeveler
- Süsleme olarak helezoni, dairesel desenler
- Pişmiş toprak tuğlayla (Terra cotta) detaylandırma
- Neo-Klasik özellikler
- Üç taraflı klasik sütuna benzer kompozisyon

Proje üstlenmeye hak kazanmak

Mimarlar tipik olarak ihale usulüyle proje üstlenirler. Fon sağlayan büyük bir firma, bir şehir yönetimi ya da bir firma sahibi (projenin masraflarını her kim karşılıyorsa) teklif almak üzere herkese açık bir duyuruda bulunur. Genel vizyonu, binanın temel fonksiyonunu ve binanın yapılacağı alanın etrafıyla veya şehir kurallarıyla ilgili uyulması gereken kurallar gibi her türlü teknik konuyu açıkça ifade ederler. Daha sonra teklifin değerlendirilmesi esnasında göz önünde bulundurulacak belirli kriterleri belirtirler. Kazanan genellikle bir jüri tarafından belirlenir ve bunun üzerine kontrat yapılır.

GÖKDELENLER

Gökyüzüne Giden Yolda Öncü Amerika

Mimarinin gökyüzüne doğru ilerleme göstermesine üç büyük gelişme yol açmıştır: 1871'deki Chicago Yangını, çelik çerçevenin gelişmesi ve elektrikle çalışan asansörün icadı.

Chicago Yangını

1800'lü yılların sonuna gelindiğinde Chicago büyük Amerikan şehirlerinin masasında bir koltuğu hak edip etmediği konusunda her türlü şüpheyi üstünden silkelemişti. İki sahilin arasında yer alan şehir başarılı olmak için mutlaka bir okyanusa erişiminin olması gerekmediğini kanıtlamıştı. Tren yolları vasıtasıyla artık ülkenin her yerine ulaşılabiliyordu ve Chicago da batıdaki tarımsal bölgelerle ve doğudaki imalat patlamasının arasında ana aktarma merkezi haline gelmişti. 10 Ekim 1871'de Bayan O'leary'nin ahırının dolaylarında bir yerde yangın çıktığında, Chicago kalabalık bir yerdi. Binden fazla fabrikanın, ticaret trafiğinin, evlerin, ahşap kaldırımların, belediye binalarının ve kocaman bir stok sahasının bulunduğu tıkış tıkış bir şehirdi. Ekonomisi ölçülüp biçilerek ve hatta sağduyuyla oluşturulmuş herhangi bir sivil planlamanın ayak uydurabileceğinden çok daha büyük bir hızla gelişmişti. O sıcak gecede, 9 kilometrekarelik bir alan yanıp kül oldu. Toplamda 18.000 kadar ev ve işyeri yandı. Gazetelerde bu olay Pompeii'nin yıkımıyla kıyaslanıyordu.

Gerçi yangın söndürüldüğünde demiryollarının önemli bir kısmının hasar almadığı görüldü. Stok sahası da halen işlevseldi. İnsanlar şehri terk etmedi. Yüz bin kişinin yeni birer eve ve daha kim bilir kaçının gidebilecekleri birer işe ihtiyacı vardı. Ancak Chicago üstündeki külleri silkeleyip ayağa kalktı. Çok geçmeden bir fırsat şehri olarak görülmeye başladı. Emlak piyasası patlama yapmış, müteahhitler ve işadamları şehrin ortasındaki boş kalan alanları kapmak için didişmeye başlamışlardı. Hemen onların ardından genç mimar ve mühendisler bu talepten bir lokma alabilmek amacıyla şehre akın ettiler. Alan yanlardan dar gelmeye başladığında ise yukarıdaki boşluğu kullanmaya başladılar.

İskelet ve Cephe Giydirme sistemi

Gökdelenlerin rağbet görmeye başlamasıyla ortaya çıkan güzel yapıları incelemeye girişmeden önce, katların nasıl olup da bir üsttekinin ağırlığı altında kalıp çökmeden böyle yüksek binalar haline gelebildiğini anlamalıyız.

Taş Devri'nden şu noktaya kadar üzerinde durduğumuz tüm ev, bina veya tapınakları iki kategoriye ayırabiliriz: Kabuk sistemliler ya da iskelet ve cephe giydirme sistemliler. Kabuk sistemli bir strüktürde duvarlar tüm binanın ağırlığını taşır. Bu durumda duvarlar hem strüktürel destek elemanı hem de dışarısı ile içerisi arasında sınır işlevi görmektedir. İskelet ve cephe giydirme sisteminde ise strüktürel destek olarak güçlü bir malzeme kullanılırken, duvarlar için hafif malzemeler tercih edilir.

KABUK SİSTEMLİLER	İSKELET VE CEPHE GİYDİRME SİSTEMLİLER
Ahşap kulübe	Mamut kemiklerinden yapılmış barınaklar
Kerpiç tuğlalı evler	Kızılderili çadırları (wigwam)
Piramitler	Ahşap çerçeveli, tahta kiremitli evler

Yüzyıllar boyu, iskelet ve cephe giydirme sistemi mimaride daha ilkel bir yaklaşım olarak görülmüştür. Bu durum, Joseph Paxton adlı yaratıcı bir sera tasarımcısı ortaya çıkana dek böyle sürmüştür. İngiltere Prensi Albert, 1851 yılında Hyde Park'ta bir serginin ev sahipliğini üstlenmişti. Serginin adı Tüm Ulusların Endüstri Eserleri idi. Paxton bu sergi için, camdan ve dökme demirden, 564 metre uzunluğunda ve 139 metre genişliğinde, insanı şaşkına çevirecek derecede büyük bir yapı inşa etti. Ziyaretçiler bu yapı karşısında hayrete düşmüşlerdi. Binanın yüksekliğini ve saydamlığını öylesine yabancılamışlardı ki gördükleri şeyi algılamakta zorlanmışlardı. Cam, dökme demir iskeletin üzerinde kıvrılarak onu bir kılıf ve hatta bir deri gibi sarıyordu. Bu her şeyi değiştirmişti çünkü iskelet çok güçlü olduğu sürece üzerinin herhangi bir şeyle, hatta cam gibi kırılgan bir malzemeyle bile kaplanabileceği açıkça görülmüştü.

Çelik Çerçeve

Mimarların ve şehir planlamacılarının ortaya çıkan yeni olasılıkları kavramaya başladığı sırada ne şans ki ABD'de çelik fiyatları düşmüş, ülkenin hemen her yerinde endüstriyel seri üretim yaygınlaşmıştı. İşlenen çeliğe çok güçlü bir kolon-çerçeve şekli veriliyordu. Perde duvar olarak da bilinen ve terra kota veya tuğladan yapılmış giydirme cephe çerçeveden sarkıtılıyordu. Daha sonra pencereler perde duvardaki her bir bölüme asılıyordu. Çelik güçlüdür, yani eşit dağıtılmış ağırlığı taşıyabilir ama çekme kuvveti de vardır, bu da çeliğin belirli oranda bir boylamsal stresle (örneğin rüzgârın sebep olduğu türde) baş edebileceği anlamına gelmektedir.

Bir kılıfın ardına saklanmamış bir çelik çerçeveyi iyice incelemek isterseniz, Eyfel Kulesi'ne bakabilirsiniz. Bugün herkesçe bilinen, Paris'in ve romantizmin sembolü Eyfel Kulesi inşa edildiğinde teknoloji harikası bir yapıydı (1887-1889). Hatta bazıları onu itici bulmuştu. Özgürlük Heykeli'nin inşasının ardındaki beyin olan Alexandre Gustave Eiffel, betonarme bir temel üzerinden yükselen açık kafes işi kuleyi tasarlamıştı. İçe doğru kıvrılıp bir noktada birleşerek tek bir kolon haline gelen ve 374 metre yüksekliğe erişen dört adet kemerli kolon 80 km'yi kapsayan panoramik bir Paris manzarası sunmaktadır. Tüm iç ve dış etkenlere olduğu gibi, içinde bulunan sekiz farklı asansörle en tepeye çıkan sayısız turistin yarattığı yıpranmaya karşı da direnç göstermektedir.

Elektrikli Asansör

Yüz katlı binalar, insanların yukarı çıkabilmesi için merdiveni kullanmalarını gerektirseydi asla işe yaramazdı. Asansör 20. yüzyılın başından beri şantiyelerde kömür ve kereste taşıma aracı olarak kullanılıyordu. Yolcu asansörleri ise otomatik kapıları, hız kontrolü ve güvenlik önlemleriyle muazzam bir lükstü. Bir binada asansör olması, en alt kattan en üst kata kadar uzanan bir şaft olmasını gerektiriyordu; aynı anda birkaç asansörün işleyebilmesi için gerekli alanı sağlamak üzere bu şaftın ekstra geniş olması da lazımdı.

Empire State Binası

İlk gökdelen Chicago'daki on katlı Home Insurance Binası'dır. Bunun hemen ardından yine Chicago'da yapılan Rand McNally Binası da on katlıdır (1889-1911). Bu on katlı yapı da tamamen çelik çerçeveyle inşa edilmiştir. İçinde birkaç yüz ofis ve bir düzineden fazla mağaza bulunur. Bir de ön dört katlı Reliance Binası yapılmıştır (1892-1895). Reliance Binası'nın açılışı yapıldıktan sonra şehir yöneticileri bu yüksek binaların Chicago'nun görünümüne ve havasına yansıması konusunda endişe duymaya başladılar. Önlem olarak bundan sonra yapılacak binalara 10 kat sınırlaması getirdiler.

New York şehri ise, gökdelenlerin şehrin manzarasına hâkim olması konusunda bu kadar müşkülpesent davranmamıştır çünkü şehir yönetimi sokak düzeyinde minimumda bir aydınlık ve hava dolaşımının olmasını sağlama almak için imar kuralları koymuştu. Örneğin, binaların önünde geniş alan kalması için belirli bir hizada inşa edilmeleri gerekiyordu. William Lamb of Shreve, Lamb ve Harmon tarafından inşa edilen Empire State Binası(1929-1931) çabucak New York şehrinin Eyfel'i haline geldi, yani neredeyse dünyadaki herkesin bilip tanıdığı kültürel bir amblem olmuştu.

Daha en baştan yüksek olmak üzere, özellikle de Chrysler Binası'ndan daha yüksek olmak üzere tasarlanmıştı. O zamanlar General Motors'un başında olan John Jacop Raskob en zorlu rakibininkiyle yarışacak bir kule yaptırmakta kararlıydı. Binada kullanılan çelik kirişler Pittsburgh'daki bir fabrikadan getirtilmiş ve yerinde birleştirilmiştir. Art Deco üslubunda inşa edilmiş olan binada tuğla, beton ve kireçtaşı kullanılmış olup girintili duvarlar geometrik hatlarının şıklığına katkıda bulunmaktadır. Lamb yapının merkezine çok sayıda asansör yerleştirmiştir ve en üstte bir seyir terası bulunmaktadır. Empire States Binası 1970'lerde Dünya Ticaret Merkezi inşa edilene dek en yüksek bina olma özelliğini korumuştur.

New York'un En Yüksek 10 Gökdeleni

BİNA	YÜKSEKLİĞİ
Woolworth Binası (1910-1913)	60 katlı
American Standard Binası (1924)	23 katlı
Chyrsler Binası (1928-1930)	77 katlı
Empire State Binası (1929-1931)	102 katlı
30 Rockefeller Center (1931–1933)	70 katlı
Birleşmiş Milletler Genel Merkezi (1947-1953)	39 katlı
Seagram Binası (1954-1958)	38 katlı
Lipstick Binası (1983-1986)	34 katlı
Hearst Kulesi (2003-2006)	46 katlı
Freedom Kulesi (2006-2014)	104 katlı

ART DECO

Teknoloji ve Seri Üretime Kucak Açış

Art Nouveau ve ondan önce gelen Sanat ve El Sanatları Akımı gibi Art Deco da tamamen modern bir şeyler bulma çabasının ürünüydü. Bu üslup, Art Nouveau'da ön plana çıkan organik motiflerden kesin bir kopuşu temsil eder. Art Deco bu motifler yerine endüstriyi kucaklayarak geliştirilmiş tasarımları desteklemiş, zamanının teknolojik ve sosyal yapılanmalarına duyduğu inançla ilerlemiştir. Art Deco akımının taraftarları karanlık günlerin geride kaldığını ve yeni bir refah döneminin başladığını herkese anlatmanın bir yolu olarak cazibe ve lüksü ön plana çıkarmışlardır. Kültürel değişim gibi, seri üretim de onlara ilham olmuştur. Yasak artık bitmiştir ve kızlar saçlarını kestirip mini etekler giyerek feminist beyanlarda bulunmaktadır. İnsanların morali yüksektir ve gelecek de aydınlık görünmektedir.

Art Deco, krom, çelik ve cam gibi malzemeler kullanarak lüksü ve yeniliği vurguluyordu. Güçlü çizgileri ve net simetrisiyle geometrik desenler hem iç hem de dış yüzey tasarımlarında ön plana çıkartılıyordu. Anın getirdiği esinden faydalanmak üzere mimaride uyanışçı eğilimlere karşı gelinmek suretiyle son moda ve yeni olan her şeye kucak açılıyordu. Bu üslup ilk olarak, Paris'te 1925 yılında düzenlenen *L'Exposition internationale des arts décoratifs* fuarında ortaya çıkmıştır.

Kübizm

Birçok mimari formda kübizm etkisi görülür. Kübist eserler, tabloları birkaç bakış açısından göstermeye çalışırlar. Bunu yapabilmek için de objeler kırılmış ve parçaları yeniden bir araya getirilmiş izlemini verecek şekilde tasvir edilir. Aynı yüze ait gözler birbirinden hafiften farklı gibi görünebilir mesela. Bu stil büyük oranda Pablo Picasso (1881-1973) ve Georges Braque (1882-1963) tarafından geliştirilmiştir. Herhangi bir klasik göndermede bulunmadan, objelerin sade bir tasarım ve soyut sunumla ortaya konması mimarların ilgisini çekmiştir.

Bir Amerikan Üslubu Olarak Art Deco

Amerikalı mimarlar Art Deco'nun, Amerikan gökdelenlerine bir kişilik kazandırmak bakımından önemli olduğuna inanmışlardı. Chrysler Binası (1928-1931), güneşte parıldayan paslanmaz çelikten tepesi ve güneş ışınları şeklindeki çizgilerle süslenmiş katmanlı kemerleriyle ön plana çıkan 60 metre yüksekliğindeki kule ucuyla, Art Deco üslubunun en muhteşem örneğidir.

Chrysler Motors'un kurucusu olan Walter Chrysler, firmasının zenginliğini sembolize edecek ve şehrin her yerinde bunu anımsatan bir simge haline gelecek bir bina inşa ettirmek istiyordu. Mimar William Van Alen'dan (1883-1954) Eyfel Kulesi'nden bile yüksek bir şey inşa etmesini istemişti. Wall Street üzerinde bir banka tarafından ısmarlanan başka bir kulenin bu binanın yüksekliğini geçme ihtimali karşısında, Van Alen 60 metrelik ünlü anteni binanın içinde gizlice inşa etti. İş bittiğinde, onu vinçle çatıdan çıkartarak herkesi şaşırttı.

Geometrik desenler ve binanın tepesinden aşağı bakan canavar gargoyleler gibi sert görünümlü çelik kartallar gibi stilize aksesuvarlarla oluşturan yapıda modernize edilmiş bir yaklaşım benimsenmiştir. Bu kartallar ayrıca Chrysler'in motor kapağındaki süslerine de benzer. Paslanmaz çelik malzemesi, alüminyum kemerlere dövülerek işlenmiş üçgen şekilleriyle kule güneşte parıldar. Binanın şaftı koyu tonda sırlı tuğladandır. Bir dizi temsili jant kapağından oluşan friz Chrysler firmasının iş alanını anımsatır. İç mekân kızıl damarlı Fas mermeriyle ve yirmi iki adet asansörünkiler de dahil olmak üzere, tüm kapıları süsleyen egzotik ahşap kakmalarla lüks bir görünüme sahiptir.

ART DECO MİMARİSİNİN ÖZELLİKLERİ

- Bol renk
- Cesur geometrik şekiller
- Bolca kullanılmış süslemeler
- Simetri
- Doğrusal formlar
- Net, modernize edilmiş formlar

Uyanışçı Üslup Olarak Art Deco

Art Deco'nun yeniden canlanışı olarak görülen Streamline Moderne akımı Büyük Buhran döneminde gelişerek İkinci Dünya Savaşı'ndan önce sona ermiştir. Oldukça yeni bir Amerikan şehri olan Miami'nin yeni bir görünüme ihtiyacı vardı. Art Deco'nun ikinci dalgası buraya derin kökler salmıştır. Streamline Moderne, Büyük Buhran'ın yarattığı ekonomik sıkıntılarla yoğrulmuş olduğundan, gerçek Art Deco'ya kıyasla daha az gösterişli bir üsluba sahiptir. Dekoratif unsurlar azdır, pastel renkler kullanılmış, süsleme olarak cam bloklar, çiçeksi imgeler ve gemi motifleri tercih edilmiştir.

Hatta bazıları ona Tropikal Deco adını verir. İsmi ne olursa olsun, görünüş açısından kesin bir iyimserliği yansıtmaktadır. Yuvarlatılmış köşeler, gemilerdeki lombozlara benzer pencereler, kademli çatılar ve neon aydınlatmalar genel özellikleridir.

Taşımacılıkta Streamline Moderne

Streamline Moderne yalnızca mimari bir üslup değildi. Otomobil tasarımlarında, gemilerde ve buzdolabı gibi birçok ev gerecinde de kullanılıyordu. Bu üslupta, modern aerodinamik ilkelerinden etkilenilmiştir.

1929 yılında başlayan Büyük Buhran, Art Deco'nun o egzotik ve lüks süslemelerinin de sonunu getirmiş, onun yerine daha sade ve süssüz, modernize bir üslubun hâkim olmasına yol açmıştı. Böylesine büyük bir finansal kriz ortamında, orijinal Art Deco rahata ve lükse düşkünlüğü yansıtan bir stil olarak tamamen ciddiyetsiz ve uygunsuz görünüyordu.

BAUHAUS

Alman Tasarımının Gelişimi

Birinci Dünya Savaşı'nın ardından Almanya harap haldeydi. Genç nüfusun çoğu savaşta ölmüştü, ekonomi çökmüştü ve sanayi zor durumdaydı. Sanayiye kucak açmanın Alman tasarımının kalitesini yükselteceği ve yaşanan durumda iyileşme sağlayacağı yönünde genel bir kanı vardı.

1919 yılında mimar Walter Gropius, bir Sanat ve El Sanatları okuluyla güzel sanatlar akademisini aynı çatı altında toplayacak bir eğitim kurumunu yönetmek üzere terfi ettirildi. Bauhaus adı verilen bu okulda ("Yapım Evi" olarak çevrilebilir) uygulanan müfredat, çırakların kalfalık belgesi alabilmek için çalıştıkları ortaçağ loncaları model alınarak oluşturulmuştur. Burada öğrenciler hem zanaatkârlık atölyelerinde ders alıyor hem de kuram öğreniyorlardı. Dersler genellikle ressamlar tarafından veriliyordu. Hatta Wassily Kandinksy (1866-1944) on yıldan uzun süreyle fakültenin üyesi olmuştu. Gropius müfredatın, Beaux Arts geleneğine tamamen zıt olmasını istemişti.

BAUHAUS'TA VERİLEN DERSLERE ÖRNEKLER

- Biçim Etüdü ve Malzeme Kuramı
- Doğa Etüdü
- Malzeme Etüdü
- Kompozisyon Çalışması
- Alan Çalışması
- Cam
- Kil
- Taş
- Tekstil Ürünleri
- İnşa Tasarımı

Bauhaus felsefesine göre en iyi ürünü ortaya çıkarmak disiplinlerarası bir çalışmayla mümkün olabilirdi. Güzel sanatlar konusunda eğitim almış sanatçılardan mimarlara kadar herkes, bir ürünün planlama aşamasından yapımına dek birlikte çalışırdı. Birey ve modern toplum arasındaki sinerjiye saygı duymakla birlikte, fazlasıyla klasik veya süslü püslü görünen her türlü stil öğesini tamamen reddediyorlardı.

Walter Gropius

Gropius'un mimari açıdan geçmişi sağlamdı. Berlin'de tanınmış bir mimar olan amcası Martin Gropius gibi babası da mimardı. İlk işlerinden biri, ünlü mimar Peter Behrens'e (1868-1940) asistanlık yapmak olmuştu. Behrens çalışmalarını, özellikle geleneksel tasarıma endüstriyel bir açı kazandırmaya adamış bir mimardı. Gropius, Berlin'de klasik öğelerden ilham alarak gücü yansıtan ve endüstriyi yücelten AEG Tribün Fabrikası'nı tasarladı. Daha sonra Adolf Meyer'le ortak bir firma kurdular. İlk büyük projeleri Alfeld-an-der-Leine'deki Fagus Fabrikasıdır. Yapıda sonradan Uluslararası stille ilintilendirilen son derece yenilikçi tasarım detayları bulunuyordu: çelik iskelet sistemi destekli cam perde duvarlar ve bunların üzerini örten düz bir çatı. Yekpare duvarlarının ve dıştan görülebilen herhangi bir süslemesinin olmaması nedeniyle bina oldukça modern bir görünüme sahipti. Gropius, Frank Lloyd Wright'tan ilham almıştı. İşler tam da yolunda giderken, Gropius'un çalışmalarına ara vererek Birinci Dünya Savaşı'na asker olarak katılması gerekti. Savaşın ardından, Avrupa'yı en elverişli şekilde yeniden inşa etmek için nelerin gerektiği üzerine çok fazla kafa yordu. Görsel çekiciliğe sahip olmakla birlikte, savaş sonrası ortamına saygılı, iyi planlanmış konutlar geliştirmeye odaklanmıştı.

BAUHAUS YAPILARININ ÖZELLİKLERİ

- Düz çatılar
- Düz cepheler
- Kübik şekiller
- Yumuşak renklere yönelim: Beyaz, gri, bej, siyah
- Açık kat planları
- İşlevsel mobilyalar

- Çelik çerçeve
- Cam perde duvarlar

Bauhaus Atölyesi

Bauhaus kurum olarak olgunlaştıkça yönetimle aralarındaki uyuşmazlıklar gitgide arttı. Havalı fakülte üyeleri ve siyasi görüşleri olan öğrenci kitlesi, mimarinin ötesine geçip ilgi odağı haline gelmişti. Ekonomik durumu kötüleşen okul, Nazilerce sıkı şekilde tetkik ediliyordu. Gropius ümitsizce her şeyi yoluna koymaya çalıştı. Kavgacı fakülte üyelerini kovdu ve kampüsü Weimar'dan Dessau'ya taşıdı. Seri şekilde üretilebilecek ürünler için planlar satmaya başladı.

Gropius elinden geleni yapmış olsa da Naziler en sonunda baskın çıkarak komünist değerlerin çürümüş bir yansıması olduğuna inandıkları okulu ortadan kaldırdılar.

Amerikan Uluslararası Üslup

Naziler iktidara gelip de Bauhaus tamamen lağvedildiğinde, birçok ileri gelen mimar ABD'de yeniden buluşarak Modern akım çerçevesinde çalışmalarını sürdürdü. Amerika, tarihinde ilk kez mimari kuram ve tasarımda öncülük eder hale gelmişti. Bauhaus'un Amerikan uzantısı Uluslararası Üslup adıyla bilinir. Sosyopolitik meselelerle bağını koparak kapitalizmin parametrelerine uyum sağlamıştır. Bugün bu stil ofis binaları, pahalı ve lüks meskenler için tercih edilir. 20. yüzyılının ortalarına gelindiğinde, Amerikan Uluslararası Üslup, ABD'nin her yerini kapsayan, çok çeşitli iklim ve arazi koşullarının gereksinimlerini karşılayabilen bir üsluba dönüşmüştü. Hatta Kaliforniya ve güneybatıdaki bölgeler gibi kurak iklimin hâkim olduğu yerlerde popüler olan Çöl Modernizmi gibi ufak yerel kimlikler edinmeye başlamıştır.

Birleşmiş Milletler Genel Merkezi

Bu yapı muhtemelen Uluslararası Üslup'un günümüze ait en iyi örneğidir. Le Corbusier (1887-1965), Oscar Niemeyer (1907-

2012) ve Wallace Harrison'dan oluşan (1895-1981) uluslararası mimar ekibi tarafından inşa edilmiştir. Uluslararası Üslup savaş sonrası yeni bir başlangıcı sembolize ediyordu. İnşası 1952 yılında tamamlanan bina, New York'un ilk hakiki yeşil cam perde duvarlı binasıydı. 39 katlı betonarme yapıda, dış cephedeki detaylar için alüminyum kullanılmıştı. Basit geometrik formları ve tarihsel çağrışım barındıran herhangi bir süslemesi olmamasıyla ön plana çıkan yapı, New York'ta Uluslararası Üslup'ta inşa edilmiş ilk büyük binadır. Bina 1950'lerde Manhattan'ın bir şehir merkezi olarak yeniden canlanmasına yardımcı olmuştur.

YENİ BİR MİMARİYE DOĞRU

Le Corbusier Modern Estetiğin Sınırlarını Zorluyor

Charles-Édouard Jeanneret-Gris ya da kendine taktığı isimle Le Corbusier, İsviçre'nin saat yapımıyla uğraşan bir kasabasında dünyaya geldi. Formal eğitimini yerel Sanat ve Zanaatkârlık Okulu'nda aldı ve burada saatlerin koruyucu kasalarına oyma işi yapmayı öğrendi. Yeteneğinden etkilenen öğretmenleri onu daha büyük bir sanat formunda çalışmalarını sürdürmeye teşvik ettiler. Böylece mimar Auguste Perret ve Peter Behrens ile çalışmak üzere yola çıktı. Perret inşaatta betonarme kullanımı konusunda bir öncüydü. Behrens ise Endüstriyel Klasisizm üslubunda getirdiği yeniliklerle ünlüydü. Le Corbusier, öğretmek ve eserler üretmek üzere İsviçre'ye dönmeden önce Akdeniz'i ve Yunan adalarını gezerek ilham verici tarihi yapıları görmek için de zaman ayırmıştı.

Makine Ev

Le Corbusier'in üstlendiği ilk büyük proje Dom-ino Evi'dir (1914-1915). Bu ev, Birinci Dünya Savaşı hakkında ortaya atılmış bir önermedir. Le Corbusier savaşın her şeyi yok edeceğini ve nihayet sona erdiğinde ise her şeyin yeniden inşa edilmesi gerekeceğini varsayıyordu. Bu işi kolaylaştırmak için de seri üretimle kolayca hemen yeniden aynısı üretilebilecek bir ev biçimi öneriyordu. Tasarım öğelerini mutlak şekilde asgari düzeye indirmişti. Mesela Dom-ino Evi'nde, dört adet çıplak beton direk bulunuyordu. Bunlar, dikey destek oluşturmak üzere düzenli şekilde yerleştirilmiş tamamen süslemesiz kolonlardı. Katlar birbirine sade merdivenlerle bağlanıyordu. Prefabrike parçaların kullanılması, tüm evin hemen olduğu yerde çabucak monte edilebileceği anlamına geliyordu. Duvarlar ve iç mekânın bölünerek odaların oluşturulması gibi bazı şeyler orada evin montajını yapan kişinin yaratıcı sağduyusuna bırakılıyordu.

Le Corbusier, yeni fikirlerle dopdolu olarak Paris'e taşındı. Fransa'da pek tanınmıyordu ve savaş yüzünden iş imkânları fazla değildi. Bu yüzden o da vaktini resim ve çizimler yaparak ve yazarak geçirdi. Bu süre içinde ressam Amédée Ozenfant ve şair Paul Dermée ile birlikte *L'Esprit Nouveau* adında, "modern estetik anlayışa" adanmış bir dergi çıkarttı. Yazdığı makaleler günün koşullarına göre oldukça radikaldi. Yazılarında Yunan tapınaklarını ve Gotik katedralleri, transatlantikler ve uçaklar gibi modern yeniliklerle ilişkilendiriyordu. Bunların hepsini "yeni mimari" bağlamında bir araya getiriyordu. Seri üretilmiş evlerle ilgili fikirlerinden bahsediyor, bir evin içinde insanların yaşayabildiği bir makine olduğunu iddia ediyordu.

Yeni Bir Mimariye Doğru

Esasen şahsi manifestosu niteliğindeki *Yeni Bir Mimariye Doğru* isimli toplu makalelerinden oluşan eserinde Le Corbusier seri üretim ürünü evlerin, en az bunların inşasında kullanılan endüstriyel araçlar kadar güzel olabileceğini ifade eder.

Bu üslubunu 1925 yılında Paris'te düzenlenen Art Deco Fuarı'nda sunmuştu. Fütüristik tasarımları geometriyi vurguluyordu. Doğada ön plana çıkan soyut modüler bileşenleriyle bembeyaz evler tasarlıyordu.

Beş Önemli Nokta

Le Corbusier, yeni mimariyi oluşturduğuna inandığı beş temel prensibi açıklayan bir yazı yazmıştı. Kati şekilde inandığı bir şey varsa o da, tarihi mimarlık formları üzerinde çalışmanın yeterli olmadığıydı.

1. Binayı topraktan yukarı kaldırmak için direk kullanıldığında bahçenin alt kısma doğru herhangi bir kesintiye uğramaksızın uzaması mümkün olabilmektedir.

2. Bir çatının hem bahçe hem de teras olarak kullanılacak işlevselliğe sahip olması gerekir. Bir çatı bahçesi çiçek tarhları ve ağaçlarla donatılabilir. Esasen bu, beton çatıyı değişen iklim koşullarına karşı da koruyacaktır. Bu ayrıca evin üzerine inşa edildiği toprak parçasının yeniden kazanılması anlamına da gelmektedir.
3. İç kat planında taşıyıcı duvarlar olmamalı, plan serbest ve açık olmalıdır. Böylece bölmeleri estetik bakımdan hoş görünecek, göze güzel gelen yerlere yerleştirilebilecektir.
4. Birçok mimari üslupta öne çıkan dikey pencereler yerine, Le Corbusier en iyi aydınlatma ve havalandırmanın uzun yatay pencerelerle sağlanabildiğini iddia ediyordu. Bu pencereler bir odayı bir uçtan diğer uca aydınlatabilirdi.
5. Ön cepheler yalnızca duvarın kaplaması olarak ve pencereleri sabitlemek için hizmet etmeliydi çünkü onların yük taşıma bakımından herhangi bir sorumluluğu yoktu.

Villa Savoye

Villa Savoye (1929-1931) Paris dolaylarındaki Poissy-sur-Seine'de inşa edilmiş modernist bir villadır. Bu yapı, Le Corbusier'in ev yaşamında seri üretimin sunduğu imkânlara duyduğu inancın bir tezahürüydü. Katlar beton levhalarla oluşturulmuş ve yine betondan dikey sütunlarla desteklenmiştir. Katlar birbirine merdivenle bağlanmıştır ve çatı düzdür. Strüktürü temelden başlayarak destekleyen kolonlar, aynı zamanda ikinci kat pencereleri arasında bölme işlevi gösterir. Zemin kat, ikinci katta yer alan ana yaşam alanının altında kalan çok kompakt bir mekândır. Evin en alt katı olan bu alanda giriş holü bulunur. Buradan başlayarak üçüncü kata kadar çıkan bir rampa bulunmaktadır. Villa, Uluslararası Modern akımında son derece etkili olmuştur.

Notre-Dame du Haut Kilisesi

Le Corbusier 1940'larda yeni malzemelerle denemeler yapmaya başladı. Artık seri üretim onun odağından büyük oranda çıkmış, sembolik tasarımla ilgilenmeye başlamıştı. Uluslararası Üslup'un doğal bir sonucu olarak çıkan Yeni Brütalizm, işlevselci ilkelere dönüşü savunuyor ve bu bağlamda yapı strüktürlerinde süsleme ve zarafetten kaçınıyordu. Betonu normal formunda, olduğu gibi pürüzlü ve işlenmemiş şekilde bırakıyordu. Ronchamp, Fransa'da inşa ettiği Notre-Dame du Haut Kilisesi'nin de (1950-1955) örnek teşkil ettiği üzere, Le Corbusier betonun heykelsi niteliğinden faydalanıyordu. Bu kilise, önceki eserlerinde temel aldığı beş ilkeden tamamen kopuşunu temsil ediyordu. Bu yapı, kilisenin lüks ve gösterişten tövbe ederek Modernizmi kucakladığını beyan etmek amacıyla yapılmıştı. Burası ruhani bir hac yolculuğunun durak noktalarından biriydi. Beyaza boyanmış pürüzlü duvarlarla zıtlık teşkil eden, koyu renk betondan oluşan çatısı tek tarafa doğru kıvrılmış olmasıyla ünlüdür. Yapının bir duvarına, birbirine eşit ölçüde olmayan pencereler açılmıştır. İçe doğru girintili olan pencerelere el boyaması camlar takılmıştır. Çok kalın duvarlarına karşılık, iç alanı son derece küçük olan tuhaf bir yapıdır. Asimetrik pencerelerden içeriye loş ama dinamik bir ışık süzülür. İç kısım, güney tarafındaki süssüz sıralarıyla çok sade ve alçakgönüllü bir görünüme sahiptir. Duvarlar, çatı ve zemin sunağa doğru kavislenir.

Bir Kent Simgesinin Korunması

2014 yılında Notre-Dame du Haut Kilisesi, el boyaması cam pencerelerden birini kırıp beton bir bağış kumbarasını çalan birkaç hırsız tarafından tahrip edildi. Böyle bir olayın yaşanması, simgeleşmiş olan bu kilisede güvelik açığı olup olmadığı yönünde sorular doğurmuştu. İnsanlar yapıda nem sorunu ve taş işçiliğinin eskimesiyle meydana gelen çürümelerden söz etmeye başladılar. Bu olay, tarihi binaya giriş biletlerinden elde edilen paraya karşılık, yapının bakımına harcanan paranın dengelenmesiyle ilgili hararetli tartışmaların çıkmasına yol açmıştı.

LUDWIG MIES VAN DER ROHE

Uluslararası Üslup

Ludwig Mies van der Rohe (1886-1969) modern mimarinin ileri gelen öncülerinden biri olarak görülmektedir. Mies, Nazi Almanya'sından kaçarak, ABD'de kendine güvenli bir yer arayan kültürel sığınmacılardan biriydi. Dessau'daki Bauhaus okulunu yöneten Mies, okul açısından hem dikkat dağıtıcı olan hem de onu fazlasıyla odak noktası haline getiren yoğun siyasi kimliği yok etmeye çalışmıştı. Elinden gelenin en iyisini yapmış olmasına rağmen Hitler bu kuruma duyduğu güvensizlikten bir türlü kurtulamamış ve Mies'in çalışmalarının "Alman kimliğine sahip olmadığına" hükmetmiştir. ABD, kısa süre içinde Modernist akımın liderleri haline gelen Mies ve çağdaşları olan Walter Gropius, Peter Behrens ve Le Corbusier'i büyük bir hevesle kabul etmiştir.

Birinci Dünya Savaşı'ndan sonra Mies Avrupa'nın yeniden inşasında kullanabileceği bir üslup arayışına girmişti. Tarihi üslupların, özellikle de Gotik ve Klasik stillerin başarıları üzerinde çok düşünmüş ve en az bunlar kadar güçlü olmakla birlikte, modern zamanlara göre biçimlendirilmiş bir şeyler bulmak istemişti. Almanya'da taş ustası olan babasından pratik yapım teknikleri konusunda iyi bir temel almıştı. Peter Behrens'in itibar sahibi ofisinde asistanlık yapmış, Bruno Paul'ün yanında mobilya tasarımcısı olarak çalışmıştı (1874-1968).

İlk Tasarımlar

Birinci Dünya Savaşı'nın ardından Mies tasarımını yaptığı ama asla inşa edilmeyen bir dizi projesiyle ünlenmişti. Bu projeler strüktür şekli ve bunları inşa etmek için kullanılan malzemeler bakımından ortaya birçok yeni fikrin çıkmasını sağlamıştı. Örneğin Mies, çelik iskeletinin üzeri tamamen camla kaplanmış ve böylelikle tamamen saydam bir görünüm arz eden yirmi katlı bir gökdelen tasarlamıştı. Bu tasarımını, ışığı yakalayarak yansımalar oluşturacak şekilde, çeperinde düzensiz hatlar olan otuz katlı bir gökdelen tasarlayarak daha da ileri bir noktaya taşıdı. Yapı malzemesi olarak beton kullanılmış başka bir ofis binası geliştirdi ki o zamanlar için bu sıra dışı bir malzeme seçimiydi. Yedi katın her birinde, kesintisiz bir şerit halinde etrafı dönen bir çıkma veya yatay pencereler bulunuyordu. Bu tasarımda Frank Lloyd Wright'ın etkisi görülebilir. Bu binalar çarpıcı bir sadeliğe sahipti, dış kısımlarında herhangi bir süsleme bulunmuyordu. İç kısımları ise açık kat planları ve mekânda esneklik tanımlıyordu. Bunlar, işlevi ve rasyonaliteyi vurgulayan yapılardı.

Mies'in Düsturları

Mies'in mimari hakkında söylediği ve dillere destan olmuş sözleri öylesine güçlü bir etki yaratmıştır ki söylendikleri andan itibaren mobilyadan modaya her tür tasarım anlayışı üzerinde iz bırakmıştır.

- "Tanrı detaylarda gizlidir."
- "Her şeyin azı iyidir."

Barcelona Pavyonu

20. yüzyılın meşhur mimari tasarımlarından biri olan Barcelona Pavyonu, Mies tarafından, 1929 yılında Barcelona'da düzenlenen uluslararası fuar için inşa edilmiştir. Hiçbir gösterişi olmayan oldukça ufak bir yapıdır. Tek katlı olmakla birlikte hafifçe yükseltilmiş olması onu etrafını saran diğer binalardan daha önemli gösteriyordu. Düz, beton plak çatısını destekleyen, krom kaplamalı betondan sekiz adet basit ve süslemesiz kolondan oluşuyordu. Duvarların hizalanmamış ve hatta kolonlarla birleştirilmemiş oluşu, çatının dikey duvarlar üzerinde adeta su üzerinde duruyormuş gibi görünmesine sebep oluyordu. İç kısımda ise zeminlerin tamamı Roma traverteninden yapılmıştı ve pencerelerde renkli camlar bulunuyordu. Dış avluda, yapıdaki tek dekoratif unsurun,

yani dans eden bir kız heykelinin (Georg Kolbe'nin eseridir) durduğu bir yansıtma havuzu yer alıyordu. Paslanmaz çelik masaları, tabureleri ve sandalyeleri Mies bizzat tasarlanmıştı. Kapitoneli sandalyeler beyaz döşemeliydi.

Barcelona Pavyonu bugün Modern tasarım olarak tanıdığımız şeyin somutlaşmış halidir. Bolca kullanılan süslemelerden uzak, dolambaçsız bir mimari anlatımı temsil eder. Geniş alanlar ve basit geometrik biçimlerle oluşturulmuş olan kompozisyonuyla kaliteli inşaat malzemelerinin ve zanaatkârlığın ön plana çıkmasına olanak tanır. Yapının orijinali fuar sonrasında sökülmüş olmasına rağmen aynı yerde bir replikası inşa edilmiştir.

Farnsworth Evi

Farnsworth Evi (1946-1951) Barcelona Pavyonu'nun mesken inşasındaki karşılığıdır. Plano, Illinois'de, hafta sonları rahatlayıp dinlenmek için inşa edilmiş olan ev minimal öğelere indirgenmiştir: tek kat, çelik çerçeve ve cam perde duvarlar. Zeminden hafifçe yükseltilmiş olması zarif biçimine güç katar. İç mekânda açık kat planıyla alan azamiye çıkartılmış olup, yapıda bulunan tek teras bir tarafta çıkıntı yapmaktadır. İç mekândaki açıklığı kesintiye uğratan az sayıda unsurdan biri, evin tam ortasına yerleştirilmiş olan şöminedir. Zeminden verandaya ve sonra da verandadan terasa kadar uzanan iki adet geniş merdiven bulunmaktadır. Ev etrafını saran doğayla uyum içindedir, bulunduğu ortamdan onu ayıran tek şey açık renk çelik pencere çerçeveleridir.

Bu ev, Modernizmin ve Uluslararası Üslup'un görkemli bir örneği haline gelmiş olmakla birlikte, esasen pratiklik açısından ev yaşamına muhtemelen pek de uygun değildi. Öncelikle, saydam ve çok geniş bir dikdörtgensel şekle sahip olması nedeniyle mahremiyet sağlamıyordu. Herhangi bir perdeleme sistemi bulunmayan camları, sıcak yaz güneşinin içeri girmesine, kışın ise yoğunlaşmadan ileri gelen terlemeye sebep olacağından zorlu iklim koşullarına karşı koruma sağlamıyordu.

Seagram Binası

Seagram Binası (1954-1958) 1950'lerin sonu ve sonraki yıllarda New York mimarisinde görünüm ve kapsamın belirlenmesi açısından çok etkili olmuş bir yapıdır. Zamanına göre avangart bir yapı olan bu otuz sekiz katlı yapı, bronz kaplama sütunlar üzerine oturtulmuştur. Ön cephede birbirini izleyen bronz kaplama ve renkli cam şeritleri bulunur. Zeminden en üste kadar pencerelerle tasarlanmış, yani hakiki bir cam perdeye sahip ilk yapıdır. Pencereler arasındaki bronzdan dikey I kesitli kirişler, binanın dikey düzleminin uzunluğunu vurgular. Yapıda süsleme amaçlı herhangi bir cephe kaplaması, taş ve tuğla bulunmamaktadır. İç tasarımında kullanılmış olan traverten, mermer ve bronz da içeriye şık ve minimalist bir hava vermektedir.

Bina sokak hizasından biraz geriye çekilmiş, önünde yayaların geçmesi için geniş bir açık alan bırakılmıştır. Zaman içinde şehir plazası olarak adlandırılacak olan bu alan, New York gökdelenlerinin ortak bir özelliği haline gelecekti.

Uluslararası Üslup'un Öne Çıkan Özellikleri

Uluslararası Üslup bugün ABD'deki ticari yapılarda en fazla kullanılan mimari stildir. İşte bu stilin bazı temel özellikleri:

- Cam veya beton gibi ince materyallerden yapılmış duvarlar
- Özellikle iç mekânlarda mermer ve bronz gibi çok kaliteli malzemelerin kullanılması
- Doğrusal formlar
- Kompozisyon ve detayda mutlak mükemmeliyet
- Hiç ya da çok az süsleme
- Çıkmaların kullanılması
- Camdan ve çelikten cepheler
- Açık iç alanlar

DEKONSTRÜKTİVİZM

Kaotik Üslup

Dekonstrüktivizm üslubu post-modern çağın bir parçasıdır. Yoğun olarak 1980'lerin sonlarında kullanılmıştır. Bu akımın tavan yaptığı 80'lerin sonlarında New York'taki Modern Sanat Müzesi (MoMa) Dekonstrüktivist Mimari adıyla bir sergiye ev sahipliği yapmıştı. Gerçi bu sergi daha çok bu stilin tanıtımına ve keşfedilmesine yönelikti, zira bu dönemde halen gelişmeye devam ediyordu. MoMA'ya göre bu stilin önde gelen yedi mimarı bulunuyordu: Frank Gehry, Zaha Hadid, Rem Koolhaas, Wolf D. Prix, Daniel Libeskind, Bernard Tschumi ve Peter Eisenman.

Dekonstrüktivist mimari, adeta bütünlüğü olmayan küçük birer parçaya benzeyen ve bir yapının çerçevesini veya iskeletini yerinden oynatan kıvrık ve eğimli formlar barındırır. Sonuçta ortaya çıkan estetik, kaotik ve öngörülemezdir, bazen de ona bakanlarda bir dengesizlik ve rahatsızlık hissi yaratır. Dekonstrüktivist mimarlar, biçim olasılıklarına çok fazla sınırlama getiren kuralları sebebiyle Modernizmi fazlasıyla kısıtlayıcı buluyorlardı. Eğer bir şey dikkatlice tasarlanırsa, sonuçta ortaya çıkan görünümün zaten yeterli bir süsleme olacağına inanan bu mimarlar tamamlayıcı unsur olarak süslemeler üzerinde pek durmamışlardır. Dekonstrüktivist mimaride görülen geometride genellikle soyut dışavurumculuk ve kübist sanatın yankılarına rastlanır.

İlham Kaynağı Olarak Rus Yapısalcılığı

Rus Yapısalcılığı 20. yüzyılın başlarında Rus avangartları tarafından geliştirilmişti. Teknik olarak Modernizmin bir dalı olmakla birlikte sonuçta ortaya koyduğu görünüm çok soyut ve deneyseldi. Yapısalcılar sanatı en temel öğelerine indirgiyor, onları düzgün bir şey haline getirmek için yeniden birleştirirken her şeyi minimalde tutuyorlardı. Örneğin Vladimir Tatlin (1885-1953) tarafından III. Enternasyonel için tasarlanmış olan Model Anıt, içinde ofis binalarının olacağı, çift spiralli bir kule önermesinde bulunuyordu. Ancak 396 metre yüksekliğindeki bu yapı hiçbir zaman inşa edilmedi.

Kulenin bir cam silindirin, küpün ve koninin üzerini örtecek olan demir çerçevesi, yeni malzemeler ve teknolojik yöntemler kullanılarak inşa edilecekti. Tatlin duvar fikrinden tamamen uzaklaşarak, bunun yerine açık bir çerçeve üzerinde durmuştu. Rus Yapısalcıların planlarının birçoğu, hayata geçirilmelerinin imkânsız olması sebebiyle inşa edilmemiştir. Savaş sonrası Rusya'sında bunları inşa etmek için gereken kaynak ve yenilikler bulunmuyordu. Ancak Tatlin'in anıtınınki gibi birçok model resim dünyaya yayılmış ve bunlardaki cesur ve olağanüstü stil güçlü bir etki yaratmıştır.

Fütürizm

Tıpkı Yapısalcılık gibi Fütürizm de İtalya'da başlamış bir savaş sonrası akımdır. Fütüristler, artık eskiyip yok olmaya yüz tutmuş olduğunu düşündükleri İtalyan mimarisine hayat katmaya çalışıyorlardı. Sade ve dolambaçsız tasarımları tercih ediyor, asansör şaftları gibi en sıradan öğeleri açıkta, görülebilecek şekilde bırakıyorlardı.

Peter Eisenman

Peter Eisenman 1932 yılında Newark, New Jersey'de doğdu. Cornell Üniversitesi'nde eğitim gördükten sonra ilk işlerinden biri Walter Gropius'un yanında çalışmak olmuştu. O, Nietzsche ve Noam Chomsky'nin fikirlerinden esinlenen bir mimarlık kuramcısıydı. Ona göre, Postmodernizmin felsefeyi ve dilbilimi iç içe geçirmesi gerekiyordu. Mimari disiplin üzerinde büyük bir etkisi olan bu kuramlar inşa ettiği her şeyde açıkça görülebilir.

Eisenman ilk olarak, 60'lı yılların sonu, 70'lerin başında tasarladığı ve her birine bir ile on arasında bir sayı verilmiş bir dizi evle dikkat çekmiştir. Bu evlerin çoğu, usulüne uygun şekilde planlandırılmış olmakla birlikte hiçbir zaman inşa edilmemiş birer fikirden ibarettir. Bu evlerin bazıları, binaya bağlanmamış kolonlar ve hiçliğe doğru uzanan merdivenler gibi detayları sebebiyle insanların kafasını karıştırmıştı. Eisenman Modernizm ilkelerini ve onlara eşlik eden işlevsellik anlayışını tamamen reddediyordu. Bu numaralandırılmış evlere bakanların bazıları onları "nihilistik" olarak tanımlıyordu. Eisenman özellikle, bir binanın geleneksel öğelerini alıp bunları tipik olarak konumlandırıldıkları yerde ters döndürmekle ilgileniyordu. Bu, onların bir çerçeve gibi görünmesine neden oluyor ve etrafta oradan oraya kaydırılmış olmaları, strüktürün oldukça karmaşık ve dengesiz bir görünüme sahip olmasına yol açıyordu. Bu müdahaleler yapıların içinde ilginç alanlar oluşturuyordu. Eisenman daha sonra, 1987'deki Berlin Uluslararası İnşaat Fuarı'nın bir parçası olarak Berlin Müzesi'ni tasarlamıştır.

Eisenman ve Chomsky

Eisenman bir strüktürün anlamının biçiminden daha önemli olduğuna inanıyordu. Tasarımları ilk bakışta pek net veya rasyonel değildi. Fakat ünlü dilbilimci Noam Chomsky'nin dışavurum üzerine çalışmaları onu çok etkilemişti. Hepimiz aynı dilbilimsel geçmişten geldiğimize ve dolayısıyla kendimizi benzer bir şekilde ifade etmeyi öğrendiğimize göre, hepimizin onun mimarisine bakıp anlatmak istediği şeyi anlamamız gerektiğine inanıyordu. Bu bağlamda, binalarının anlatımsal bir bileşeni aksettirdiğini düşünüyordu.

Katledilen Avrupalı Yahudiler Anıtı

Katledilen Avrupalı Yahudiler Anıtı (2005) eski Doğu ve Batı Berlin arasında yer almaktadır. Eisenman, Holokost'un anısına inşa edilen herhangi bir yapının ağırbaşlı olması gerektiğine inanıyordu. Anıtların çoğu hayatı kutlayan yapılar olsa da, bu anıtın kurbanları onurlandırması ve toplu ölüm trajedisinin asla unutulmamasını sağlaması gerekiyordu. Ortaya çıkan plan tamamen soyuttu. Eisenman, dikdörtgen biçimli olmakla birlikte, farklı boyutlarda ve şekillerde 2700'den fazla steli, meyilli bir arazi parçasına yerleştirmişti. Taş blokların üzerinde yazılı herhangi bir söz veya kabartma, bir plaka veya yazıt bulunmuyordu. Anonim bir havası vardı. Ziyaretçiler, taşların arasında kalan ve insanın başını döndüren geçiş yollarında manevralar yaparak anıtı gezebiliyorlardı. Taşlar arasındaki boşluklar dar olmakla birlikte, zemin meyillendikçe farklı açılarda genişliyorlardı. Eisenman bu deneyimi Yahudilerin Holokost boyunca sosyal ve siyasi bakımdan yaşadıkları deneyime benzetiyordu.

Bu anıt tasarımı sunulduğu ilk anda birçok tartışmaya yol açtı. İnsanlar tasarımın soyutluğundan ve haşin sembolizmasından rahatsız olmuşlardı. Bir savaş anıtının daha bilgilendirici nitelikte olması gerektiğini düşünüyorlardı. Bazı şikâyetleri yatıştırmak için en sonunda anıtın girişine, tarihi bilgilerin ve objelerin sergilendiği bir ziyaretçi alanı eklendi.

Anıta Zarar Verilmesinin Önlenmesi

Katledilmiş Avrupalı Yahudiler Anıtı ilk inşa edildiğinde burayı tahrip etmek isteyecek kişilerin olabileceği yönünde bir endişe duyulmuştu. Böylesine hassas bir meseleyi anımsatan bir yapının kutsallığının birisi tarafından bozulmasından daha korkunç bir şey olamazdı. Bunun üzerine taş blokların üzeri, herhangi bir grafitinin yapışmasını önleyecek, özel bir solüsyonla kaplandı.

FRANK GEHRY

Bir Neo-Modernist

Frank Gehry 1929 yılında Kanada'da doğdu ve ergenlik çağının sonlarına doğru anne ve babasıyla birlikte Kaliforniya'ya taşındı. Genç yaşında, büyükbabasının nalbur dükkânında bulduğu nesnelerle hayali evler ve şehirler inşa ederek yaratıcı biri olduğunu kanıtladı. Lisans eğitimini Güney Kaliforniya Üniversitesi'nde aldıktan sonra Harvard mimarlık okuluna kabul edildi. Fakat Los Angeles'a dönmek üzere okulu bıraktı ve 1970'li yıllarda burada Easy Edges (Yuvarlak Köşeler) adı verilen ve kalın mukavvadan yapılmış bir mobilya serisi üretmeye başladı.

Bu karton mobilyalar Gehry'nin işlevsel olmanın yanında görsel bakımdan da çarpıcı olan bir şeyler tasarlama yönündeki ilk çabalarıdır. İlk ürettiği parçalar, insanların üzerine oturabileceği veya masa olarak kullanabileceği dayanıklılıkta, katmanlı oluklu mukavvadan yapılmıştı. Ürettiği mobilyalar aynı zamanda çok zarifti, buna örnek olarak "wiggle chair" (kıvrımlı sandalye), yani üç adet kıvrımlı dalgayla son bulan arkası düz bir sandalye gösterilebilir. Bu dalgalar sandalyeyi yerden yukarı doğru yükseltiyordu. Gehry, onları bu kadar dayanıklı kılabilmek için altmış kat mukavvayı elle şekillendirmiş ve gizli vidalarla birbirlerine tutturmuştur. En sonunda kenarları suntayla kaplamıştır. Gehry, biraz düzensiz bir şekilde istiflenmiş hantal parçaları ve işlenmemiş kenarlarıyla daha kaba görünen Experimental Edges (Deneysel Köşeler) adında ikinci bir mobilya serisi çıkartmıştır.

Gehry'nin tasarımları, ona soğuk ve kısır gelen Modernist formlara karşı bir tepkiydi.

Danziger Evi

Gehry 1960'ların başında Los Angeles'ta kendi mimarlık bürosunu kurdu. 1965 yılında ise tasarımcı olan Louis Danziger'ın stüdyo olarak kullanacağı Danziger Evi'ni tasarladı. Yapı betondan yapılmış tamamen yalın bir kutuya benziyordu, Gehry'nin işlevselciliğin başını çeken isimlerden olan Louis Kahn'a duyduğu hayranlığı yansıtıyordu. Beton gibi basit malzemeler kullanarak onları gün ışığını azamiye çıkartacak şekilde düzenledi. Bu eşsiz yapı, Gehry'yi önde gelen mimarlar arasına sokarak dikkatleri üzerine çekmiştir.

Gehry Evi

Gehry'nin erken dönem eserlerinde "yapılmayana" karşı bir hürmet vardır. Kaliforniya, Santa Monica'daki evini (Gehry Evi, 1977-1978) bir inşaat alanıyla kolayca karıştırmak mümkündür. Esasen yaptığı, orijinalinde Hollanda Kolonyal Uyanışçı üslubundaki bir evin dış katmanlarını kirişlerine kadar sökmekti. Bunun üzerine daha sonra yeni bir ev inşa etmişti. Sinirleri bozulan komşulara göre bu ev, cırtlak bir kontrplak yığınından, yivli metal kaplamadan ve tel örgülü çitlerden oluşan bir yapıydı. Ancak gitgide artan hayranlarına göre bu ev bir heykel, içinde yaşayabildiğiniz bir sanat eseriydi. Ev Dekonstrüktivizm üslubunun en tanınan örneği haline geldi.

Gehry çok geçmeden Los Angeles civarında birçok mesken projesi üstlenmeye başladı. Eleştirmenler onun tasarımlarının kent mekânını veya bu evlerin inşa edildikleri ortamı iyi şekilde kullanmadığına inanıyorlardı. Böyle demekle birlikte, kaotik ortamlarla, daracık parsellerle ve ufak bütçelerle iş yapma konusunda ne kadar becerikli olduğunu kimse inkâr edemezdi. Onun çalışmaları insanları, sıradan durumlarda bile mimariyi sanat olarak görme olasılığı üzerinde düşünmeye sevk ediyordu. Gehry çok çeşitli projeler üstlenmiştir: kamu binaları, konser salonları, restoranlar ve müzeler. Eserleri çeşit bakımından öylesine geniş bir alanı kapsıyordu ki mimari alanda büyük katkılar sağlamış kişilere verilen prestijli bir ödül olan Pritzker Ödülü'ne layık görüldü.

Pritzker Mimarlık Ödülü

Hyatt oteller zincirinin sahibi, Chicago'da yerleşik bir aile olan Pritzkerlerin sponsoru olduğu bu ödüle layık görülenlere, 100.000 dola para ödülü ve Louis Henry Sullivan'ın tasarımlarından ilham alınarak yapılmış bir bronz madalya verilir.

Guggenheim Müzesi Bilbao

Bilbao önceden, Bask Ulusal Özgürlük Hareketi'ne liderlik eden, radikal bir ayrılıkçı örgüt olan ETA'nın (Euskadi ta Askatasuna ya da Bask Yurdu ve Özgürlük Örgütü) merkeziydi. Birçokları tarafından terörist bir örgüt olarak görülen ETA, çok sayıda cinayet ve adam kaçırma olayının, arabalara yerleştirilmiş bombaların, toplu taşıma ve kamu binalarına karşı düzenlenen birçok vahşet eyleminin, grafitilerin ve başkaldırıların sorumlusu olarak görülmektedir. Harap hale gelmiş ve tüm canlılığını yitirmiş olan Bilbao limanı artık bir gelir kaynağı olmaktan çıkmıştı. Şiddet ve değişen ekonomi karşısında Bilbao hem ekonomik hem de kültürel bir düşüş yaşıyordu.

Liderler 1990'larda kent odaklı bir yenileme kampanyası başlattılar. Guggenheim Müzesi (1997) bölgeye yapılan büyük yatırımların başında geliyordu. Hükümet Solomon R. Guggenheim Vakfı'na bu fikirle gitti, vakıf projenin finansörü olmayı ve Bilbao liman bölgesini iskân edilmiş olarak bağışlamayı kabul etti. Bu arada vakıf, en sonunda Bilbao'nun yeniden doğuşunun en tanınan sembolü haline gelecek olan binayı tasarlaması için Frank Gehry ile anlaştı. Müze, Bilbao'nun güçlü bir liman şehri olarak tarihine saygı gösterecek şekilde devasa bir gemi şeklinde inşa edildi. Bir çelik çerçeveden yapılmış olan sıra dışı kıvrımları sanki bükülecekmiş gibi görünmektedir. Üst üste bindirilmiş olan kıvrımların her biri güneş ışığını yakalayan parlak titanyum karolarla kaplıdır. Merkezde yer alan orta avlu kuleleri, dinamik bir alan, taş, ışık ve metalle tepeye doğru yükselerek coşkulu bir doruk oluşturur. Orta avlu, hepsi kendine has ilginç ve özgün bir şekle sahip olan – ikizkenar yamuk, L şekilli ve uzun ve dar bir galeri– galerileri birbirine bağlar.

Disney Konser Salonu

1988 yılında Gehry, Los Angeles şehir merkezinde inşa edilecek olan Walt Disney Konser Salonu projesini üstlendi. Sıra dışı şekillere ve akıl karıştırıcı şekilde istiflenmiş katlara olan hayranlığı, işlevselliğin çeşitli boyutlarda ve penceresiz birçok odanın hepsinin tek bir sahneye bakması zorunluluğunu getirdiği geleneksel bir konser salonu için çok uygundu. Konser salonu Los Angeles Filarmoni Orkestrası'nın daimi sahnesi olacağından akustik ve konser orgunun konumlandırılması gibi konular azami önem taşıyordu. Eleştirmelerin içerideki sesin muhteşem olduğunu söyledikleri bu göz kamaştırıcı binanın tavanı ve holü Kaliforniya ladininden, zeminler ise meşeden yapılmıştır.

GEHRY TASARIMLARININ ÖZELLİKLERİ

- Şekillerin özgür bir formda işlenişi
- Heykelsi nitelik
- Kıvrık ve akışkan şekiller
- Bina ve binanın bulunduğu alan arasında bağlantı kurulması

ALDO ROSSI

Kent Bağlamında Eserler Yaratmak

İtalya'nın Milano kentinde, bir bisiklet imalatçısının oğlu olarak doğan Aldo Rossi (1931-1997), 1959 yılında Milano Teknik Üniversitesi mimarlık bölümünden mezun oldu. 1955-1964 yılları arasında Casabella adında bir mimarlık dergisinin editörlüğünü yaptı. Rossi uluslararası camiada yalnızca mimari eserleriyle değil, büyük çizimleri ve etkileyici kuramlarıyla da tanınıyordu. Eserleri onun sosyal bakış açısını vurgulamaya odaklıydı. Rossi yazılar yazdı, mobilya tasarladı ve resim yaptı. 1960'larda başladığı öğretmenlik mesleğini ömrü boyunca sürdürdü.

Rossi'nin Kitabı: *The Architecture of the City*

Rossi 1966 yılında *The Architecture of the City* (Kentin Mimarisi) adında güçlü bir kitap yayınladı. Burada mimarlığın hikâyesini aktardığı gibi kent mimarisi kuramından söz ediyordu. Modern akımına ve ona eşlik eden işlevselciliğe karşı tezler öne sürüyordu. Bir postmodernist olarak, klasisizme geri dönüşü ve zanaatkârlığın yeniden vurgulanmasını savunuyordu. Kentlerin ihmal edilmesi konusunda endişeliydi ve mimarların yeni bir şeyler tasarlarken kendilerini küstahça modernliğe kaptırarak insanları hayrete düşürmeye uğraşmak yerine, şehirlerin şartlarına uyumlu strüktürler inşa etmeleri gerektiğine inanıyordu. Onun bu bakış açısı zamanla Neo-Rasyonalizm adını aldı.

San Cataldo Mezarlığı

Modena'daki San Cataldo Mezarlığı (1971–1984), 19. yüzyılda Cesare Costa'nın tasarladığı mezarlığın sınırları içinde, onun bir uzantısı olarak inşa edilmiş bir yapıdır. Rossi planını, bu iş için düzenlenen bir yarışmada sunmuş ve projeyi almıştı. Tam mezarlığın tasarımı ve inşası üzerinde çalışmaya başlayacakken bir araba kazası geçiren Rossi hastaneye yatırıldı. İyileşmeye çalıştığı süre içinde düşünecek bolca vakti olmuştu. Mimarideki "fragmanlar" hakkında önceden yazılar yazmıştı ve şimdi de kendi hasar görmüş vücudunu iyileşebilmesi için yeniden monte edilmesi gereken bir dizi parçacık olarak tasavvur ediyordu. Onun bu tasavvuru mezarlık tasarımının son halinde bariz şekilde görülmektedir.

Alanın etrafı duvarlarla örtülmüştür. Giriş kapısının yakınında tek başına duran yapı sanki terk edilmiş bir bina gibi görünse de esasen bir tapınaktır. Bu yalnız yapı, herhangi bir mezhep farkı gözetilmeksizin cenaze törenlerinin düzenlenebildiği bir mekândır. İsimleri bilinmeyen ölüler için ortak mezar sembolü olarak bir baca konulmuştur. Alanın içinde yürürken birbirini izleyerek gitgide uzayan ve incelen dikdörtgenlerden geçmeniz gerekir.

Rossi'nin tasarımı öylesine süssüz ve sadedir ki bazı insanlar bir çatının veya kapıların olması gereken açık alanların aşırı sadeliği ve ciddiyeti sebebiyle burayı rahatsız edici bulmaktadır. Bazı kapı ve pencere açıklıklarından içeri ışık girerken, diğerlerinde yakılmış bedenlerin külleri durmaktadır. Rossi, *A Scientific Autobiography* isimli kitabında şehirleri yaşayanlar için bir yer, mezarlıkları ise ölüler için düzenlenmiş şehirler olarak birbirinden ayırır. İç mekânın üzerinin bir çatıyla örtülü olmamasının amacı, insanın öldükten sonra başının üzerinde bir çatıya veya sığınacak bir yere ihtiyacı olmadığı gerçeğini sembolize etmektir. Mezarlığın içinde yürümek sanki metafiziksel bir deneyim edinmek gibidir çünkü bu mekân ziyaretçilerini ölülerin arasında yürümeye mecbur bırakmaktadır.

Yüzer Tiyatro

Rossi, 1979 yılında, iki yılda bir düzenlenen bir çağdaş sanat sergisi olan Venedik Bienali için yüzer bir tiyatro binası tasarladı. Bu yapı Venedik'teki Büyük Kanal'ın kıyısındaki bir sanat müzesi olan Punta della Dogana'ya römorklarla çekildi. Tam ortada yer alan tek bir sahnenin etrafında 250 kişilik koltuk kapasitesine sahip olan yapının, sekizgen köşeli bir kulesi bulunuyordu. Bu yapı, Venedik'in eski yüzer tiyatrolarını anımsatıyordu.

Berlin'i Yeniden İnşa Etmek

Rossi, 80'li yıllarda Berlin'in yeniden canlandırılmasına yönelik çok geniş bir seferberlikte aktif bir rol üstlenmiştir. Berlin 20. yüzyılda çok şey yaşayıp birçok sıkıntı atlatmıştı ve altyapısı da bunlardan payını almıştı.

Berlin'in Sıkıntılı Geçmişi

Berlin 20. yüzyılın başlarından itibaren büyük çekişmelere sahne olmuştur:

- 1920'ler: Ekonomik çöküş
- 1930'lar: Nazilerin kontrolü ele alması
- 1940'lar: Müttefik güçlerin hava akınları
- 1960'lar-1980'ler: Berlin Duvarı

Karmaşık tarihine rağmen Berlin halen Modernizm'in doğduğu yer olarak saygı görüyordu. 80'lerde şehrin mimari köklerini restore etmeye özen göstermek suretiyle bir yeniden inşa ve canlandırma seferberliği başlatıldı. 70'lerin sonlarında Batı Almanya şehirdeki ölü bölgeleri ve göz zevkini bozan yapıları temizleyip buraları geliştirme amacıyla Uluslararası İnşaat Fuarını düzenlemişti. Bu alanları, çeşitli binaların ve apartmanların bulunduğu bir mekâna çevirmek istiyorlardı. Dünyanın her yerinden yüzlerce mimar bir proje üstlenmek üzere yarışmalara aday oldu. Aldo Rossi de bunlardan biriydi. 80'lerin ortalarında gerçekleştirilen bu seferberlik sırasında inşa edilen birkaç yapının tasarımına o da dahil olmuştu.

Berlin'i restore etmeye yönelik bu seferberliğin amaçlarından biri de, bölgede bulunan binaların geleneklerine saygı göstererek yeni yapılar inşa etmekti. Mesela Berlin'deki yapılar altı kat ile sınırlandırılmıştı. Ayrıca evler tam kaldırım hizasından başlıyor ve içlerinde geniş avlular ve geniş koridorlar bulunuyordu. Burası çok canlı bir şehirdi. Şehirdeki çok renkliliğin korunması amacıyla her bloğun imar planını oluşturmak üzere tek bir mimar görevlendirilmiş, sonra bir grup mimardan bu blokta yer alacak bir binayı kendi tarzlarında tasarlamaları istenmiştir.

Rossi'nin en fazla popülerlik kazanmış olan yapılarından biri, hiçbir abartısı olmayan, kırmızı tuğlalar ve sarı bloklarla inşa edilmiş bir yapıdır. Binanın nasıl kurgulandığını göstermek için pencerelerin üzerinde renk şeritleri ve I kesitli kirişler kullanmıştı. 1989'da duvarın yıkılışının ardından, önceden Müttefik Kuvvetler Charlie Kontrol Noktasıyla ilintili bir sınır şeridi olan Quartier Schützenstrasse'yi yeniden tasarladı. Soğuk Savaş'ta halen dünyanın ilgi odağı olarak görülmeye devam eden bu bölge, duvar yıkıldığında tamamen harap vaziyetteydi.

Rossi tipik üslubuyla tarihi şehir manzarasını hatırlatan binalar geliştirdi. Bölgeyi daha küçük arsalara ayırarak, çok renkli ön cepheler ve çatılar tasarladı. Ayrıca Roma'daki Farnese Sarayı'nın (Rönesans'ın önemli yapılarındandır) Michelangelo tarafından tasarlanmış olan avlu ön cephesinin bir replikasını da ekledi.

Ön cephelerin sayısı esasen evlerin sayısından daha fazladır. Binaların çoğu mesken olup geri kalanları hem mesken hem de ticari amaçlı kullanılabilen yapılardır. İki adet büyük, iki adet küçük iç avlu bloğa ışık girmesini sağlar. Kullanılan renklerin antik mimarinin renklerini anımsatması amaçlanmıştır: açık kırmızı ve yeşil alüminyum, yumuşak kırmızı, mavi ve stükko için sarı. Taşlar açık gri ve pembedir. Tasarımda ayrıca çıplak sac malzeme kullanılmıştır. Pencereler şekil bakımından çeşitlilik gösterir ve çatı katları bulunur. Rossi burada şehir içinde bir şehir havası yaratmak istemiştir.

KÖPRÜLER

Mesafeleri Aşmak

Köprüler mimarinin insanı hayrete düşüren bir parçasıdır. Güzelce tasarlanmış birçok köprü, tıpkı Londra'daki Kule Köprüsü (Tower Bridge) veya New York'taki Brooklyn Köprüsü gibi, bulundukları şehrin ikonik sembolü haline gelmiştir. Etkileyici görünümleri bir yana, onları böylesine ilgi çekici kılan şey nasıl inşa edildiklerine dair her şeyi sergilemeleridir. Destekler ve çerçeve, duvarların veya ön cephelerin ardında saklı değildir. Tasarımları, onların nasıl işlediğine dair her şeyi bize anlatmaktadır:

Beş ana köprü türü:

1. Asma köprü
2. Kablo destekli asma köprü
3. Kafes kirişli köprü
4. Kemer köprü
5. Kiriş köprü

Golden Gate Köprüsü

Golden Gate Köprüsü 1930'larda Kuzey Kaliforniya'yı Marin bölgesine bağlamak üzere inşa edilmişti. O güne dek San Franciso Körfezi'ni geçmenin tek yolu feribot kullanmaktı. Bölgenin nüfusu arttıkça, suyun öte tarafına geçmeye çalışan insanların sayısı da artmıştı ve feribotlar bu insanları taşımaya yetmiyordu. Ayrıca herkesin kendine ait bir otomobili olmaya başladığından, insanlar toplu taşımaya bağımlı kalmaktansa karşıya kendi araçlarıyla geçmek istiyorlardı. Körfezin bu iki yakasını bağlamak için birkaç plan üzerinde tartışıldı hatta şehir yetkilileri trenle ulaşıma imkân sağlayacak şekilde demiryolu traversleri eklemeyi bile düşünmüşlerdi. Konu hakkında düşünüp tartışıldıktan sonra eyalet yetkilileri otomobiller için bir köprü inşa etmeye karar verdi ve proje, o zamanlar istihdam yaratma amacıyla ülkenin her yerine köprülerin inşa edilmesi konusunda bastıran Hoover yönetimi sayesinde gerçekleştirildi. Mimar ve mühendis olan Joseph Strauss o güne dek inşa edilmiş en uzun köprüyü tasarlama işine girişti. Körfez çok genişti ve kuvvetli rüzgârlar, güçlü su akıntıları sebebiyle hava koşulları genel anlamda zorluydu. O zamana dek yüzlerce köprü tasarlamış olmasına rağmen bu onun kariyerinin en zor projelerinden biri olacaktı.

Asma köprü inşasında kablolar kulelerin üzerinden gerilir, böylece kablolar strüktüre her iki tarafından aşağı ve düzlemesine bir çekme kuvveti uygular. Bu çok uzun bir köprü olduğundan kabloların hiç aralıksız şekilde, ikiz kulelerin tepesinden atlatılması onların eğilmesini engellemektedir. Kablolar, daha sonra köprünün iki yanında bir noktaya inecek şekilde gerilir ve ankraj betonuyla sabitlenir.

Birbiriyle aynı iki kule her iki taraftan körfez zeminine iyice yerleştirilerek rüzgârdan etkilenmemeleri için bağlamalarla dengelenirler.

Kabloları yapmak ise çok büyük bir çaba gerektirmişti. Bu kablolar öylesine büyüktü ki şantiye alanında yapılmaları gerekmişti. Başka yerde üretilmiş olsalardı, onları taşıyacak büyüklükte bir araç yoktu. Kulelerin üzerinden geçip sahil kıyısındaki ankrajlara dek uzanan iki ana kablo bulunuyordu. Bu kabloların her biri çok uzun ve tek parçalı altmış bir adet telin örülmesiyle meydana getirilmişti. Sonuçta ortaya çıkan bu son derece dayanıklı ve güçlü kabloların çapı 90 cm'den daha fazlaydı. Kabloların üzerinde her 1,5 metrede bir kablo askısını sıkıştıran bir bant bulunur. Taşıtlara ait olan yol, kısmen hemen altından geçen taşıyıcılarla desteklenmiştir ama bu taşıyıcılar da kablo askıları tarafından sabitlenmektedir. U kablo askılarının çapı 60 cm olup dökme sıvı çinko ile soketlerin içine kalıcı olarak sabitlenmiştir. Strüktürün bir yana yatmaması için işçilerin her iki tarafı da çok dikkatlice inşa etmeleri gerekmiştir.

Kablo Destekli Asma Köprü

Kablolu köprüler asma köprülere benzemekle birlikte aslında onlardan oldukça farklıdır. Biraz hatırlarsak, asma köprülerde, iki adet geniş kablo kulelerin üzerinden geçerek sahildeki ankrajlara bağlanırlar. Yol bu ana kablolardan sarkan asma kablolara tutturulur. Kablolu köprülerde ise kablolar esasen yükü taşımakta olan kulelere tutturulur. Bu kablolar kulelere birkaç farklı yöntemle tutturulabilir. Radyal sistemde kablolar, yol üzerindeki birkaç farklı noktadan başlayıp kulenin tepesindeki tek bir noktada birleşir. Paralel konfigürasyonda ise, noktalar kule boyunca sıralanmış olur ve kablolar da bunlardan paralel şekilde uzar. Günümüzde ABD'de kablo destekli köprüler gitgide artan bir popülerliğe sahip çünkü daha az inşaat malzemesi gerektiriyorlar ve bu sebeple daha ucuza mal edilip daha hızlı şekilde inşa edilebiliyorlar. New York'taki Yeni Tappan Zee Köprüsü de kablo destekli bir köprüdür. Charleston, SC'deki Arthur Ravenel Jr. Köprüsü ise (2005) radyal kablo destekli köprülere bir örnektir.

Kafes Kirişli Köprü

Kafes kirişli köprüler çelik çubuklarla inşa edilir. Bu çubuklara üçgen biçimi verildikten sonra ortaya neredeyse kafes örgüsüne benzer bir şekil çıkar. Kuvvetler bu üçgenler ağının içine doğru yoğunlaştırılır, böylelikle köprüyü geçen ağır yükler için yeterli destek sağlanmış olur. Kafes kiriş yapısı, üzerinden geçen araç trafiğinin ağırlığı altında biraz bükülür. Bu bükülme üst yatay kirişlerde basınca, alt yatay kirişlerde ise gerilime neden olur. Daha sonra dikey ve verev kirişlerin her birinde, yönlerine bağlı olarak, ya gerilim ya da basınç oluşur. Kafes kiriş yapısı genellikle, Golden Gate Köprüsü'nde de gördüğümüz gibi diğer inşa yöntemleriyle birleştirilerek kullanılmaktadır. Fayetteville, West Virginia'daki New River Gorge Köprüsü (1977) kafes kiriş ve kemerli köprü tasarımlarının bir arada kullanıldığı çelik konstrüksiyonlu bir köprüdür.

Konsol kirişli köprüler daha basit yapıda olabilirler, tıpkı bir yaya üst geçidini oluşturan kirişli yapıya benzeyebilirler. Ancak birçok modern konsol kirişli köprü örneğinin kafes kirişli köprülerden daha kompleks yapıya sahip olduğu görülmektedir. Burada destekler güçlü ve düz çelik kolların uzandığı her iki uca yerleştirilmektedir. Kolların sabitlenebilmesi için desteklerin her birinin tepesinden ve alt kısmından diyagonal çelik tüpler uzanır. Bu kollardan, iki yakayı bağlayacak olan platformlar yatay biçimde uzanır. İskoçya'daki Forth Rail Köprüsü (1890) bu tarzda bir köprü örneğidir.

Romalıların Kafes Kirişli Köprüleri

Köprü tasarımında yenilikçilik bakımından önde giden Romalılar da kafes kiriş kullanıyorlardı. Roma'daki Traianus Sütunu'nda Romalılar ve Daçyalılar arasındaki destansı savaşlar, sütun boyunca yukarı doğru spiral şekilde ilerleyen büyük bir rölyefte tasvir edilmiştir. Sütundaki imgeler Traianus'un Daçyalılara karşı kazandığı zaferi kutlamaya yöneliktir. 150'den fazla sahnenin arasında Apollodorus'un Tuna üzerindeki kafes kirişli köprüsünün bir tasviri de bulunmaktadır.

Kemer Köprü

Kemerli köprülerde, ağır yüklerin taşınabilmesi için gereken destek kavisli tasarım vasıtasıyla sağlanmaktadır. Köprünün araçlara özgü kısmında trafiğin yarattığı ağırlık sıkıştırma kuvveti yaratır. Araçların geçtiği yolun altındaki kavisli tasarım bu kuvvetleri doğruca aşağı göndermek yerine kavis hatlarının etrafından aşağı iletir. Temel destekleri bu kuvvetleri emerek köprüyü güçlü, hareketsiz bir pozisyonda tutar. Romalılar çoğu yuvarlak kemerli olmak suretiyle binlerce kemerli köprü inşa ettiler ve bunlar öylesine güçlü ve stabil köprülerdi ki, daha önceden değindiğimiz, Fransa'nın güneyinde yer alan ve Gard Nehri'nin iki yakasını bağlayan Pont du Gard gibi birçoğu halen ayaktadır.

Kiriş Köprü

Kiriş köprü en yaygın köprü tipi olup tek bir kirişin iki destek arasında kalan bir boşluk boyunca uzanmasından ibaret bile olabilir. Kiriş eğilerek strüktürün üzerindeki trafiği taşımasını sağlar. Kiriş eğilirken, tepede yatay basınç, altta ise yatay bir gerilim yaşanır. Sonra, yükün kiriş üzerindeki ağırlığı doğruca aşağı, desteklere doğru gönderilir. Destekler birbirine ne kadar yakın olursa, kiriş köprü de o oranda güçlü olur. Bu sebeple kiriş köprüler uzun mesafeleri birleştirmek için kullanılmazlar. "Sürekli kiriş köprüler" tek bir uzun köprü oluşturabilmek için zincirleme olarak birbirine eklenmiş birkaç kiriş köprüden oluşur.

En Uzun Köprü

Louisiana'daki Pontchartrain Gölü Geçidi 38 km uzunluğunda bir sürekli kiriş köprüdür. Bu öylesine uzun bir köprüdür ki, üzerinde 12 km yol aldıktan sonra kara hiçbir yönden görülemez olur. Bu köprü, suyun üzerinden geçen en uzun sürekli kiriş köprü olarak Guinness Rekorlar Kitabı'na girmiştir. Güneye giden yolda 2243 adet, kuzeye giden yolda 1500 adet ayak aralığı bulunur.

YÜZYIL ORTASI MODERNİZMİ

Amerika'da Konut Patlaması

İkinci Dünya Savaşı'nın ardından ABD ekonomik bir patlama yaşadı. Orta sınıfa mensup Amerikalılar savaş öncesi hiç görülmemiş şekilde zenginleşmişlerdi. Kongre 1944 yılında, savaş gazilerine üniversiteye gidebilmeleri ve ev alabilmeleri için para desteğinde bulunan ve GI Bill adıyla bilinen yasayı çıkarttı. Buhran döneminde ve savaş yıllarında konut sıkıntısı yaşanmıştı ama artık emlak kredileri daha makulleşmiş, alması kolaylaşmıştı. Bir konut patlaması yaşanmaya başladı. Yeni teknolojiler evlerin ve diğer bina strüktürlerinin prefabrik olarak yapılmasını mümkün kılmıştı. Bu dönemde, Uluslararası Üslup'un Yüzyıl Ortası Modernizmi adını verdiğimiz yeni bir versiyonu doğdu.

Bu stilin etkileri 1945 ile 1980'ler arasında inşa edilmiş evlerde görülebilmektedir. Bu evler genellikle uzun ve düz yüzeyler üzerine inşa ediliyordu. Genellikle ilgiyi doğaya yönlendiren geniş pencerelere ve açık kat planına sahip oluyorlardı.

YÜZYIL ORTASI MODERNİZMİNİN GENEL ÖZELLİKLERİ

- Düz çatılar
- Üçgen çatılı çiftlik evleri
- Geniş pencereler
- Kayar cam kapılar
- Hafif bir yükselti yaratmak için basamaklarla birbirinden ayrılan iç mekânlar
- Birçok odadan dış mekâna erişim
- Tüm odalarda manzara

Vaka İncelemesi Evleri Programı

Vaka İncelemesi Evleri Programı, 1945 yılında Los Angeles'ta başlatılmış ve savaş sonrası mesken mimarisini konu alan bir programdır. Amaç orta sınıf Amerikalılara mesken mimarisi üzerinden Modernizm'i tanıtmaktı. *Arts&Architecture* isimli yenilikçi bir dergide editör olan John Entenza halka düşük maliyetli evler sunmanın yolları üzerine bir yazı yazdı. İmalatçıların malzeme bağışlamasını sağladı ve bu düşük maliyetli evleri müşteriler için modern bir tasarımla inşa edebilecek mimarları topladı. Daha sonra bu girişimin ve bu bağlamda rol alan herkesin tanıtımını yapmak için dergiyi kullandı.

Grubuna katılmak üzere davet ettiği mimarlar arasında, Charles ve Ray Eames, Richard Neutra, Eero Saarinen ve Pierre Koenig de bulunuyordu. Geliştirilen planların hepsi fiilen inşa edilmemiştir ve bir evin planında tasarım aşaması ile inşası arasında sık sık çok büyük değişikliklere gidilmiştir. Bu değişikliklerin sebebi çoğu kez, belirli birtakım inşaat malzemelerinin bulunamamasıydı. Buna karşılık inşa edilebilen evler, Amerikan mimarlık trendlerini gelecek yıllarda da etkisi altında tutacak muhteşem bir mesken mimarisi ortaya koydu. Bu evler Los Angeles'ı Amerikan Yüzyıl Ortası Modernizmi'nin merkezi haline getirdi. Günümüzde, Los Angeles Vaka İncelemesi Evlerinin on tanesi Tarihi Yerler Ulusal Kayıtları'na alınmıştır.

Vaka İncelemesi Evi #22

22 No'lu ev, Vaka İncelemesi Evleri arasında en ikonik olanıdır. Pierre Koenig tarafından Los Angeles'i tepeden gören Hollywood tepelerinin üstlerinde bir yere konumlandırılmış olan ev, esasen bir cam strüktür olarak tasarlanmıştır. Evin sahibi Buck Stahl ailesi için cam ve çelikten inşa edilmiş bir ev yaptırmak istiyordu. Koenig, evle ilgili çalışmalar başladıktan birkaç yıl sonra projeyi devraldı. Burası, iki yatak odalı, 204 metrekare genişliğinde bir evdi. Ev, modern yaşam stiline has olarak görülen her şeyi içinde barındıracak şekilde inşa edilmiştir.

Koenig evin kişiye özel ve ortak alanları birbirlerinden uzakta kalacak şekilde dikkatli bir planlama yapmıştır. Evin iki kanadı bir koridorla bağlanmakla birlikte, bu iki ayrı kısım mekânsal olarak birbirinden ayrıktır. Evin içinde gezinen ev sakinleri ve ziyaretçiler evin kurulu olduğu arsanın sağladığı panaromik manzarayı rahatlıkla görebilirler. Evin cam dışında katı bir malzeme ile yapılmış tek duvarı yaşam alanındadır ve arkasında araba otoparkı ve sokak bulunur.

Richard Neutra

Richard Neutra (1892-1970) Yüzyıl Ortası dönemde ABD'nin en önemli modern mimarlarından biriydi. Viyana Teknoloji Üniversitesi'nde Adolf Loos'tan dersler almış ve daha sonra Erich Mendelsohn'un yanında çalışmıştı. Ayrıca bir süre Frank Lloyd Wright'ın yanında da çalışmıştı. Tasarımları bol doğal ışık alan ve genellikle prefabrik evlerden oluşuyordu. Bir mekânı, o güne dek hiç görülmemiş bir biçimde, ev sahibinin zevkine ve bulunduğu ortama göre kişiselleştirebilme becerisine sahipti.

Julius Shulman

Vaka İncelemesi Evleri ünlü mimari fotoğrafçısı Julius Shulman (1910-2009) tarafından ölümsüzleştirilmiştir. Shulman Yüzyıl Ortası Modernizmi'ne bir kimlik vererek, tüm Amerikalıların görebilmesi için fotoğraflarını *Good Houskeeping* ve *House & Garden* gibi kitlesel pazar dergilerinde sunmuştur. Shulman 20. yüzyılın en iyi Modernist mimarları tarafından yapılmış düzinelerce evi fotoğraflamış ve böylelikle onlara bir ün kazandırmış, bu disipline ilginin artmasını sağlamıştır. Özellikle de Kaliforniya mimarisine yakın olduğundan oradaki modern yaşam biçiminin ve günlük yaşamının bir imaj kazanmasına katkıda bulunmuştur. Fotoğrafları her yeri aydınlık alan, camdan yapılmış evler, billur gibi havuzlar ve muhteşem manzarayı yansıtır. Ray ve Charles Eames ve Oscar Niemeyer tarafından tasarlanmış yapıları fotoğraflamıştır. Onun fotoğrafları modern mimarinin algılanış ve öğretiliş biçimi üzerinde çok etkili olmuştur.

1910 yılında Brooklyn'de doğan Shulman Connecticut'ta bir çiftliğe taşındıktan sonra doğa sevgisi de alevlenmiş oldu. 10 yaşındayken ailesiyle birlikte Los Angeles'a taşındı. Gördüğü

Modern üslupta inşa edilmiş ilk ev Neutra'nın tasarımlarından biriydi. Ev ilgisini öylesine çekmişti ki yapıyı fotoğraflamaya başladı. Daha sonra bu fotoğraflarını Neutra'nın teknik çizimcilerine verdi ve onlar da bunları Neutra'ya ilettiler. Neutra bu fotoğrafları gördüğünde onlara bayıldı ve Shulman'ı başka projelerini de fotoğraflaması için davet etti. Shulman'a mimarinin ilkeleri ve formları hakkında bilgiler veren Neutra onu başka mimarlarla da tanıştırdı. Çok geçmeden Shulman Modern akımın demirbaşı haline geldi.

Charles ve Ray Eames

Evli bir çift olan Charles ve Ray Eames ekip olarak Vaka İncelemesi Evleri kapsamında eserler vermiştir. Bu çift ayrıca bugün bile büyük ilgi gören mobilya tasarımlarıyla ünlenmiştir. Sandalye tasarımlarında her tür malzemeyle denemeler yapmışlardı; bunların arasında tel örgüler, fiberglas ve reçine de bulunuyordu. Herman Miller Mobilya Şirketi için tasarladıkları Eames Lounge Chair isimli koltuk seti ikonlaşmış bir tasarım olup kalıplanmış kontrplak ve deri oturma yerleriyle koltuk ve puftan oluşan bir settir.

NORMAN FOSTER

İleri Teknoloji Mimarı

Norman Foster (1935-) hem teknolojiye hem de yeşil mimariye kucak açmış bir Modernist olarak anılır. Kaliteli malzeme kullanımının önemini olduğu kadar kendinden önce gelen Sanat ve El Sanatları Akımının mimarlarına bağlılığını da vurgular. Foster çevreciliğin revaçta olduğuna ve eğer inşa ettiğimiz alanlarda bunu düzgün şekilde hayata geçirebilirsek yeşil mimarinin yaşayış biçimimizi övgüye layık hale getireceğine inanmaktadır. İngiltere'deki Manchester Üniversitesi'nde eğitim gördükten sonra New Haven, Connecticut'taki Yale Üniversitesi'nde eğitimini sürdürmüştür. Yapıları tipik olarak çoğu çelik ve camdan inşa edilmiş, zarif binalardır.

Baraka (sheds)

Foster, etrafı baraka adı verilen, hafif kabuklarla çevrili strüktürler geliştirmenin teknolojik çarelerini araştırdı. Bu barakalar böceklerde bulunan dış iskelet gibi işlev gösterir.

İleri Teknoloji Mimarisi

Foster'ın çalışmaları İleri Teknoloji Mimarisi olarak adlandırılmakla birlikte, 1970'lerin sonlarında ortaya çıkmış bir stil olarak bazen Geç Modernizm veya Strüktürel Dışavurumculuk olarak da bilinir. Bu alt disiplinin tarzında inşa edilmiş yapılar teknolojiden faydalanan ve adeta birer makine gibi işleyen yüksek işlevli strüktürlerdir. Çelik, alüminyum ve cam gibi endüstriyel malzemelerle inşa edilirler ve genellikle açık renk kiriş ve putrellerden oluşurlar. İleri teknolojiye sahip bu yapıları destekleyen asansör şaftları ve kanal sistemleri gibi strüktürler genellikle iç alanda göze çarpmayacak yerlere gizlenmek yerine dışta açık şekilde bırakılır. Bu öğelerin dışa yerleştirilmesi, yapının dış bölümünün estetiği üzerinde yoğun bir etki yaratırken iç mekânların çok geniş kalmasına, tasarım ve işlevsellik bakımından esnekliğe sahip olmasına imkân tanır.

İkinci Chicago Ekolü

İkinci Chicago Ekolü, İkinci Dünya Savaşı sırasında ABD'ye taşınan Ludwig Mies van der Rohe gibi Berlinli mimarların benimsediği modernist akımın etkisiyle ortaya çıkmıştır. Mies, bugün Illinois Teknoloji Enstitüsü olan mimarlık bölümüne dekanlık etmek üzere Chicago'ya gelmişti.

Willis Faber ve Dumas Genel Merkezi

Foster ve ortaklarının İngiltere Ipswich'te inşa ettikleri Willis Faber & Dumas Genel Merkezi (1971-1975), izole edilmiş ofisler ve asansörlerle erişilebilen resepsiyon alanlarından oluşan geleneksel ofis binası formatına adeta bir başkaldırı niteliğindedir. Geniş planı ve katları birbirine bağlayan yürüyen merdivenleriyle tipik olarak içinde yürümeye elverişli, üç katlı bir yapı olarak görülmektedir ve 1300 çalışanı barındırabilir. Mimarlar, Bilgi Çağı'nın ofis binalarındaki tesisatın gitgide fazlalaşmasına neden olacağını öngörerek ofis katlarını yükseltmek suretiyle bilgisayar kabloları ve bağlantı panoları için yer bırakmışlardı. Bu katlar, bir beton kolon örgüsüyle desteklenen konsol beton zeminlerdir.

Foster iş ortamıyla ilişkisi olmayan ve ortama sıra dışı bir sosyal öğe kazandıran yüzme havuzu ve çatı bahçesi gibi özellikler eklemiştir (binanın inşasından sonra daha fazla ofis alanı açmak için havuzun üzeri örtülmüştür. Ancak bu tescil edilmiş bir yapı olduğundan, havuz tamamen doldurulamamış bunun yerine sahte bir zemin yerleştirilmişti, bu sebeple eski havuz halen görünmektedir). Binanın yapıldığı şehir eski bir ortaçağ kasabasıdır, bu yüzden yapı da bu tarihi ortama uyacak şekilde planlanmıştır. Örneğin, ön cephenin kıvrımlı olması ortaçağın düzensiz olan sokak hizasına uyum sağlama amaçlıdır. Perde duvar, silikon contalarla yerine oturtulmuş, renkli ve ayna gibi parlak yüzeyli kare cam panellerle oluşturulmuştur. Perde duvar bir sıkıştırma şeridi ile çatıdan sarkıtılmış ve dıştan görünmeyen dahili cam parçaları ile aşağı kadar desteklenmiştir. Bu cam parçaları, binayı rüzgâra karşı mukavemetli kılan bir takviye sistemi oluşturur.

Bina ayrıca düşük enerji tüketiminde de öncü olmuştur. Çatısının kalın bir toprak ve çim katmanıyla yalıtılmış olması iç tarafta iyi bir ısı performansı alınmasını destekler.

Willis Binası (şu anki ismi budur) 1991 yılında "Birinci Derece" kapsamında koruma altına alındı ki bu da hükümetten özel izin alınmaksızın bina üzerinde herhangi bir değişikliğe gidilemeyeceği veya yıkılamayacağı anlamına gelmektedir. Böyle bir paye verilmiş en genç yapıdır, keza bir yapının bu payeye layık görülüp görülmediği konusunda değerlendirmeye alınması için otuz yıldan daha eski olması gerekmektedir. Koruma altına alınmış yapılar, Mimari veya Tarihi Öneme Sahip Yapılar Listesine eklenir. Genel anlamda, 1870 öncesi inşa edilmiş tüm yapılar bu listeye girer. Bu şekilde listeye eklenmiş yaklaşık 500.000 yapı bulunmaktadır. Bunların İngiltere'de bulunanlarının %2,5'i Birinci Dereceden Koruma Altına Alınmış Yapı olarak nitelendirilmiştir. Bu yapılar öylesine önemlidir ki sık sık uluslararası platformda da kabul görürler. Artık insanların yaşamadığı, Stonehenge gibi antik sit alanları ise Antik Anıtlar Çizelgesi'nde ayrı olarak listelenmektedir.

Hongkong and Shanghai Banking Corporation Genel Merkezi

Foster ve ortaklarının uluslararası alanda büyük ilgi toplayan ilk yapılarından bir Hongkong ve Shangai Banking Corporation (HSBC) genel merkezidir (1979-1986). Bir dış iskeleti bulunan, camla kaplı, kademelendirilmiş dikdörtgen bir yapıdır. Fütüristik bir estetik sergiler. Asansörlerin binanın dış kısmına yerleştirilmesiyle iç mekânlarda açıklık elde edildiği gibi bakım ve onarım işlerine kolaylık sağlanmıştır. Yapı Victoria Limanı ve Victoria Tepesi'ni kapsayan sıra dışı bir manzaraya sahiptir.

Sekiz adet harici çelik makas kiriş, katları oluşturur. Bu makas kirişler yapıyı toplamda beş adet olmak üzere kısımlara ve modüllere ayırmaktadır. Her kısmın kendine ait bir asansör ağı bulunur. Her bir yatay makas kiriş düzeyinde, içinde konferans salonları, yemek ve dinlenme alanları ve dış teraslar bulunan bir kat bulunmaktadır.

Halkın bankacılık işlemlerini yaptırabildiği alanlar üçüncü ile on ikinci katlar arasında merkezi bir atriyumun içine konumlandırılmıştır. Enerji tasarrufu göz önünde bulundurularak bu kısım, güneşin izlediği yolu izleyecek şekilde binanın dışına yerleştirilmiş aynalarla aydınlatılmaktadır. Zemin katta ise devasa bir açık plaza yer alır. Yürüyen merdivenler cam bir tavanın içinden geçerek ziyaretçileri atriyuma taşır.

Pekin Başkent Uluslararası Havalimanı 3 No'lu Terminal

Pekin Havalimanı 3 No'lu Terminal (2003-2008) en iyi havalimanlarından biri olarak değerlendirilmektedir çünkü sade ve aydınlıktır ki bunlar havalimanı mimarisinde her zaman görülebilen özellikler değildir. İnşa edildiği dönemde, bir milyon kilometrekare barajını aşan ilk yapıydı. 126 adet uçak park yeri yapılması planlandığında strüktürün de devasa boyutta olması gerekiyordu. Yapının yüksek cam duvarları iç mekânda tonoz oluşturur. İç hatlar yolcu giriş kapıları ön üçgenin iki kenarındadır. Böylece insanların başka bir terminal salonuna gitmek için çok uzun yürümeleri önlenmiş olur.

Hem dış hem de iç hatlar uçuşu yapan yolcuların aynı yerde denetimden geçtiği geliş ucunda geniş bir plan uygulanmıştır. Bu mekânın uzun ve dar oluşu hiçbir yere sapmadan gezinim imkânı sağlarken içeri giren ışığı maksimum seviyeye çıkartır.

Dıştaki detaylar kırmızı kolonlar ile kıvrımlı ve sarkık bir çatıdır. Plan sayesinde yolcular, ister valizlerini almak, ister vizelerini işletmek için olsun tam olarak nereye gitmeleri gerektiğini son derece net şekilde anlayabilirler. Foster bunlardan ikincisi üzerinde durmuştur. Zira uluslararası yolcuları izbe koridorlara yönlendirmek yerine, onları uçaktan indikleri andan itibaren bir deneyimle karşılamak istiyordu. Çok hızlı, insan taşıyan servis araçları yolcuları kapılarına götürür. Sabah güneşinden azami derecede yararlanılabilmesi için tavan pencereleri güneydoğuya bakar ki bu da iç mekâna ışık ve ısı girmesini sağlayarak enerji ihtiyacını en aza indirger.

YEŞİL MİMARİ

Sorumluluk Sahibi Bir Mimari Anlayış

Yeşil mimari veya bazen kullanılan ismiyle sürdürülebilir mimari inşa edilen yapıların çevre üzerindeki etkisini en aza indirgemeyi amaçlamaktadır. Yeşil mimari uygulayıcıları kullanılan malzemelerin insan sağlığı üzerindeki etkilerini göz önünde bulundururlar. Yerel, sentetik olmayan ürünlerin kullanılmasının, doğal kaynakların çıkartılması sürecinde hassas ve sorumluluk sahibi olunmasının ve eski yapılardaki materyallerin dönüştürülmesinin ve yeniden kullanılmasının önemini vurgularlar. Yeşil mimari ayrıca alan verimliliğinin önemini de belirtir. Doğal kaynaklara veya çevreye zarar vermeyecek yapılar ve toplumlar yaratmak gelen nesillerin de tüm bunlardan faydalanabilmesini güvence altına almaktadır. Bu da su gibi yenilenebilir kaynakları ve güneş gibi enerji kaynaklarını dikkate almak anlamına gelir.

California Bilim Akademisi

Renzo Piano (1937-) California Bilim Akademisi için bu yeşil inşaatçılık ilkelerini bünyesinde barındıran bir yeşil çatı tasarlamıştır (2005-2008). Binanın çatısı dalgalı bir araziden oluşur ve üzerine 9 farklı yerli türden 1,7 milyon bitki ekilmiştir. Burası vahşi doğa için bir habitat sağlamakta ve San Bruno kelebeği gibi bazı nesli tükenmekte olan türleri buraya yerleşmeye teşvik etmektedir. Toprak tümseklerden biri, dört kat yüksekliğinde suni bir yağmur ormanı üzerinde kubbe oluşturur. İçeriye ışık ve hava girmesi için içine mekanik pencereler yerleştirilmiştir. İkinci tümseğin altında ise bir gökevi yer almaktadır. Tam ortada sadece üstü kapalı bir taraça yer alır. Yönetim ofislerinin çoğu doğal ışık alacak şekilde konumlandırılmıştır. Çatının tümsekli olarak inşa edilmiş olması, aşağısında yer alan iç mekânlarda soğuk hava dolaşımı sağladığı gibi yağmur sularının biriktirilmesine de yarar.

Çatıdaki toprak 15 cm'lik ek bir yalıtım sağlamaktadır. Aşağıdaki katlar sıcak suyla işleyen bir radyan ısıtma sistemiyle ısıtılırlar. Havalandırma, ısıtma ve iklimlendirme için de tepe pencereleri bulunmaktadır. İnşaatta geri dönüştürülmüş çelik kullanılmıştır. Keresteler ise sürdürülebilir ormanlardan toplanmıştır. Neredeyse tüm molozları geri dönüştürülerek, kumul restorasyonu projelerine maddi kaynak sağlayan yerel inisiyatiflere 32.000 ton kum bağışlanmıştır.

LEED Sertifikası

ABD Çevre Dostu Binalar Konseyi (USGBC) tarafından, LEED (Enerji ve Çevre Dostu Tasarımda Liderlik) adında bir yeşil bina sertifika programı yürütülmektedir. LEED sertifikasyonu bir onur payesidir ve bu bağlamda en yüksek performansa sahip yeşil binalar aranır. Aşağıdaki kategorilerden birine girebilen projeler derecelendirilirler:

- Bina tasarımı ve inşaatı
- İç tasarım ve inşaatı

- Yapı işleri ve bakımı
- Semt geliştirme
- Evler

LEED, lokasyon ve ulaşım, enerji ve atmosfer, su verimliliği ve kapalı mekânda çevreci nitelikler gibi değerlendirme kategorilerinden oluşan bir kombinasyonun kullanıldığı uluslararası boyutta kabul gören bir derecelendirme sistemidir. Bu kategorilere dayalı olarak bir proje puan kazanabilir. Puanlama LEED sertifikasyonunun kademesini belirler. Bu kademeler sertifikalandırma, gümüş, altın veya hepsinin arasında en yüksek puan gerektiren platinyumdan oluşur.

Phipps Konservatuvarı

Sürdürülebilir Peyzaj Merkezi, Pittsburgh, Pennsylvania'da bulunan Phipps Konservatuvarı ve Botanik Bahçeleri tarafından geliştirilmiştir. Yaşayan binalara yönelik en zorlu sertifikasyon programlarından biri olan Living Building Challenge ve LEED platinyum kademesi sertifikasyonu da dahil olmak üzere (o güne kadar en yüksek puanı alarak) en üst düzey sertifikaları alabilmiştir. Burada bulunan güneş pilleri yapının enerji gereksinimin %99'unu karşılamaktadır. Tek bir rüzgâr tribünü ise geri kalan ihtiyacı karşılar. Burada ayrıca on dört adet jeotermal kuyu bulunur. Yapıda, ona denk sayılabilecek bir ofis binasında kullanılan enerjinin yarısı kullanılmaktadır.

Tüm gri ve siyah atık suları işlenerek net sıfır su kaybı sağlanmaktadır. Bu sular daha sonra tuvalet sifonları ve orkide sulama suyu olarak tekrar kullanılır. Hiçbir enerjinin boşa gitmemesini güvence altına alan enerji tutucu sistemler de bulunur. Yapının sahiplerinin şehir suyundan yararlanmak zorunda kalmaması için tüm atık sular dönüştürülmekte ve yağmur suları biriktirilmektedir. Bu alan önceden terk edilmiş bir endüstri bölgesi olduğundan, buradaki toprak çevre kirletici bir madde sebebiyle tehlikeli olarak görülüyordu. Ancak artık tamamen ıslah edilmiştir, öyle ki müdahale gerektirmeyen 150 ayrı yerel bitki türü burada yaşayabilmektedir. Yeşil çatılardaki 20 cm'lik toprak derinliği binada sıcaklığın kontrol edilmesine yardımcı olur. Atık sular, inşa edilmiş olan sulak alanda filtrelenir.

Bütünleşik Ev Sistemi Yaklaşımı

Bu yaklaşım çerçevesinde bir evin tüm bölümleri ve evde yer alan malzemelerin evin verimliliğine ne yönde katkıda bulunacağı dikkate alınır:

- Yalıtım
- Gereçler
- Suyla ısıtma
- Isıtma ve soğutma
- Pencereler ve kapılar
- Ultra-verimlilik (yenilenebilir enerji sistemleri)
- Solar su ısıtma
- Solar elektrik sistemi

Optimum değer mühendisliği olarak da adlandırılan ileri düzey ev çerçevelendirmesi, enerji verimliliğine katkıda bulunmakla birlikte hem kullanılan kereste miktarını hem de yaratılan atık miktarını azaltmaktadır.

İnşaatçılığa dair üretilmiş bazı ileri düzey fikirler arasında, kolon kirişli yapım veya taşıyıcı olmayan yapı gibi öğeleri içeren saman balyalarından yapılmış evler yer almaktadır. Bu durumda saman balyaları karkası doldurmak için kullanılmaktadır. Bu çok zorlu bir işlemdir. Ağaç evlerde kullanılan kütükler duvarları oluşturduğu gibi yalıtımı da sağlar. Toprak örtülü evler ise zeminin üstünde veya altında olabilir. Bu evler havalandırma ve doğal aydınlatmaya olanak sağlamaktadır. Bunun ısıtma ve soğutma teşebbüslerine de faydası dokunur.

Sürdürülebilir Ağaçevi

Amerikan Erkek İzcileri, Glen Jean, Batı Virgina'da eğitime hizmet eden bir yapı olarak Sürdürülebilir Ağaçevi'ni (Sustainability Treehouse) kurdular (2013). Bu gelişim Erkek İzcilerin sürdürülebilirlik konusunda başarı madalyası aldıkları zamana rastlar. Bir mimarlık firması olan Mithun sürdürülebilir bir eğitim merkezini finanse etmiştir. Öğrendikçe ormanın katmanlarını yukarı doğru tırmandığınız bir projedir bu.

Yapı Summit Bechtel Rezervi'nin ormanlık alanında yer almaktadır. Mithun ve diğer bir mimarlık firması olan BNIM tarafından çevre üzerinde mümkün olabilecek en az düzeyde etkiye sebep olacak şekilde tasarlanmıştır. Bu ağaçevi kısmen prefabrike bir strüktürden inşa edilmiştir. Strüktür bütünüyle önceden imal edilmişti ama yakın çevreye ciddi ölçüde zarar verecek vinçlerin kullanılması gerekmiştir. Yalancı akasya ağacı gibi, yörede bulunan malzemeler kullanılmıştır. Yapıya gerekli olan enerji, solar panellerden, iki adet rüzgâr tribününden ve yağmur sularını biriktirip temizleyen geniş bir sarnıçtan elde edilmektedir. Yapı, ormanın içinden dümdüz yukarı doğru yükselen iç ve dış platformlardan meydana gelmektedir. Platformların her birinde ziyaretçilerin ekosistem hakkında bilgi alabildikleri sergiler bulunmaktadır. Enerji girişi ve çıkışı, net sıfır enerji ve net sıfır su kullanımı olan bir yapı yaratmak üzere birleşmektedir. Sergi alanlarında suyu muhafaza etmenin yolları ve alternatif enerjilere dair ipuçları gibi konulara yer verilmektedir.

DİZİN

C-Ç

D

E

F

T

U-Ü